예루살렘의 평화를 위해
기도하라

*Pray for the Peace of Jerusalem*
by Tom Hess

Copyright © 2000 by progressive vision international
Published by Progressive Vision Publishing

Jerusalem House of Prayer for all nations
P.O Box 31393
Jerusalem 91313,Israel
www.jhopfan.org

Korean translation copyright © 2017 by Pure Nard
2F 16, Eonju-ro 69-gil, Gangnam-gu, Seoul, Korea

The Korean edition is published by arrangement with Progressive Vision Publishing.
All rights reserved.

본 저작물의 한국어판 저작권은 Progressive Vision Publishing과의 독점계약으로 한국어 판권을 순전한나드가 소유합니다. 저작권자의 허락 없이 이 책의 일부 또는 전체를 무단 복제, 전재,발췌 하면 저작권법에 의해 처벌을 받습니다.

# 예루살렘의 평화를 위해 기도하라

초 판 발 행 | 2009년 9월 15일
개정판발행 | 2017년 9월 5일

지 은 이 | 탐 헤스

펴 낸 이 | 허철
편　　집 | 김은옥
디 자 인 | 한영애
인 쇄 소 | 예원프린팅

펴 낸 곳 | 도서출판 순전한 나드
등록번호 | 제2010-000128
주　　소 | 서울특별시 강남구 연주로69길 16 (역삼동) 2층
도서문의 | 02) 574-6702 / 010-6214-9129
편 집 실 | 02) 574-9702
팩　　스 | 02) 574-9704
홈페이지 | www.purenard.co.kr

Printed in Korea
ISBN 978-89-6237-204-5 03230

이 도서의 국립중앙도서관 출판예정도서목록(CIP)은 서지정보유통지원시스템 홈페이지(http://seoji.nl.go.kr)와 국가자료공동목록시스템(http://www.nl.go.kr/kolisnet)에서 이용하실 수 있습니다.(CIP제어번호: CIP2017020691)

Pray for the Peace of JERUSALEM
# 예루살렘의 평화를 위해 기도하라

탐 헤스 지음

예루살렘의 구원이 횃불 같이 나타나도록

(사 62:1)

목차

감사의 글 • 6

1장 | 예루살렘의 평화를 위해 기도하라 • 9
2장 | 예루살렘의 위대한 왕, 메시아에 관한 모든 것 • 22
3장 | 위대한 왕의 성, 예루살렘 • 53
4장 | 하나님의 영원한 도시, 예루살렘의 역사 • 75
5장 | 아브라함의 비전 • 108
6장 | 에덴동산의 두 나무에서 새 예루살렘의 한 나무까지 • 126
7장 | 열 개의 돌 제거하기 • 156
8장 | 예루살렘의 바로 그날 • 249
9장 | 내가 불로 둘러싼 성곽이 되며 그 가운데에서 영광이 되리라 • 264

부록 • 282

## 감사의 글

"예루살렘을 위하여 평안을 구하라 예루살렘을 사랑하는 자는 형통하리로다"(시 122:6).

이 책은 예루살렘을 위한 영적전쟁의 거점을 마련하기 위해 집필했다. 또한 1987년부터 감람산 위에 설립된 '열방을 위한 예루살렘 국제기도의 집'(Jerusalem House of Prayer for All Nations)의 총괄 대표이자 메시아닉 공동체의 화합을 위해 섬기는 목사로서 살아온 내 삶의 결과물이라고 할 수 있다. 이 시기 동안 예루살렘 국제 기도의 집은 이스라엘과 예루살렘, 중동 지역, 10/40 창 지역에 있는 국가들을 위해 약 50차례 열방을 위한 성회를 개최하였다. 나는 약 18년 동안 대부분의 아랍 국가와 이스라엘 전 지역을 땅밟기 기도로 순회하며 예루살렘의 평화를 위한 메시지를 전했다. 1987년부터 일어난 '인티파다'(Intifada, 팔레스타인인들의 반이스라엘 투쟁)와 1991년 촉발된 걸프전쟁, 2000년에 시작된 두 번째 '인티파다'에 대해 예루살렘 국제 기도의 집은 메시아닉 공동체와 연합해서 함께 예배하고, 깨어 기도하며 사역해 왔다. 나는 나와 이 길을 걸으며 함께해 준 기도의 동역자들에게 특별한 은혜를 입었다. 우리는 지난 수년간의 여정과 기도사역을 통해 극심한 상황적 동요와 위기에도 불구하고 이스라엘과 이집트, 앗시리아가 열방 중에 축복이 되는 것을 두 눈으로 목격했다. 성경에 기록된 약속의 말씀이 온전히 성취되기 전에 영적 동요들이 심각하게 가속화될 것이다.

나는 믿음의 영웅이자 동역자 된 유대인, 아랍 목사님들에게 감사를 드린다. 그들은 편안하고 안락한 삶을 포기하고 자신을 희생하여 이곳에서 예루살렘의 평화를 위해 기도하며 삶을 온전히 내려놓은 분들이다. 르우벤 베르거, 바쌈 아드란레이, 마셀 레비아이, 니짜르 샤힌(예루살렘), 다니엘 야하브(티베리아), 다니엘 다비스(하이파), 아브네르 보스케이(비어세바), 데이비드 라자루스 & 아비 미즈라치(텔아비브), 나임 쿨리(베들레헴), 아펠 하라쉬(요르단), 알버트 이스티로(이집트), 데이비드 데미안(캐나다에 거주하는 이집트인 사역자), 존 물린디(우간다) 등 이름을 전부 나열할 수 없을 정도로 많은 동역자가 예루살렘을 위해 헌신하며 기도하였다. 나의 동역자들에게 감사드리며 이 책을 헌정한다.

나는 앞에서 소개한 나의 동역자들이 현실의 문제가 아닌 하나님 약속의 말씀에 집중하며 기도해 오는 것을 수년간 보아왔다. 결과적으로 이들은 이사야 19장 23-25절에 나온 첫 열매들이 되었고, 커다란 영적 지진의 한가운데에서 메시아를 구주로 고백하는 많은 유대인과 아랍인이 믿음의 첫 열매로 나아왔다. 그들은 이집트와 이스라엘, 앗시리아에서 하나님의 꿈을 품고 나아온 여호수아와 갈렙과 같은 사역팀이며, 지금도 예루살렘의 평화와 회복을 꿈꾸고 있다. 나의 동역자들은 이 땅에서 적국의 거인보다 더욱 크신 하나님과 그분의 약속만을 바라본다. 이곳이 젖과 꿀이 흐르는 비옥한 땅이라고 말하는 이들은 이 땅의 평화를 위해 기도하고 일하기로 선택했다. 왜냐하면 약속의 땅을 취하고 소유할 수 있는 능력 이상의 것을 직접 보고 경험했기 때문이다.

나는 이 책의 메시지를 통해 예루살렘의 왕이신 주님과 그분의 백성인 유대인과 아랍인을 섬기고, 하나님의 백성이 예루살렘에 관한 아버지의 마음을 듣고자 잠잠히 기다리도록 도전하고자 한다. 나는 140여 개의 나라를 여행하면서 수많은 질문을 받았다. 그것은 바로 예루살렘의 평화를 위해 기도하는 것이 진정 무엇을 의미하는가다. 많은 나라를 여행한 이후 내가 받은 질문에 대해 해답을 줄만한 깊이 있는 책이 없음을 깨달았다.

이 책을 읽는 당신도 하나님이 꿈꾸시는 사역팀으로 부름 받아 이 시대의 여호수아와 갈렙이 되길 바란다. 하나님의 드림팀은 예루살렘의 평화를 위해 기도하고, 예배하며, 깨어서 파수하는 성벽에 서 있는 자들이다.

내 글을 편집하고 디자인하는 데 도움을 준 남아프리카 공화국에서 온 조안 메이어와 리아 발스터에게 감사를 전한다.

나는 이 책을 통해 유대인과 이방인 모두가 예루살렘이 의미하는 다양한 측면을 보다 쉽게 바라보고, 우리가 직면하고 있는 예루살렘을 둘러싼 분쟁과 문제들을 정확히 이해하도록 돕고자 한다. 그래서 당신이 예루살렘의 평화를 위해 사역하고 기도하는 데 보다 효과적으로 인도되기를 바란다. 또한 주님을 위해 예루살렘의 구원이 횃불같이 나타나기를 간절히 기도한다.

이스라엘의 왕과 예루살렘의 평화를 기원하며...

탐 헤스
이스라엘 예루살렘과 가이사랴에서
2005년 9월

# 1장

# 예루살렘의
# 평화를 위해 기도하라

## 예루살렘의 구원이 횃불 같이 나타나도록 기도하라
### - 예루살렘을 사랑하는 자는 형통하리라(안전하리라)

그러나 너희가 이른 곳은 시온 산과 살아 계신 하나님의 도성인 하늘의 예루살렘과 천만 천사와 하늘에 기록된 장자들의 모임과 교회와 만민의 심판자이신 하나님과 및 온전하게 된 의인의 영들과 새 언약의 중보자이신 예수와 및 아벨의 피보다 더 나은 것을 말하는 뿌린 피니라 (히 12:22-24)

오직 위에 있는 예루살렘은 자유자니 곧 우리 어머니라 (갈 4:26)

사람이 내게 말하기를 여호와의 집에 올라가자 할 때에 내가 기뻐하였도다 예루살렘아 우리 발이 네 성문 안에 섰도다 예루살렘아 너는 잘 짜여진 성읍과 같이 건설되었도다 지파들 곧 여호와의 지파들이 여호와의 이름에 감사하려고 이스라엘의 전례대로 그리로 올라가는도다 거기에 심판의 보좌를 두셨으니 곧 다윗의 집의 보좌로다 예루살렘을 위하여 평안을 구하라 예루살렘을 사랑하는 자는 형통하리로다 네 성 안에는 평안이 있고 네 궁중에는 형통함이 있을지어다 내가 내 형제와 친구를 위하여 이제 말하리니 네 가운데에 평안이 있을지어다 여호와 우리 하나님의 집을 위하여 내가 너를 위하여 복을 구하리로다 (시 122편)

이 책은 인류의 시작인 에덴동산과 영원한 도시 '예루살렘'에 관한 메시지다. 우리가 보게 될 새 예루살렘은 천국에서 내려와 이 땅의 예루살렘과 하나가 될 것이다. 또한 이 책은 태초에 인간의 타락으로 하나님과 우리가 어떻게 분리되었는지와 메시아이신 예수 그리스도가 천국에서 내려오셔서 재림하실 때, 구원자 예수 안에서 하늘과 땅의 예루살렘이 어떻게 영원히 하나로 연합되는지에 대해 다루었다. 베들레헴의 목자들은 예수님의 탄생을 보고 "지극히 높은 곳에서는 하나님께 영광이요 땅에서는 하나님이 기뻐하신 사람들 중에 평화로다"라고 했으며, 요한은 "예수 그리스도는 말씀이 육신이 되어 이 땅에 우리 가운데 장막으로 거하시는 분"이라고 고백하였다.

승리의 나팔과 함께 메시아가 예루살렘에 입성하실 때, 네 가지 선포가 성취되었다. 두 가지는 천국에 관한 말씀으로 "호산나! 가장 높은 곳에 계신 분", "가장 높은 곳에 계신 분께 영광을"이었고, 나머지 두 가지는 이 땅에 관한 선포로 "호산나! 다윗의 자손이여", "호산나, 이스라엘의 왕이시여!"다. 메시아의 목적은 이 땅에 천국의 예루살렘이 회복되는 것이다. 이것은 예수님께서 하나님의 뜻이 이 땅에서 온전히 성취되도록 간구하신 바로 이 기도에 잘 나타나 있다. "주님의 나라가 하늘에서 이루어진 것 같이 땅에서도 이루어지게 하소서."

그렇다면 《예루살렘의 평화를 위해 기도하라》의 진정한 의미는 무엇인가? 천국과 이 땅의 예루살렘이 메시아이신 예슈아(Yeshua, 예수님의 히브리 이름) 안에서 하나로 연합되는 것을 말한다.

예루살렘(Jeru-salem)의 뜻은 천국에서 내려오는(Jeru) 평화(Salem, 메시아)를 말하며, 이 도시 안에 모퉁이돌 같은 '기초를 놓는다'는 의미도 있다. 그리고 어원의 예루(Jeru)는 '보내다'라는 의미로 그분의 말씀을 세상 끝까지 가서 가르치는 것을 뜻한다. 이 마지막 시대에 세상이 요동하고 구원에 관한 것들이 흔들릴 때, 우리는 예루살렘의 의미와 하나님의 부르심을 위해 그분의 목적이 예루살렘 가운데 온전히 성취되기를 기도해야 한다.

### 예루살렘 – 히브리어 '예루(Jeru)'와 '살렘(Salem)'의 합성어

〈타임〉지에서 선정한 20세기 위대한 인물들 중 한 명으로, 천재로 칭송받는 유대인 아인슈타인 박사는 다음과 같이 말하였다. "나는 하나님의 생각을 보다 깊이 알기 원합니다. 나머지는 세부적인 것에 불과합니다."

아인슈타인의 말은 예루살렘의 평화에 관한 핵심가치의 맥락과도 연관된다. 이사야 55장 9절은 이렇게 기록한다. "이는 하늘이 땅보다 높음 같이 내 길은 너희의 길보다 높으며 내 생각은 너희의 생각보다 높음이니라." 하나님의 생각과 목적은 천국과 같이 이 땅을 회복시키고, 이 땅으로 평화(Shalom)를 가져오는(Jeru) 것이다.

"오라 우리가 여호와의 산에 오르며 야곱의 하나님의 전에 이르자 그가 그의 길을 우리에게 가르치실 것(Jeru)이라 우리가 그 길로 행하리라 하리니 이는 율법(Jeru)이 시온에서부터 나올 것(Jeru)이요 여호와의 말씀이 예루살렘에서부터 나올 것임이니라"(사 2:3).

이전에 교제를 나누었던 이스라엘 텔아비브 출신 유대인 다니엘 야하브 목사는 지금 티베리아에서 사역하고 있다. 나는 그를 통해 이전에 한 번도 들어보지 못한 예루살렘의 의미에 대해 알게 되었다. 예루살렘은 두 단어 '예루'와 '살렘'으로 구성된 단어다. 히브리어로 '예루'는 '기초를 놓다', '위로부터 아래로 던지다'라는 뜻이 있다(욥 38:6, 창 31:51). 아브라함은 돌들을 가져다 기초를 놓고, 제단을 세운 후 이삭을 드렸다. 이런 행동은 하나님이 그분의 아들이신 예슈아를 머릿돌 삼아 시온에 견고한 기초로 두신 예표로 해석될수 있다(사 28:16 참고). 사무엘하 11장 20절과 역대하 35장 23절을 보면, '예루'는 '하나님의 평화가 하나님이 계시는 천국에서 내려와 이 땅에 기초로서 놓이는 것'이라는 뜻뿐만 아니라, '율법을 가르치며, 좌우 수평 방향으로 활을 쏘다'라는 뜻도 있다. 우리가 하나님을 간구할 때, 천국에서 내려오는 평화로 하나님의 길과 방법을 가르치는 것뿐만 아니라, 우리가 평화의 길을 걸어야 하는 것이다. 율법은 시온(이 땅)으로부터 활을 쏘는 것처럼 가르침으로 퍼져 나가고(Jeru), 주의 말씀은 예루살렘에서 시작된다. 이렇게 하나님 말씀이 충만해질 때, 주의 말씀의 검이 보습과 쟁기로 변하여 날 선 창처럼 모든 갈고리를 가지 치게 될 것이다. 더 이상 주의 백성은 전쟁을 연습하지 않아도 되는 것이다.

'예루(Jeru)'의 어원적 의미 – '내려오다', '나오다' 또는 '활을 쏘다', '기초를 놓다'

1. 하나님은 모리아산에서 양을 준비하시고 천국에서 내려오셔서 아브라함을 가르치셨다.
2. 율법이 모세에게 주어졌을 때, 그 율법은 천국에서 내려왔다.
3. 최고의 선생(랍비)이셨던 예수님은 하나님의 어린 양으로서 천국에서 내려오셨고, 희생제물로 드려졌던 이삭의 부르심을 최종적으로 완수하셨다.
4. 예수님께서 재림하실 때, 다시 하늘에서 내려오신다.
5. 천국에서 내려오지 않으면, 이 땅에서 사람은 아무것도 받을 수 없다. 우리는 오직 예루살렘이 진실로 천국에서 내려와 기초를 놓을 때, 참된 평화(Shalom)를 누릴 수 있다. "보라 내가 한 돌을 시온에 두어 기초를 삼았노니 곧 시험한 돌이요 귀하고 견고한 기촛돌이라 그것을 믿는 이는 다급하게 되지 아니하리로다"(사 28:16).

   우리는 시편에서 고백한 다윗 왕의 기도처럼 간구해야 한다. "이스라엘의 구원이 시온에서 나오기를 원하도다 여호와께서 그의 백성을 포로된 곳에서 돌이키실 때에 야곱이 즐거워하고 이스라엘이 기뻐하리로다!"(시 14:7)
6. 평화의 복음은 땅끝까지 전파되었다(활처럼 쏘다).
7. 평강의 율법이 모든 나라로 퍼져 나갈 것이며, 천년왕국 때 활처럼 쏘아져 가득찰 것이다.
8. 새 예루살렘은 신랑을 위하여 단장한 신부처럼 천국에서 내려올

것이다.

## '살렘(Salem)'의 어원적 의미 – 공의의 왕이시며 평강의 왕(히 7:1-2)

살렘은 '평강의 유업을 받은 자'라는 의미다. 여기서 평강은 이스라엘이 하나님을 그들의 기업(inheritance)으로 소유했을 때 주어지는 것이다. 평강은 유대인이 참된 유업인 메시아, 공의와 평강의 왕이신 그분을 구원자로 받아들일 때, 예루살렘에 임하게 될 것이다. 그들이 말하는 평강은 메시아에 관한 모든 것이다. 살렘은 메시아 안에서만 발견된다. 메시아는 우리를 평강으로 인도하는 유일한 길이시며, 평강의 왕자로 오셨다. 이 세상에서 논하는 모든 종류의 평화 협력은 메시아이신 평강의 왕 없이는 열매를 맺지 못할 것이다. 유대인이 참된 평화의 왕과 함께하면, 진실한 평강이 즉시 회복되는 것을 보게 될 것이다.

오늘날 많은 유대인과 이방인이 전 세계의 평화와 연합을 가져올 메시아가 이 땅에서 나올 것이라 생각하며 찾고 있다. 데살로니가전서에 "그들이 평안하다, 안전하다 할 그 때에 멸망이 갑자기 그들에게 이르리니"(살전 5:3)라고 나온다. 우리가 중동의 평화 정책 협의라는 긴 터널 끝에서 아무런 빛을 볼 수 없는 이유는, 우리의 생각보다 더 크신 하나님의 방법과 생각을 아는 것 대신 인본주의적 계획을 가지고 평화를 간구하기 때문이다.

유대인과 아랍인, 그리고 여러 나라에서 온 믿는 자들이 아인슈타인이 언급한 것처럼 사람의 생각과 의지가 아닌 평강에 관한 하나님의 생각을 먼저 구한다면, 우리의 삶과 예루살렘에 '평강'이 임하는 것을 볼 수 있을 것이다. 그리고 우리가 결부된 다른 일들도 평강 가운데 해결될 것이다. 그러나 하나님의 생각이 아닌 우리의 관점을 따른다면, 속임과 기만, 실패와 분란, 해결되지 않는 실마리 가운데 멸망이 지속될 수 있다.

이 책을 쓴 동기는 예루살렘의 평강, '샬롬'에 대한 하나님의 관점과 생각을 전달해 주기 위해서다. 당신이 진실로 하나님의 집을 위하는 자가 되고자 한다면, 시편 122편 9절 말씀처럼 먼저 예루살렘의 복과 형통을 간구하라. 예루살렘이 참된 메시아 예슈아를 받아들일 때, 진실로 형통하게 될 것이다. 그렇지 않으면, 이곳은 문제만 가득한 도시가 된다. 우리는 먼저 하나님의 생각을 구해야 한다. 예루살렘의 평강과 형통에 관한 인간의 황폐한 생각과 계획, 방법을 계속해서 따를 것이 아니라, 이 땅에 관한 하나님의 온전한 계획을 간구해야 한다.

어떤 사람들은 예루살렘의 평화를 위해 기도할 때, 재정적인 풍요함이나 안전을 간구하기도 한다. 물론 이것도 축복의 한 부분이다. 그러나 나는 예루살렘과 연관된 후에, 오히려 재정적으로 공격받는 사람도 보았다. 예수님의 관점으로 보면, 풍성한 축복은 영적인 개념이다. 우리가 예루살렘의 평화를 위해 기도하고 사역하고 협력하면서 하나님의 마음과 사랑을 구할 때, 비로소 천국에 보화를 쌓게 된다. 천국에 쌓는 보화는 벌레나 좀이 먹지 않고, 도둑이 와서 훔쳐 가거나 빼앗아 갈 수 없다. 당신의 보화가 있는 곳에 당신의 마음도 있다.

우리가 예루살렘의 왕을 진실로 사랑하고, 유대인과 아랍인, 열방의 영혼을 향한 하나님의 마음을 품고 예루살렘의 평강을 위해 함께 기도하고 협력한다면, 천국에 보화를 쌓게 되는 것이다. 하나님께서 약속하신 것처럼 가장 안전한 곳에 거하며, 풍성한 영적 축복을 받게 되는 것이다. 예루살렘의 초대교회는 천국의 보화를 갈망했고, 실제로 그들의 필요가 충족되는 것을 경험했다. 이처럼 오늘날도 하나님은 변함없이 우리를 돕고 계신다.

예루살렘을 사랑하는 것은 예루살렘의 메시아이자 왕이신 예슈아를 최우선으로 사랑하는 것이다. 왜냐하면 예루살렘의 모든 것이 왕이신 예슈아에 관한 것이기 때문이다. 우리가 하나님을 올바르게 알지 못하고 사랑한다면, 결코 그분이 사랑하시는 도시와 그분의 백성, 이스라엘에 관한 하나님의 마음과 그들을 긍휼히 여기는 마음을 가질 수 없다. 우리는 초대교회 믿음의 성도들처럼 예루살렘을 하나님의 마음으로 올바르게 사랑해야 한다.

많은 기독교인이 여행객으로 이스라엘에 와서 예루살렘의 돌과 통곡의 벽, 많은 교회사의 유적지, 고고학적으로 발견된 장소, 나무를 심었던 장소, 보석 가게, 선물의 집을 방문하는 데 시간을 보내고 떠난다. 물론 이 모든 장소를 방문하고 여행하는 것은 소중한 경험이다. 그러나 하나님이 예루살렘을 사랑하시는 마음에 관해서는 아무 감동도 받지 못하고 가는 것은 너무도 안타까운 일이다. 우리가 위대한 도시 예루살렘을 위해 기도하거나 방문하고 이 도시에서 살아가고자 한다면, 하나님이 예루살렘을 어떻게 사랑하시는지 알아야 한다.

예루살렘의 왕이신 하나님을 향한 깊은 사랑이 당신 안에 가득차게 해 달라고 간구하라. 그러면 예루살렘과 이스라엘에 관한 하나님의 사랑과 유대인을 불쌍히 여기는 마음을 부어 주실 것이다.

예루살렘아 예루살렘아 선지자들을 죽이고 네게 파송된 자들을 돌로 치는 자여 암탉이 그 새끼를 날개 아래에 모음같이 내가 네 자녀를 모으려 한 일이 몇 번이더냐 그러나 너희가 원하지 아니하였도다 보라 너희 집이 황폐하여 버려진 바 되리라 내가 너희에게 이르노니 이제부터 너희는 찬송하리로다 주의 이름으로 오시는 이여 할 때까지 나를 보지 못하리라 하시니라 (마 23:37-39)

예수께서 모든 도시와 마을에 두루 다니사 그들의 회당에서 가르치시며 천국 복음을 전파하시며 모든 병과 모든 약한 것을 고치시니라 무리를 보시고 불쌍히 여기시니 이는 그들이 목자 없는 양과 같이 고생하며 기진함이라 이에 제자들에게 이르시되 추수할 것은 많되 일꾼이 적으니 그러므로 추수하는 주인에게 청하여 추수할 일꾼들을 보내 주소서 하라 하시니라 (마 9:35-38)

우리가 예루살렘(유대인과 아랍 사람들을 총칭함)을 사랑하면, 위대한 부흥과 풍성함을 누리게 될 것이다. 우리는 하나님이 사랑하시는 것을 사랑하도록 부름 받았다. 바로 예루살렘을 사랑하는 것이다. 하나님은 예루살렘의 사람들, 유대인과 아랍인을 비롯하여 모든 이들을 사랑하신다. 이것이 바로 예슈아께서 보혈을 흘리신 목적이며, 그분은 예루살렘에서 친히 보혈을 흘리셨다. 또한 예슈아는 이곳이 그분의 두 발이 영원히 거하실 땅이기 때문에 예루살렘을 사랑하셨다. 이 도시는 새 예루살렘이 될 것이며, 그분의 신부가 신랑 되신 예슈아와 함께 영원토록 거하게 될 곳이다.

예루살렘을 사랑하는 자는 언제나 영원토록 번영하게 될 것이다. 또한 이들은 새 예루살렘의 한 부분이 될 예루살렘의 왕이신 예슈아 안에서 영원 가운데 평안하고 형통할 것이다.

## 이 책이 쓰여진 목적

1. 하나님 아버지의 아들과 딸로서 예루살렘의 왕이신 예수님을 더욱 사랑하고 믿음 안에서 성장하도록 돕기 위함이다.

2. 예루살렘의 평화는 위로부터 오는 것임을 강조하고, 예수님을 아는 유대인과 아랍인, 열방의 많은 영혼이 신랑 되신 예수 그리스도, 왕, 전쟁의 용사, 평강의 아들이자 메시아로 오신 예수님을 깊이 알고 따라갈 때 진정한 평화가 발견된다는 것을 전하고자 한다.

3. 이스라엘 백성이 하나님께 피로 드린 모든 희생제물이 최종적으로 어떻게 완성되었는가를 보여 주기 위함이다. 희생제사의 온전한 성취는 단번에 드려진 메시아의 피 흘리심이었고, 평강의 아들이신 예수님은 예루살렘에서 궁극적인 최후의 희생제사로 드려져 인류를 구원하셨다.

4. 믿음의 조상 아브라함 이전부터 메시아가 이 땅에 오시기까지 수천 년의 역사를 통해 예루살렘의 변천사와 중요한 날짜들을 강조하여 그 의미를 되새기는 데 있다.

5. 창세기에 나온 동산 위의 두 나무부터 요한계시록의 한 나무로 어떻게 흘러가는지 계시하기 위함이다. 즉 이 나무의 자연적인 가지들인 유대인과 광활하게 퍼져 자란 가지들인 이방인이 어떻게 모

두 감람나무에 접붙이게 되는지를 보여 주며, 생명나무를 상징하는 잎사귀들이 어떻게 열방을 치유하는 도구가 되는지를 알려 주고자 한다.

6. 믿음의 조상 아브라함의 중요성과 영적 의미를 짚어 주고, 어떻게 우리가 아브라함이 가졌던 꿈과 비전들로 세상을 바라볼 수 있는지 알려 주고자 한다. 이것은 우리가 살고 있는 삶의 환경을 바라보는 시각에 도움을 주어, 아브라함처럼 이 땅에서 영원한 것을 바라보고 영원한 토대를 세우게 한다.

7. 예루살렘에 관한 열 가지의 걸림돌이 무엇인지 설명하고, 어떻게 기도하고 사역해야 이 걸림돌들이 제거되는지 알리기 위함이다. 그리고 궁극적으로 예루살렘의 왕으로 다시 오실 메시아, 평강의 왕이신 예수 그리스도의 재림의 길을 준비하는 데 있다.

8. 스가랴 12-14장에 계시된 하나님의 역사를 위해 기도하기 위함이며, 이것은 하나님이 마지막 시대에 예루살렘에서 행하실 16가지 사건을 뜻한다. 이를 위해 예루살렘에 임할 하나님의 궁극적이고 최종적인 평화를 위한 길을 준비하고, 예수 그리스도의 재림이 속히 오도록 중보해야 한다.

9. 전 세계 교회와 이스라엘을 향한 하나님의 구속사적 목적이 어떻게 연관되어 있는지에 대한 이해를 돕고, 이를 위해 중보하기 위함이다. 이것은 이스라엘과 열방의 교회가 함께 이방의 빛이 되도록

부름 받았기 때문이다(사 42:6, 마 5:14).

10. 예루살렘의 평화를 위해 어떻게 기도하고 예배하며 사역해야 하는지 성도들의 이해를 돕고자 한다. 주님은 그분 자신이 몸소 예루살렘을 둘러싼 성곽의 불이 되시며, 예루살렘 안에 임재하시는 영광의 하나님이 되실 것이다. 우리는 예루살렘의 왕이신 예수 그리스도의 방패로 보호받도록 기도해야 한다. 이것은 전 세계 열방에 있는 파수기도자들과 부흥의 불을 가져온 사람들의 예배와 기도로 예루살렘을 둘러싸는 것이다. 하나님의 임재가 예루살렘에 넘치게 임하여 영광의 충만함이 타오르는 횃불같이 계시되고 예루살렘이 최고의 영광에 이를 때, 예루살렘의 왕이신 예수님이 재림하실 것이다.

이 책은 에덴동산에서 시작된 인간의 타락으로 인해 이 땅의 예루살렘과 천국의 예루살렘이 어떻게 분리되었는지를 설명하고, 아브라함이 이 땅의 회복 과정을 어떻게 시작했는지 보여 주고자 한다. 이후 타락으로 분리된 이 땅의 회복 과정은 다윗과 솔로몬, 특별히 예수 그리스도의 초림을 통해 지속되었으며, 예수님이 천국에서 이 땅으로 내려오실 (Jeru) 재림을 통해 구원을 횃불같이 발하게 하실 것이다. 그리고 새 예루살렘이 천국에서 이 땅으로 내려올 것이다. 일곱 개의 촛대 '메노라' (Menorah)는 천국에서 계속 불타고 있다. 이스라엘 국가의 상징인 메노라는 이스라엘이 열방의 빛으로 부름 받은 것처럼, 교회가 세상의 빛으로 부름 받았음을 의미한다.

하나님은 전 세계 24시간 파수기도자들에게 빛을 비추고 계시며, 제단 위의 불은 꺼지지 않고 있다. 그러나 새 예루살렘에는 불타는 램프인 메노라가 더 이상 존재하지 않을 것이다. 왜냐하면 우리의 구원자이시며 유일한 빛 되신 어린 양 예수 그리스도가 횃불같이 영원 속에서 빛을 발하고 계시기 때문이다.

예루살렘의 구원이 횃불처럼 타오를 때까지, 예루살렘의 평화를 위해 함께 기도하자.

# 예루살렘의 위대한 왕, 메시아에 관한 모든 것

요한계시록 1장에 예수님이 사도 요한에게 나타나셨을 때, 그분의 모습은 불타는 횃불 같고, 눈은 불꽃 같으며, 그 발은 풀무에 단련한 빛난 주석 같고, 그 얼굴은 해가 힘있게 비취는 것 같다고 묘사되었다. 히브리서 12장은 하나님이 이 땅의 흔들릴 수 있는 모든 것을 흔드실 것이라고 말한다. 또한 성경은 메시아가 재림할 그날은 이 땅에 격동하는 지진과 함께 위대한 구원의 역사가 일어날 것이라고 말한다. 하나님은 자신을 소멸하는 불로 나타내셔서 놀라운 방법으로 임재하실 것이다. 그 불은 횃불처럼 타오르며 예루살렘의 성벽을 에워싸고 하나님 영광의 임재로 예루살렘을 가득 채울 것이다.

예루살렘은 위대한 왕, 메시아, 신랑으로 오실 구주, 우리의 친구 되신 예수 그리스도가 미래에 거주하실 처소가 될 것이다. 사랑스런 구주이신 주님은 신랑을 기다리는 신부들이 준비되도록 그분의 백성들을 지금도 기다리신다. 아직도 발견되지 않은 이 위대한 왕의 친밀한 장소가 있다. 인간이 타락하기 이전, 에덴동산에 존재했던 하나님과 우리의 친밀한 연합이 회복되는 일이 있을 것이다. 실로 타락 이전에 이 땅과 천국은 하나였다. 그러나 에베소서 1장 10절 말씀처럼 하늘에 있는 것이나 땅에 있는 것이나 그리스도 메시아 안에서 다시 하나로 통일될 것이다.

술람미 여인은 예루살렘의 딸들에게 위대한 왕에 대하여 이렇게 고백한다.

> 내 사랑하는 자는 희고도 붉어 많은 사람 가운데 뛰어나구나 머리는 순금 같고 머리털은 고불고불하고 까마귀 같이 검구나 눈은 시냇가의 비둘기 같은데 우유로 씻은 듯하고 아름답게도 박혔구나 뺨은 향기로운 꽃밭 같고 향기로운 풀언덕과도 같고 입술은 백합화 같고 몰약의 즙이 뚝뚝 떨어지는구나 손은 황옥을 물린 황금 노리개 같고 몸은 아로새긴 상아에 청옥을 입힌 듯하구나 다리는 순금 받침에 세운 화반석 기둥 같고 생김새는 레바논 같으며 백향목처럼 보기 좋고 입은 심히 달콤하니 그 전체가 사랑스럽구나 예루살렘 딸들아 이는 내 사랑하는 자요 나의 친구로다 (아 5:10-16)

우리가 살고 있는 자연적이고 영적인 현실 속에서 예루살렘이 중요한 첫째 이유는 이 도시가 위대한 왕에게 속해 있기 때문이다. 위대한 왕은 그분의 신부들과 함께 영원토록 다시 연합하기를 갈망하시는 신랑 되신 분이다. 오직 그분이 신랑 되시고, 어린 양과 유다의 사자로 영원히 예루살렘에 거하시게 될 때, 이곳이 위대한 도시로 불리게 된다.

모든 믿는 자들은 위대한 왕으로 다시 오실 예수님을 만날 준비를 해야 하고, 예루살렘의 평화를 위해 기도해야 한다. 왜냐하면 그분이 우리의 신랑 되시며, 이곳이 위대한 왕의 영원한 처소로 준비되어야 하기 때문이다.

우리가 예루살렘과 이스라엘에 대한 하나님의 마음을 이해하면, 하나님의 부르심에 올바르게 응답할 수 있다. 왕이신 예수님은 그분의 두 발이 영원토록 거하실 처소를 위해 함께 설 파수기도자들을 전 세계적으로 부르신다.

> 예루살렘이여 내가 너의 성벽 위에 파수꾼을 세우고 그들로 하여금 주야로 계속 잠잠하지 않게 하였느니라 너희 여호와로 기억하시게 하는 자들아 너희는 쉬지 말며 또 여호와께서 예루살렘을 세워 세상에서 찬송을 받게 하시기까지 그로 쉬지 못하시게 하라 (사 62:6-7)

> 여호와는 위대하시니 우리 하나님의 성, 거룩한 산에서 극진히 찬양 받으시리로다 터가 높고 아름다워 온 세계가 즐거워함이여 큰 왕의 성 곧 북방에 있는 시온 산이 그러하도다 (시 48:1-2)

예수님의 왕으로서의 위엄과 위대함은 우리를 놀라게 할 것이다. 그분은 이 땅에 위대한 왕으로 오셨지만, 오히려 자기를 겸손히 낮추시고 죽기까지 순종하셨다. 예수님은 인간의 죄악을 대신하여 하나님께 드려진 마지막 희생제사가 되셨다. 그로 인해 이삭의 죽음으로 얻을 수 없었던 것을 온전히 성취하셨다. 주님이 십자가를 끝까지 참으셨기 때문에, 그분의 왕 된 광채는 시온산에서 극진히 찬송을 받고 있다. 그리고 예수님의 임재로 온 세계가 예루살렘을 즐거워하게 될 것이다.

한 시내가 있어 나뉘어 흘러 하나님의 성 곧 지존하신 이의 성소를 기쁘게 하도다 하나님이 그 성 중에 계시매 성이 흔들리지 아니할 것이라 새벽에 하나님이 도우시리로다 뭇 나라가 떠들며 왕국이 흔들렸더니 그가 소리를 내시매 땅이 녹았도다 만군의 여호와께서 우리와 함께 하시니 야곱의 하나님은 우리의 피난처시로다 (셀라) 와서 여호와의 행적을 볼지어다 그가 땅을 황무지로 만드셨도다 그가 땅 끝까지 전쟁을 쉬게 하심이여 활을 꺾고 창을 끊으며 수레를 불사르시는도다 이르시기를 너희는 가만히 있어 내가 하나님 됨을 알지어다 내가 뭇 나라 중에서 높임을 받으리라 내가 세계 중에서 높임을 받으리라 하시도다 만군의 여호와께서 우리와 함께 하시니 야곱의 하나님은 우리의 피난처시로다 (셀라) (시 46:4-11)

성경은 하나님의 보좌(에덴동산/낙원)로부터 한 시내가 나뉘어 흘러 하나님의 성을 기쁘게 할 것이며, 지극히 높으신 자가 거하시는 장막이 예루살렘이라고 말한다. 이것이 바로 예루살렘이 중요한 도시가 되는 이유이다. 지극히 높으신 자가 거하시는 거룩한 땅, 그분의 보좌로부터 생수가 흘러 도시를 기쁘게 한다. 이 책의 뒷부분에서 보다 자세하게 언급하겠지만, 이곳이 바로 에덴동산에서 하나님이 아담과 함께 거니셨을 장소일 가능성이 높다. 또한 이곳은 아브라함이 하나님이 경영하시고 지으실 터가 있는 성을 바라보고 나아간 장소이다(히 11:10). 그곳이 바로 하나님의 거룩한 성읍이다. 또한 솔로몬의 성전이 쉐키나(Shekhina)의 영광으로 가득찼을 때 하나님이 거하셨던 장소이며, 예슈아가 죽으셨을 때 성전의 휘장이 갈라진 곳이기도 하다. 예슈아가 다시 부활하셨던 곳도 이곳이며, 예슈아가 부활 후 제자들을 향하여 숨을 내시며 "너희에게 평강(샬롬)이 있을지어다 … 성령을 받으라"(요 20:21-22)고 말씀하신 도시이기도 하다. 예수님은 천국으로부터 내려온 산 돌(새 예루살렘)들로 이루어진 영적 성전의 첫 열매를 준비하셨다. "이는 내가 영원히 쉴 곳이라 내가 여기 거주할 것은 이를 원하였음이로다"(시 132:14).

하나님은 그분의 처소를 미리 정해 두셨다. 에스겔서는 예루살렘이 주님의 발이 영원히 거할 처소라고 말한다.

> 성전에서 내게 하는 말을 내가 듣고 있을 때에 어떤 사람이 내 곁에 서 있더라 그가 내게 이르시되 인자야 이는 내 보좌의 처소, 내 발을 두는 처소, 내가 이스라엘 족속 가운데에 영원히 있을 곳이라 이스라엘 족속 곧 그들과 그들의 왕들이 음행하며 그 죽은 왕들의 시체로 다시는 내 거룩한 이름을 더럽히지 아니하리라 (겔 43:6-7)

그러나 우리는 우리의 시각으로 예루살렘을 바라보는 경향이 있다. 그래서 예루살렘이 가진 모든 문제를 바라보며 어떻게 이곳이 앞으로 거룩한 도시가 될 것인가에 대해 궁금해할 수도 있다. 진실로 사탄의 종말이 얼마 남지 않았기 때문에, 메시아가 재림하시기 전 앞으로 다가올 몇 년 동안 모든 나라가 예루살렘을 대적하여 일어나 매우 어려운 시기가 될 것이다.

> 내가 이방 나라들을 모아 예루살렘과 싸우게 하리니 성읍이 함락되며 가옥이 약탈되며 부녀가 욕을 당하며 성읍 백성이 절반이나 사로잡혀 가려니와 남은 백성은 성읍에서 끊어지지 아니하리라 (슥 14:2)

우리는 마지막 시대의 실상을 보고 두려워하거나 충격을 받을 수도 있다. 그러나 하나님의 관점으로 보면 이 모든 것은 이미 끝난 전쟁이다. 하나님은 십자가를 통해 악한 사탄의 능력을 이미 무장해제시키셨고, 사탄은 더 이상 힘없는 무능한 자로 패배하였다. 하나님은 그분의 도시를 위해 지금도 서 계시며, 우리를 예루살렘을 위해 예수님과 함께 서서 중보할 파수기도자들로 부르신다.

그 날에는 내가 예루살렘을 모든 민족에게 무거운 돌이 되게 하리니 그것을 드는 모든 자는 크게 상할 것이라 천하 만국이 그것을 치려고 모이리라 (슥 12:3)

1990년에 주님은 내게 이렇게 말씀하셨다. "나는 네가 예루살렘을 위해서 나와 함께 서기를 원한다. 가장 고통스러운 시간이 오면, 많은 사람이 떠날 것이다. 그러나 나는 네가 이곳에 서도록 부르고 있다."

오늘날 믿는 사람들이 우리가 예루살렘에서 천국의 도시처럼 첫 열매의 공동체가 되어야 한다고 말한다. 그것은 바로 하나님께 속한 이 도시에서 위대한 왕을 나타내고 주님의 온전하신 통치를 바라보며 그 재림의 길을 예비하는 것이다. 주님은 이렇게 말씀하신다. "내가 만물을 새롭게 하노라"(계 21:5).

우리는 주님의 뜻이 예루살렘에서 온전히 성취될 때까지 이 도시를 위해 신실하게 중보하며 성벽에 서야 한다. 주님은 우리가 굳건히 설 수 있도록 주님의 전신갑주를 입게 될 것이라고 말씀하셨다. 당신의 믿음 위에 견고히 서라. 모든 싸움을 마치고, 주님이 예루살렘에 서 계셨던 것처럼 잠잠히 그분을 기다리며 서라. 주님은 사탄에게 이렇게 말씀하신다. "사탄아 여호와께서 너를 책망하노라 예루살렘을 택한 여호와께서 너를 책망하노라"(슥 3:2).

미가엘 천사장은 천국에서 가장 커다란 나팔을 불게 될 것이고, 이는 하늘 아버지께서 예루살렘에 있는 그분의 보좌에 좌정하시고자 위대한 왕을 보내실 것을 경고하는 날이다.

위대한 왕은 그분이 예루살렘의 보좌에 좌정하는 것에 반대하여 일어난 모든 열국과 적들의 행사를 멸하실 것이다. 왕은 사탄을 물리치고 결박하실 것이고, 예루살렘을 취하사 이 도시를 영원히 새롭게 하실 것이며, 결국 위대한 왕이 영원토록 다스리고 통치할 것이다. 그리고 예언의 말씀들이 온전히 성취되는 것을 볼 것이다.

'영원'의 시간과 연관해서 보면, 예루살렘의 왕이 거하지 않으셨기 때문에 이곳이 거룩한 도시가 되지 않을 것이라는 시간적 개념은 단지 며칠에 불과하다. 영원 속의 하루는 천 년보다도 길다. 하나님의 관점에서 보면 모든 역사의 통치자들(로마군, 십자군, 무슬림, 투르크족, 영국군과 다른 몇몇 나라들)은 영원의 시간 가운데 단지 며칠 동안만 예루살렘을 소유했던 것이다. 그러나 이스라엘의 하나님은 이 모든 부정적인 권세를 전복시키시고, 그분의 아들을 보내기로 계획하셨다. 메시아는 천국에서 이 땅으로 내려오시고, 이후에 천국의 예루살렘이 이 땅 위로 임할 것이다. 이러한 일이 일어나기 전에 이슬람과 바벨론의 평화정책, 뉴에이지 운동, 프리메이슨, 카발라, 모든 이교도와 거짓된 종교, 거짓 메시아들은 영원히 종말을 맞이하게 될 것이다.

그 날에 죄와 더러움을 씻는 샘이 다윗의 족속과 예루살렘 주민을 위하여 열리리라

만군의 여호와가 말하노라 그 날에 내가 우상의 이름을 이 땅에서 끊어서 기억도 되지 못하게 할 것이며 거짓 선지자와 더러운 귀신을 이 땅에서 떠나게 할 것이라 (슥 13:1-2)

하나님은 예루살렘의 거민에게 성경에 나온 많은 믿음의 영웅들에게 말씀하셨던 것과 동일하게 말씀하신다. "너희는 가만히 있어 내가 하나님 됨을 알지어다 가만히 서서 하나님의 구원을 보라 나는 너를 위해 싸우는 하나님이라 잠잠히 있을지어다."

우리는 전쟁을 위해 하나님의 집이 준비되도록 돕겠지만, 예루살렘의 승리는 이미 위대한 왕에게 속해 있다. 최후에 예루살렘이 영원부터 영원까지 하나님의 거룩한 도시임을 온전히 깨닫게 될 것이다. 단 하나님이 그분의 손 안에서 적들이 계획하는 것을 종결시키기 위해 허락 하신 매우 짧은 기간은 제외된다.

일단 모든 것이 새롭게 되면, 모든 나라가 예루살렘을 중요하고 위대한 곳으로 여기고 왕이신 예슈아를 바라보게 될 것이다. 그분의 이름은 오직 유일한 이름이 될 것이다. 예루살렘은 위대한 왕, 그분에 관한 유일한 모든 것이 될 것이다. 그리고 우리 하나님은 예루살렘의 위대한 왕으로 영원히 통치하시고, 예루살렘의 모든 거민을 위해 그분이 친히 영원한 주인이 되실 것이다. 할렐루야!

예루살렘아 내가 너를 잊을진대 내 오른손이 그의 재주를 잊을지로다 내가 예루살렘을 기억하지 아니하거나 내가 가장 즐거워하는 것보다 더 즐거워하지 아니할진대 내 혀가 내 입천장에 붙을지로다 (시 137:5-6)

왜 다윗은 예루살렘에 대해 이렇게 말했을까? 이유는 이사야가 다음과 같이 성경에 고백했기 때문이다.

다시는 너를 버림 받은 자라 부르지 아니하며 다시는 네 땅을 황무지라 부르지 아니하고 오직 너를 헵시바라 하며 네 땅을 쁄라라 하리니 이는 여호와께서 너를 기뻐하실 것이며 네 땅이 결혼한 것처럼 될 것임이라 마치 청년이 처녀와 결혼함 같이 네 아들들이 너를 취하겠고 신랑이 신부를 기뻐함 같이 네 하나님이 너를 기뻐하시리라 예루살렘이여 내가 너의 성벽 위에 파수꾼을 세우고 그들로 하여금 주야로 계속 잠잠하지 않게 하였느니라 너희 여호와로 기억하시게 하는 자들아 너희는 쉬지 말며 또 여호와께서 예루살렘을 세워 세상에서 찬송을 받게 하시기까지 그로 쉬지 못하시게 하라 (사 62:4-7)

신부가 예루살렘의 왕 되신 신랑과 결혼할 뿐만 아니라, 예루살렘과 이 땅이 주님과 결혼하였다. 주님은 그분의 중심이 되는 곳으로 수도 예루살렘을 되찾으려 하신다. 그곳에는 인간이 타락하기 전에 에덴동산이 있었고, 하나님은 세상의 중심인 예루살렘에 복을 내리셨다. 이는 예루살렘이 하나님께 속하였고, 그분이 유대인의 왕이시기 때문에 그곳이 유대인의 중심지라는 것을 의미하기도 한다. 하나님의 도시에 주님과 그분의 보좌가 없다면, 그곳에 평화는 없다. 예루살렘은 이스라엘의 왕이시고 머릿돌 되신 예수님을 환영하며, 그분께 이 도시의 온전한 자리를 내어 드릴 때까지 유대인의 수도가 되지 못할 것이다. 예수님은 또한 모든 열방과 아랍 백성의 왕이시다. 그분이 재림하실 때, 예루살렘은 영원토록 가장 높은 곳에 기쁨이 될 것이다. 왜냐하면 지극히 높은 곳에 계신 위대한 기쁨의 왕이 거하실 처소이기 때문이다. 다윗은 시편 16편 11절에서 다시금 고백한다. "주의 앞에는 기쁨이 충만하고 주의 오른쪽에는 영원한 즐거움이 있나이다."

아브라함은 이를 알았기 때문에, 하나님이 친히 경영하시고 지으실 터를 바라보며 그 성읍을 찾아 순례하였다. 왜냐하면 새 예루살렘이 천국으로부터 이 성읍으로 내려오기 때문이다. 주님은 야곱의 모든 집보다 시온의 문들을 사랑하신다. "그의 터전이 성산에 있음이여 여호와께서 야곱의 모든 거처보다 시온의 문들을 사랑하시는도다 하나님의 성이여 너를 가리켜 영광스럽다 말하는도다"(시 87:1-3).

우리는 왕과의 친밀한 관계를 통해서만 왜 이 도시가 중요한지 깨달을 수 있다. 만약 당신이 예루살렘에 관한 논쟁 가운데 있다면, 그것을 버려두고 다른 것으로 논쟁을 시작하는 것이 좋을 것이다. 왜냐하면 위대한 왕은 두 눈을 항상 이곳에 두고 계시기 때문이다. 예루살렘을 거절하는 것은 왕과 그분의 목적을 무시하는 것이 될 수 있다.

우리가 하나님의 성품과 본성을 이해할수록, 위대한 왕이신 예슈아를 거절하고 무시했던 예루살렘에 대해 하나님의 마음이 깨어지셨음을 알게 될 것이다. 예수님은 우리가 어떻게 살아야 하는지 보여 주시기 위해 예루살렘에 오셨고, 우리가 위대한 왕과 영원히 함께 살 수 있도록 우리의 죄에 대한 대가를 치르시기 위해 이 땅에 오셨다. 마지막 아담이신 예수님이 예루살렘의 왕으로 오셨으나 거절당하셨다. 예수님은 예루살렘을 보며 슬피 우셨다.

예루살렘아 예루살렘아 선지자들을 죽이고 네게 파송된 자들을 돌로 치는 자여 암탉이 제 새끼를 날개 아래에 모음 같이 내가 너희의 자녀를 모으려 한 일이 몇 번이냐 그러나 너희가 원하지 아니하였도다 보라 너희 집이 황폐하여 버린 바 되리라 내가 너희에게 이르노니 너희가 주의 이름으로 오시는 이를 찬송하리로다 할 때까지는 나를 보지 못하리라 하시니라 (눅 13:34-35)

가까이 오사 성을 보시고 우시며 이르시되 너도 오늘 평화에 관한 일을 알았더라면 좋을 뻔하였거니와 지금 네 눈에 숨겨졌도다 날이 이를지라 네 원수들이 토둔을 쌓고 너를 둘러 사면으로 가두고 또 너와 및 그 가운데 있는 네 자식들을 땅에 메어치며 돌 하나도 돌 위에 남기지 아니하리니 이는 네가 보살핌 받는 날을 알지 못함을 인함이니라 하시니라 (눅 19:41-44)

유대인과 예루살렘의 왕은 예루살렘을 위하여 이 땅에 오셨고, 돌아가셨으며, 다시 부활하셨다. 태초에 에덴동산에서 아담과 하와가 생명을 거절하고 죽음을 선택해서 낙원이 타락했을 때, 이 모든 것이 시작되었다. 이로 인해 이 땅과 천국이 분리되었고, 노아 시대에는 홍수로 심판을 받았다.

그다음 하나님은 아브라함을 부르셔서 그분의 비전이 담긴 예루살렘을 보게 하셨다. 왜냐하면 이 도시를 하나님께 돌려 드리기 위해서였다. 아브라함은 돌아오는 길에 예루살렘의 왕인 멜기세덱(예수 그리스도)을 만났다. 살렘 왕은 아브라함과 함께 떡을 떼고 잔을 마셨다. 아브라함은 예루살렘에 와서 제단을 쌓고, 아들 이삭을 하나님께 번제로 드렸다. 이것은 궁극적으로 구원자로 오신 예수 그리스도를 통한 예루살렘의 구속에 대한 예표였다. 아브라함은 예수님의 날을 보았고, 새 예루살렘도 바라보았으며, 하나님이 직접 지으시고 경영하실 도성을 발견했던 것이다. 그러나 예수님이 우리의 죄를 위해 죽으시기 위해 오셨음에도 불구하고 유대인들은 그분을 실망시켰다. 예루살렘의 왕, 예수님은 가장 혹독하게 무시당하고 거부당하신 것이다.

다윗 왕도 예루살렘에 대한 비전을 가지고 그곳에 24시간 예배의 처소를 세웠다. 그리고 하나님은 예루살렘의 자연적 경계선을 나일 강에서 유프라테스까지 넓히시기 위한 길을 준비하셨다.

> 나는 라합과 바벨론이 나를 아는 자 중에 있다 말하리라 보라 블레셋과 두로와 구스여 이것들도 거기서 났다 하리로다 (시 87:4)

하나님은 예루살렘의 위대한 왕이시다. 그분은 예루살렘을 주시하시며, 이 도시의 평화를 위해 기도하신다. 하나님은 그분과의 친밀함과 깊은 중보 가운데 연합된 기도의 파수꾼들이 일어나기를 기다리신다. 하나님은 세상을 너무 사랑하셔서 구원자 메시아를 예루살렘에 보내 이 땅과 모든 나라의 평화를 위해 유대인의 왕으로 죽게 하셨다. 하나님은 스스로 계신 분이다. 하나님은 그분의 성품과 본성을 메시아를 통해 예루살렘에 어제도 오늘도 계시하셨고, 앞으로도 분명히 나타내실 것이다.

> 내 마음이 좋은 말로 왕을 위하여 지은 것을 말하리니 내 혀는 글솜씨가 뛰어난 서기관의 붓끝과 같도다 왕은 사람들보다 아름다워 은혜를 입술에 머금으니 그러므로 하나님이 왕에게 영원히 복을 주시도다 용사여 칼을 허리에 차고 왕의 영화와 위엄을 입으소서 왕은 진리와 온유와 공의를 위하여 왕의 위엄을 세우시고

병거에 오르소서 왕의 오른손이 왕에게 놀라운 일을 가르치리이다 왕의 화살은 날카로워 왕의 원수의 염통을 뚫으니 만민이 왕의 앞에 엎드러지는도다 하나님이여 주의 보좌는 영원하며 주의 나라의 규는 공평한 규이니이다 왕은 정의를 사랑하고 악을 미워하시니 그러므로 하나님 곧 왕의 하나님이 즐거움의 기름을 왕에게 부어 왕의 동료보다 뛰어나게 하셨나이다 왕의 모든 옷은 몰약과 침향과 육계의 향기가 있으며 상아궁에서 나오는 현악은 왕을 즐겁게 하도다 왕이 가까이 하는 여인들 중에는 왕들의 딸이 있으며 왕후는 오빌의 금으로 꾸미고 왕의 오른쪽에 서도다 딸이여 듣고 보고 귀를 기울일지어다 네 백성과 네 아버지의 집을 잊어버릴지어다 그리하면 왕이 네 아름다움을 사모하실지라 그는 네 주인이시니 너는 그를 경배할지어다 두로의 딸은 예물을 드리고 백성 중 부한 자도 네 얼굴 보기를 원하리로다 왕의 딸은 궁중에서 모든 영화를 누리니 그의 옷은 금으로 수 놓았도다 수 놓은 옷을 입은 그는 왕께로 인도함을 받으며 시종하는 친구 처녀들도 왕께로 이끌려 갈 것이라 그들은 기쁨과 즐거움으로 인도함을 받고 왕궁에 들어가리로다 왕의 아들들은 왕의 조상들을 계승할 것이라 왕이 그들로 온 세계의 군왕을 삼으리로다 내가 왕의 이름을 만세에 기억하게 하리니 그러므로 만민이 왕을 영원히 찬송하리로다 (시 45편)

이스라엘의 거룩하신 분, 위대하신 주는 죄가 없으시며 영원하신 주님이시다. 그리고 위대한 왕으로 예루살렘에 영원토록 거하실 것이다. 주님의 성품은 예루살렘을 대하셨던 방법으로 계시되었다. 예수님의 초림과 재림은 새 예루살렘을 이 땅으로 내려오게 하는 길이 된다. 예루살렘이 버려져 황폐했던 시기가 있었지만, 선지자들은 이러한 시기가 정해졌고 그 끝이 있다고 강조하였다. 하나님은 여전히 그분의 거룩한 도시를 운영하고 계신다. 하나님은 예루살렘을 돌보시는 방법을 통해 그분의 고유한 성품과 신성의 다양성을 계시하신다.

## 하나님은 사랑이시다

만군의 주 여호와 하나님은 영원 지속한 불멸의 사랑으로 우리를 사랑하신다. 그분의 사랑과 친절은 생명보다 뛰어나고, 그분의 손바닥에 사랑으로 우리를 새기셨다.

하나님께서 그분의 형상과 성품으로 사람을 창조하신 목적은 하나님의 무한한 사랑을 나눌 누군가와 교제하기 원하셨기 때문이다. 진실로 지식에 넘치는 그리스도의 사랑을 알아 그 너비와 길이와 높이와 깊이가 어떠함을 영원토록 경험할 수 있는 교제의 대상으로 우리를 창조하신 것이다.

우리와 깊이 사랑을 나누고자 갈망하셨던 주님을 인류가 거절했고, 그 결과 이 땅과 천국 사이에 커다란 결렬이 생겼다. 그러나 하나님은 우리와 교제하고자 하는 열정과 열애를 절대 포기하지 않으셨다. 신랑되신 주님은 신부와 그 깊이를 측량할 수 없는 풍성한 사랑을 나누고자 하셨다. 하나님이 세상을 이처럼 사랑하사 아들을 예루살렘에 보내셔서 세상 죄를 대속하셨고, 궁극적으로 사랑의 번제물로 희생시키셨다. 동일한 장소에서 아브라함은 이삭을 하나님께 올려 드렸다. 천국 하늘과 땅이 하나로 연합되는 회복을 위한 길로 준비되는 희생의 첫 열매로 이삭과 예슈아가 드려진 것이다. 그리고 예수님이 예루살렘과 열방의 왕으로 그의 보좌에 좌정하시기 위해 천국에서 이 땅으로 재림하실 때, 회복과 연합은 최고조에 이를 것이다. 그날에 하나님의 사랑이 온전하게 나타날 것이다.

아울러 주님은 예루살렘의 위대한 왕을 우리의 마음과 뜻과 정성을 다해 사랑하도록 부르셨다.

## 하나님의 거룩함과 거룩한 도시

선지자 이사야는 성전에서 예배할 때 주님을 보았다. 주님의 보좌 주변을 둘러싼 스랍들은 왕을 경배하고 있었다.

> 서로 불러 이르되 거룩하다 거룩하다 거룩하다 만군의 여호와여 그의 영광이 온 땅에 충만하도다 하더라 (사 6:3)

이사야는 하나님의 임재가 성전에 충만해졌을 때, 하나님의 거룩하심과 대조적인 자신의 하찮은 모습을 보며 울부짖는다. "그 때에 내가 말하되 화로다 나여 망하게 되었도다 나는 입술이 부정한 사람이요 나는 입술이 부정한 백성 중에 거주하면서 만군의 여호와이신 왕을 뵈었음이로다 하였더라"(사 6:5).

우리가 예루살렘의 거룩한 왕의 계시를 받게 되면, 우리도 이사야처럼 "화로다 망하게 되었도다"라고 고백할 것이다. 이사야는 종종 하나님을 '이스라엘의 거룩한 분'으로 부르고 있다. 이스라엘의 거룩한 분은 바로 성부, 성자, 성령이시다. 우리 하나님은 오직 한 분이시며, 그분은 예루살렘의 왕이시다.

성경에서 예루살렘은 종종 거룩한 도시로 칭송을 받곤 한다. 그러나 오늘날 많은 과정을 겪은 이 땅은 가장 신성하지 않은 장소가 되었다. 이 도시에 살고 있는 유대인과 아랍인, 그 외 다른 민족들이 거룩하신 하나님을 품어 그분의 거룩하심에 온전히 참예하는 자가 될 때까지 예루살렘에는 진정한 평화가 임하지 않을 것이고, 실제로도 거룩한 도시가 되지 못할 것이다. 그러나 그날이 곧 오리라고 말씀하신 주님을 찬양하자!

> 그 날에는 말 방울에까지 여호와께 성결이라 기록될 것이라 여호와의 전에 있는 모든 솥이 제단 앞 주발과 다름이 없을 것이니 예루살렘과 유다의 모든 솥이 만군의 여호와의 성물이 될 것인즉 제사 드리는 자가 와서 이 솥을 가져다가 그것으로 고기를 삶으리라 그 날에는 만군의 여호와의 전에 가나안 사람이 다시 있지 아니하리라 (슥 14:20-21)

스가랴 8장은 만군의 주 여호와의 산이 거룩한 산으로 불릴 것이라고 말한다. 유대인과 아랍인이 메시아의 거룩하심에 진실로 참예하는 자가 되도록 기도하자. 아울러 그들이 서로를 도와 평강이 천국에서 예루살렘으로 내려오는 길, 바로 주님이 다시 오시는 그 길을 준비하도록 기도하자.

> 또 내가 새 하늘과 새 땅을 보니 처음 하늘과 처음 땅이 없어졌고 바다도 다시 있지 않더라 또 내가 보매 거룩한 성 새 예루살렘이 하나님께로부터 하늘에서 내려오니 그 준비한 것이 신부가 남편을 위하여 단장한 것 같더라 (계 21:1-2)

## 하나님의 공의

예루살렘의 왕은 온전한 공의를 가지신 분이다. 이사야는 메시아가 다윗의 보좌에 좌정하시고, 그분의 나라를 지금 이후 영원토록 정의와 공의로 세우시고 통치하실 것이라고 말한다.

이는 한 아기가 우리에게 났고 한 아들을 우리에게 주신 바 되었는데 그의 어깨에는 정사를 메었고 그의 이름은 기묘자라, 모사라, 전능하신 하나님이라, 영존하시는 아버지라, 평강의 왕이라 할 것임이라 그 정사와 평강의 더함이 무궁하며 또 다윗의 왕좌와 그의 나라에 군림하여 그 나라를 굳게 세우고 지금 이후로 영원히 정의와 공의로 그것을 보존하실 것이라 만군의 여호와의 열심이 이를 이루시리라 (사 9:6-7)

예루살렘이 처음 성경에 언급되었을 때, 그곳은 하나님의 공의로 연합된 곳이었다. 아브라함은 이곳에서 '공의의 왕' 멜기세덱을 만났다. 멜기세덱은 살렘이라는 도시의 왕이었는데, 이것은 예루살렘을 줄여서 부른 이름이다. 살렘의 어원은 히브리어 '샬롬'으로 평강과 온전하심, 총제적 평강을 의미한다. '예루'는 히브리어에 그 뿌리를 두는데, '율법이나 교훈' 또는 '가르치다' 또는 '활을 쏘다', '기초를 놓다' 등 여러 가지 의미를 내포한다. 또한 예루는 '위에서 아래로 바로 내려오다'라는 상하 수직 방향으로 움직이는 것도 포함하며, 좌우 수평 방향으로 퍼져나가는 의미이다. 천국에서 이 땅으로 내려오신 평강의 왕 예수님은 베들레헴에서 탄생하셨고, 예루살렘에서 못 박히셨다. 그리고 감람산에서 천국으로 승천하셨다. 예수님은 감람산으로 재림하실 것이며, 천국으로부터 보냄을 받아 영원한 예루살렘으로 오실 것이다. 복음이 예루살렘에서 시작되어 수평적으로 움직여 열방으로 퍼져갔고, 동일하게 천년왕국에서도 이곳으로부터 말씀이 전파될 것이다.

하나님은 이 지구상에서 우리를 향한 구원 계획과 하나님과 인간 사이의 평화를 가져오기 위해 그분의 방법대로 기초를 놓으시고, 천국으로부터 복을 내리시기 위해 예루살렘을 선택하셨다. 예루살렘의 문자적 의미는 '평강의 유업'이다. 공의의 왕이 다스리고 통치하시는 곳에 평강이 있다는 것이다. 예루살렘 사람들이 공의의 왕을 온전히 받아들이도록 기도하면, 평강의 유업을 받게 될 것이다. 그들이 위대하신 왕을 메시아로 깨닫고 받아들일 때까지는 예루살렘의 영적 유업과 자연적 유산을 결코 경험하지 못할 것이다. 이사야 19장 25절은 이스라엘이 하나님의 산업이 될 것이라고 말한다.

예루살렘의 왕은 '공의의 하나님'이시며, 메시아는 공의로운 가지로 그분 자체가 공의이시다. 예수님이 예루살렘의 보좌를 취하실 때, 영원히 지속되는 하나님의 공의 안에서 우리를 인도해 주실 것이다. 그분의 보좌는 공의와 정의로 높임을 받을 것이다. 시편 기자는 이 세상에 공의로운 자는 아무도 없다고 말한다. 오직 하나님만 공의로우시다. 왜냐하면 우리 모두가 죄를 범하여 하나님의 영광에 이르지 못하기 때문이다. 로마서 5장은 하나님께서 우리를 그분의 공의에 참예하도록 부르셨다고 한다. 하나님은 우리를 노예의 신분에서 공의로운 자로 부르셨고, 나아가 하나님의 거룩하심으로 인도하신다.

믿음으로 아브라함은 순종하였고, 유업으로 받게 될 그 땅을 향해 나아갔다(히 11:8). 아브라함은 예루살렘 왕의 공의로운 유업의 상속자가 되었기 때문에 의로운 자가 되었다. 왜냐하면 그가 믿음으로 의롭다 하심을 받았기 때문이다(창 15:6).

공의의 왕이 예루살렘을 회복하실 때, 그곳은 공의로운 도시로 새롭게 될 것이다. 스가랴 9장 9절은 왕이 예루살렘에 오셨기 때문에 시온의 딸들이 크게 기뻐하며, 예루살렘의 딸들이 즐거이 노래한다고 예언한다. 예수님은 구원을 가져오실 공의로운 왕이시다. 그분이 예루살렘에 보좌를 세우시게 될 때, 이렇게 약속하셨다.

> 내가 내 집을 둘러 진을 쳐서 적군을 막아 거기 왕래하지 못하게 할 것이라 포학한 자가 다시는 그 지경으로 지나가지 못하리니 이는 내가 눈으로 친히 봄이니라 (슥 9:8)

> 나는 시온의 의가 빛 같이, 예루살렘의 구원이 횃불 같이 나타나도록 시온을 위하여 잠잠하지 아니하며 예루살렘을 위하여 쉬지 아니할 것인즉 이방 나라들이 네 공의를, 뭇 왕이 다 네 영광을 볼 것이요 너는 여호와의 입으로 정하실 새 이름으로 일컬음이 될 것이며 (사 62:1-2)

주님은 공의를 사랑하시고 악한 자를 미워하신다. 오늘날 전 세계는 악한 행실로 가득차 있다. 그러나 그날은 속히 올 것이고, 공의로우신 주님이 예루살렘의 왕으로 천국에서 내려오셔서 다윗 왕의 보좌에 좌정하실 것이다. 하나님의 백성은 믿음으로 주님의 공의로우심에 참예하는 자가 될 것이다. 모든 나라는 하나님의 공의와 왕의 영광을 보게 될 것이다.

모든 유대인과 아랍인이 왕의 공의에 참예할 때까지, 그들은 하나님 안에서 누리는 진정한 평강을 유업으로 얻을 수 없을 것이다.

공의로 가난한 자를 심판하며 정직으로 세상의 겸손한 자를 판단할 것이며 그의 입의 막대기로 세상을 치며 그의 입술의 기운으로 악인을 죽일 것이며 (사 11:4)

바울은 "예수는 하나님으로부터 나와서 우리에게 지혜와 의로움과 거룩함과 구원함이 되셨다"(고전 1:30)고 전한다. 잠언은 "악인은 쫓아오는 자가 없어도 도망하나 의인은 사자 같이 담대하다"(잠 28:1)고 우리에게 교훈한다.

## 정의

이사야 9장은 우리에게 "다윗의 보좌가 정의와 공의 가운데 세워지고 높임을 받을 것"이라고 가르쳐 준다. 하나님은 가장 불의한 세상 가운데 계신 정의의 하나님이시다.

사람아 주께서 선한 것이 무엇임을 네게 보이셨나니 여호와께서 네게 구하시는 것은 오직 정의를 행하며 인자를 사랑하며 겸손하게 네 하나님과 함께 행하는 것이 아니냐 (미 6:8)

중동에 살고 있는 유대인과 아랍인들은 심각한 불의와 불공평함을 경험한다. 많은 아랍인이 학대당하고, 유대인의 평균 기준보다 훨씬 낮은 수준의 삶을 살아가고 있다. 많은 사람들이 그들의 재산을 탈취당하기도 했다. 유대인은 그들 가운데 살고 있는 아랍인(외인)을 본토에서 난 족속같이 대해야 한다. 이것이 하나님이 말씀하시는 정의이다(겔 47:22).

아랍 사람은 하나님의 복을 받은 이스마엘의 후손이다. 물론 이들도 유대인을 공의롭게 대해야 하고, 하나님이 이삭을 통해 아브라함과 언약을 세우셨음을 인정해야 한다. 이것이 하나님의 정의이다. 아랍 사람은 이 언약을 함께 품어야 하고, 구원자 메시아 안에서 유대인과 한 새 사람으로 화목해야 한다.

하나님은 과부와 고아를 돌보시며 보호하신다. 우리가 예루살렘의 평화를 위해 아버지의 마음을 품고 나아간다면, 과부와 고아들을 위해 기도하고 실제로 그들을 도울 필요가 있다. 이것이 그들에게 정의를 행하는 것이다. 우리는 유대인과 아랍인이 한 분이신 정의의 하나님을 깨닫고 경험하며, 서로에게 공평하게 대하도록 기도해야 한다. 우리 안에 하나님의 공의와 정의가 없으면, 하나님은 우리의 예배를 기뻐하지 않으실 것이다.

> 내가 너희 절기들을 미워하여 멸시하며 너희 성회들을 기뻐하지 아니하나니 너희가 내게 번제나 소제를 드릴지라도 내가 받지 아니할 것이요 너희의 살진 희생의 화목제도 내가 돌아보지 아니하리라 네 노랫소리를 내 앞에서 그칠지어다 네 비파 소리도 내가 듣지 아니하리라 오직 정의를 물 같이, 공의를 마르지 않는 강 같이 흐르게 할지어다 (암 5:21-24)

## 온유하신 주님, 인내하시는 주님

하나님은 참으로 인내심이 많은 분이시다. 고린도전서 13장에서는 사랑의 가장 대표적인 특성을 '인내'라고 말한다. 사랑은 인내하는 것이다. 성경은 하나님이 사랑이라고 말한다. 예루살렘의 왕은 인내하시는 분이다. 그분은 열방에서 가져온 산 돌이 하나님의 집인 영적 성전으로 건축되고, 이 땅의 열매가 소산을 얻도록 진정 오랜 시간을 인내하며 기다리셨다.

> 시온의 딸아 크게 기뻐할지어다 예루살렘의 딸아 즐거이 부를지어다 보라 네 왕이 네게 임하시나니 그는 공의로우시며 구원을 베푸시며 겸손하여서 나귀를 타시나니 나귀의 작은 것 곧 나귀 새끼니라 (슥 9:9)

예루살렘 왕의 본성과 성품은 유다의 사자처럼 담대할 뿐만 아니라 매우 온유하고 겸손하셔서 나귀를 타고 오시는 분이다. 계시록에서는 약 30번 정도 예루살렘의 왕을 하나님의 어린 양으로 묘사하고 있다. 계시록 5장에는 유다 지파의 사자 다윗의 뿌리가 이기었고, 어린 양이 섰는데 일찍 죽임을 당한 것 같다는 말씀이 나온다(계 5:5-6).

우리는 새 예루살렘에서 영원한 어린 양이신 그분을 주목하게 될 것이다. 그곳에는 더 이상 성전이 없을 것이다. 어린 양이 하나님의 백성을 위해 영원한 성전이 되시기 때문이다.

구약에서 하나님의 '온유하심'은 이세벨이 죽이겠다고 협박하여 낙담한 엘리야가 굴에 거할 때 나온다. 주님은 매우 온유하고 친절한 음성으로 엘리야에게 동굴에서 나와 하나님께서 부르신 소명의 길로 돌아갈 것을 말씀하셨다. 우리는 하나님의 음성을 놓칠 때가 많고, 우리의 섬세하지 못함으로 올바로 반응하지 못한다. 하나님과 성령님은 종종 우리에게 매우 작고 조용한 음성으로 말씀하신다. 우리가 하나님의 성품과 본성과 온유하심을 알지 못하면, 하나님께서 말씀하시는 것을 놓칠 수도 있다.

> 수고하고 무거운 짐 진 자들아 다 내게로 오라 내가 너희를 쉬게 하리라 나는 마음이 온유하고 겸손하니 나의 멍에를 메고 내게 배우라 그리하면 너희 마음이 쉼을 얻으리니 이는 내 멍에는 쉽고 내 짐은 가벼움이라 하시니라 (마 11:28-30)

우리가 주님의 멍에를 메고 배우려면, 사자와 같이 담대하고 양처럼 부드럽고 온유해야 한다. 그리고 겸손한 마음으로 주님 안에서 쉼을 얻어야 한다. 우리가 살고 있는 무례하고 참을성 없는 세상 가운데 오신 우리의 구원자 예수님이 온유하고 인내심이 많은 분이라는 것을 깨닫는 것은 매우 중요하다. 예루살렘에 평화가 임하도록 하기 위해, 우리는 메시아의 성품, 그분의 온유하심과 겸손하심, 그리고 인내하는 마음을 품어야 한다. 우리가 주님의 성품을 따를 때, 우리의 영혼이 평강을 누리고 쉼을 얻게 될 것이다.

### 우리를 불쌍히 여기시는 자비의 하나님

여호와께서 구름 가운데에 강림하사 그와 함께 거기 서서 여호와의 이름을 선포하실새 여호와께서 그의 앞으로 지나시며 선포하시되 여호와라 여호와라 자비롭고 은혜롭고 노하기를 더디하고 인자와 진실이 많은 하나님이라 인자를 천대까지 베풀며 악과 과실과 죄를 용서하리라 그러나 벌을 면제하지는 아니하고 아버지의 악행을 자손 삼사 대까지 보응하리라 (출 34:5-7)

모세가 시내산 정상에서 주님을 만났을 때, 그분은 구름 가운데 강림하셔서 모세와 함께 서 계셨다. 그리고 모세의 앞을 지나시며 "여호와 하나님"이라고 자신을 선포하셨다. 주님의 성품으로 처음 말씀하신 것이 '자비와 은혜'였다. 진정한 평화가 예루살렘에 임하면, 여호와 하나님의 풍성한 자비로우심이 그분의 사람들을 통해 메시아를 신뢰하지 못하는 사람들에게 풀려 나갈 것이다. 여호와의 인자는 영원하며, 그분은 진실을 천 대까지 베풀며 인내하시는 하나님이시다. 주님은 오늘도 홍수와 같이 넘치는 온유함으로 우리를 바라보신다. 여호와 하나님은 어제나 오늘이나 영원토록 동일하며 변함없는 분이시다.

무리를 보시고 불쌍히 여기시니 이는 그들이 목자 없는 양과 같이 고생하며 기진함이라 (마 9:36)

데릭 프린스 목사님이 85세 되었을 때, 내게 이렇게 말씀하셨다. "내가 이전에 한 번도 만나보지 못했던 사람들에 대해 불쌍히 여기는 긍휼한 마음의 우물을 하나님께서 내 안에 부어 주셨네."

이처럼 하나님께서 수많은 사람들에게 이 우물을 터지게 하셔서 그분의 마음으로 예루살렘과 이곳을 둘러싸고 있는 주변 나라들을 볼 수 있게 해주시길 기도한다. 그다음에 우리는 하나님의 백성을 진실로 위로할 수 있게 될 것이다.

너희의 하나님이 이르시되 너희는 위로하라 내 백성을 위로하라 너희는 예루살렘의 마음에 닿도록 말하며 그것에게 외치라 그 노역의 때가 끝났고 그 죄악이 사함을 받았느니라 그의 모든 죄로 말미암아 여호와의 손에서 벌을 배나 받았느니라 할지니라 하시니라 (사 40:1-2)

여호와여 주는 영원히 계시고 주에 대한 기억은 대대에 이르리이다 주께서 일어나사 시온을 긍휼히 여기시리니 지금은 그에게 은혜를 베푸실 때라 정한 기한이 다가옴이니이다 (시 102:12-13)

## 아름다우신 하나님

전능하신 이 여호와 하나님께서 말씀하사 해 돋는 데서부터 지는 데까지 세상을 부르셨도다 온전히 아름다운 시온에서 하나님이 빛을 비추셨도다 (시 50:1-2)

아름다움은 사탄에 의해 변형되고 위조되었고, 많은 사람이 사탄의 모조품에 속임을 당했다. 사탄은 매우 아름다운 빛의 천사로 가장하여 나타난다(겔 28:6-7).

창세기 3장에서 사탄은 선악과가 우리의 눈을 밝혀 기쁘게 할 것이며, 이 나무가 금지되지 않은 먹어도 되는 열매라고 거짓으로 말했다. 만약 아담과 하와가 이 나무를 취하지 않았다면, 그들은 생명나무에 참예함으로 완벽하게 아름다운 모습으로 살아갈 수 있었을 것이다. 오늘날 많은 사람이 악한 영이 만든 거짓된 모습으로 우리를 기만하고 있다.

시편 기자는 하나님이 시온으로부터 그 온전한 아름다움을 발하셨다고 한다. 하나님이 보시는 완벽한 아름다움은 우리 영혼이 오직 하나님만 바라보며 갈망하는 가운데 발견된다. 예루살렘의 참된 아름다움은 하나님이 이 도시에 있는 그분의 백성을 통해 하나님의 온전한 아름다움이 계시되는 마지막 시대에 구체적으로 현실화될 것이다. 예루살렘은 주님께서 친히 재림하시고 그분의 충만한 영광의 빛으로 이곳을 비출 때, 도시의 아름다움이 온전하게 회복될 것이다.

## 영원하신 하나님

하나님은 어제도 계셨고, 오늘도 계시며, 이제 곧 오실 영원하신 분이다. 하나님이 영원하시다는 사실은 그분이 항상 존재하시는 분임을 말한다. 이처럼 하나님의 영원하신 사랑의 본성 때문에, 이 사랑을 나누며 교제할 세상을 창조하기로 결정하신 것이다. 하나님이 세상을 만드시고, 영원한 하나님과 함께할 영원한 존재로 사람을 택하신 것이 창조의 목적이다. 하나님은 자신의 형상을 따라 창조하신 사람들이 영원토록 그분을 예배하며 기뻐할 것이라고 생각하셨다. 그러나 이들에게 거절당하고, 속임당하며, 무시당하고, 모욕과 치욕을 겪으시면서 마침내 그분 자신의 죽음을 알고 계셨지만, 이 여정을 가기로 결정하셨다.

첫 번째 아담은 실패했지만, 마지막 아담은 죽음과 지옥을 멸하셨고 마침내 우리를 영원으로 가는 길로 인도하셨다. 마지막 아담 되신 영원한 아담이 바로 하나님의 아들 예수 그리스도이시다. 예수님은 첫 번째 아담이 타락시킨 모든 것을 영원한 생명으로 바꾸어 돌이키게 하시려고 이 세상에 오셨다. 그분은 예루살렘 성전산으로 재림하셔서 영원토록 세상을 통치하실 것이다. 첫 번째 아담은 유한한 존재였지만, 두 번째 아담은 영원하신 분이다. 주님은 새 하늘과 새 땅을 세우실 것이라고 말씀하셨고, 그곳에서 공의롭고 거룩하신 하나님이 영원토록 장막의 처소, 예루살렘에 거하실 것이다.

가장 높은 곳에 계신 거룩한 하나님이 세상의 모든 것을 그 발 아래 두사 거룩한 도시 새 예루살렘을 천국에서 내려오게 하실 때까지, 이 땅 위의 예루살렘은 현실적으로 영원한 도시가 되지 못할 것이다. 그러나 그때가 되면 하나님이 영원한 새 하늘과 새 땅을 그분의 공의와 정의, 거룩하심으로 다스리시며 왕의 통치를 시작하실 것이다.

예루살렘의 평화를 위해 기도하라. 이는 영원한 하나님이 오셔서 예루살렘을 영원한 도시로 만드시고, 천국과 이 땅에 있는 모든 것을 메시아 안에서 회복시키고 화평하게 하시는 길이다.

### 여호와 삼마, 하나님이 여기 계시다

그 날 후로는 그 성읍의 이름을 여호와삼마라 하리라 (겔 48:35)

그날 후로는 예루살렘의 마지막 회복에 대해, 그 성읍의 이름을 '하나님이 여기 계시다'라고 명하셨다. 새 이름 '야훼(여호와) 삼마'를 히브리어로 조합해 보면 '예루살라임' 즉 예루살렘이 된다. 하나님은 모든 곳에 편재하시는 분이지만, 인류의 타락 이전 에덴동산 중심에 하나님의 임재가 매우 특별하게 나타났다고 한다. 하나님은 서늘한 날씨에 동산 위를 거니셨고(창 3:8), 동산 위에 불타는 횃불로 스스로 계신 여호와 하나님이셨다. 또한 불타는 떨기나무에서 횃불같이 자신을 모세에게 보여주셨다. 창세기 15장 17절에서도 주님이 타는 횃불로 나타나셨다. 새 예루살렘이 주님 임재의 광채로 이곳을 덮고, 천국과 분리된 이 땅이 회복될때까지 '메노라'(menorah, 촛대)가 필요할 것이다.

솔로몬이 성전을 완공하고 예배드렸을 때, 하나님의 임재가 너무도 강력하게 예루살렘에 임하여 예배자들이 일어설 수도 없었다고 성경은 말한다. 하나님의 영광스러운 임재가 매우 강하게 임했기 때문에 위대한 왕 앞에서 그들이 엎드려 경배할 수밖에 없었던 것이다. 진실로 하나님이 그곳에 계셨기 때문이다.

예슈아가 감람산 위에 두 발을 다시 세우시고 주님이 직접 예루살렘 성전산 보좌 위로 좌정하실 때, 하나님 임재의 영광은 이전과 비교할 수 없을 만큼 가득차고 놀라우며 충만해질 것이다. 그날 후로는 예루살렘이 '여호와 삼마', '여호와가 여기 계시다'라고 불리게 될 것이다. 왜냐하면 이제는 진실로 하나님이 영원토록 이곳에 계실 것이기 때문이다. 또한 하나님의 백성은 다시는 이 땅에서 뿌리 뽑히지 않고 살게 될 것이며, 하나님이 오실 때, 횃불 같이 불타는 그분을 보게 될 것이다.

이스라엘의 열두 지파와 열두 개의 성문도 온전하게 회복될 것이다. 하나님의 임재가 예루살렘을 충만케 할 것이며, 계시록 21장 22절 말씀처럼 어린 양이 친히 성전이 되실 것이다. 그때에 물이 바다를 덮음같이 여호와의 영광을 아는 지식이 온 땅에 충만할 것이다.

## 좋으신 하나님, 자비로운 하나님

주님이 나타나셨을 때, 모세는 그분의 영광을 보게 해 달라고 구했다.

여호와께서 이르시되 내가 내 모든 선한 것을 네 앞으로 지나가게 하고 여호와의 이름을 네 앞에 선포하리라 나는 은혜 베풀 자에게 은혜를 베풀고 궁휼히 여길 자에게 궁휼을 베푸느니라 또 이르시되 네가 내 얼굴을 보지 못하리니 나를 보고 살 자가 없음이니라 (출 33:19-20)

주님이 모세에게 영광으로 지나실 때, 그를 반석 틈에 두셔서 손수 그를 덮어 주시고, 주님의 선하심을 보여 주셨다. 주님의 선하심이 참으로 위대하고 지극하여 모세는 주님의 영광을 보고 살 수 없었을 것이다. 성전산 위 솔로몬의 성전이 하나님 영광의 임재로 가득 찼을 때, 그분의 선하심으로 제사장들은 바닥에 쓰러질 수밖에 없었다. 이 순간에 그들은 한마음으로 이렇게 말했다. "주님께 감사를, 그는 선하신 분이다."

이것은 우연히 일어난 일이 아니라, 그들이 선하신 하나님의 성품을 직접적으로 대면했을 때 나온 선포였다. 이러한 경험을 통해 이스라엘은 이처럼 고백했다. "주님께 감사를 올려 드리자. 그는 선하시며 인자하심이 영원함이라."

하나님이 이스라엘에게 자비하지 않으셨다면, 아마도 그들은 죽을 수도 있었을 것이다. '하나님이 여기에 계시다'라는 '여호와 삼마'로서 하나님은 영광과 능력 가운데 자신을 나타내시고 이스라엘을 생존하게 하셨다. 그렇다면 하나님이 직접 예루살렘의 보좌에 앉으셔서 영광의 풍성함 가운데 통치하실 때는 그 영광의 임재가 얼마나 위대하고 놀라울지 상상해 보라. 이제 이 도시의 이름은 영원히 바뀔것이다. "여호와 하나님이 여기에 계시다!"

주님이 다윗의 보좌에 좌정하시고 예루살렘과 열방의 왕으로서 영원토록 통치하신다. 궁극적으로 예루살렘의 평화를 위해 기도하는 것은 메시아가 예루살렘에 재림하실 때 일어날 일, 바로 이 도시가 진실로 '여호와 삼마'라는 이름으로 바뀌어 풍성한 영광 가운데 소명을 완성하는 것을 앞당기는 것이다.

주님의 선하심은 우리로 하여금 회개하도록 인도한다. 주님은 모든 더러운 것에서 시온을 정결하게 하실 것이라고 약속하셨다. 이것은 하나님의 선하심으로 시온 사람들을 그분께로 이끄신다는 것이다. 우리가 하나님의 선하심을 부분적으로만 경험해도, 즉시 회개하게 될 것이다. 우리는 하나님의 선하심이 없는 삶이 얼마나 의미없고, 열매 없는지를 보게 될 것이다. 아담과 하와가 선악과를 취했을 때, 그들은 사탄의 속임과 기만으로 빠져들어갔다. 사탄이 생명나무로 이르는 길을 방해하는 위조된 계략으로 그들을 꾀였을 때, 속임을 당한 것이다. 생명나무에 참예하는 것은 곧 하나님의 모든 선하심에 참예하는 것이다. 생명나무에는 악이 존재하지 않는다.

> 내 평생에 선하심과 인자하심이 반드시 나를 따르리니 내가 여호와의 집에 영원히 살리로다 (시 23:6)

우리가 살고 있는 회복의 시대에, 주님은 이곳 예루살렘에 열방으로 흘러갈 여호와의 집을 회복시키신다. 그리고 우리가 신실한 파수꾼임을 깨닫게 하시고, 이 땅의 예루살렘에서 찬송 받으실 때까지 밤이나 낮으나 쉬지 않고 파수하신다. 예루살렘의 평화를 위해 기도하자! 이는 곧 메시아 안에서 하나님의 선하심과 자비가 회복되는 것이며, 예루살렘이 영광의 임재로 가득 차는 것이다. 예루살렘을 사랑하는 자는 형통할 것이다.

## 3장

# 위대한 왕의 성, 예루살렘

    이스라엘의 수도는 예루살렘이다. 이곳은 황금의 도시, 평강의 도시, 유대인에게는 '예루살라임', 아랍인에게는 '알쿠드', 고대 로마인에게는 '아에리아 가파토리아'로 다양하게 불린다. 이처럼 다양한 이름은 문명화된 제국의 통치자들이 얼마나 예루살렘을 그들의 도시와 문화로 만들기 위해 분투했는지 그 변천사를 보여 준다. 역사를 보면 시대마다 수많은 영혼들이 예루살렘 때문에 죽임을 당하기도 했다.

    예루살렘과 관련된 역사와 지리, 널리 알려진 역사 속 이야기들을 이해하기 위해 자연적인 눈으로 바라보면, 매우 길고 복잡한 역사를 가진 도시가 떠오른다. 예루살렘 본연의 이름이 '평강(샬롬)의 유업'이지만, 지난 3천 년 역사 속에 가장 복잡한 분쟁의 중심지였고, 전 세계의 다른 어떤 도시보다 빈번한 전쟁과 수난을 겪어냈다. 예루살렘은 수차례 파괴되었고, 거의 스무 번이나 재건되었다.

    예루살렘의 끊이지 않는 분쟁의 근본 이유는 그곳에서 메시아의 희생과 속죄를 통해 전 세계에 평강이 임할 것이라는 것을 사탄이 알고 있기 때문이다. 사탄은 예루살렘에 대한 하나님의 계획과 목적을 가로막기 위해 마지막 끝날에 적그리스도를 사용하여 최대한 분쟁과 혼동을 퍼트리고자 시도할 것이다.

예루살렘은 하나님의 구속과 희생의 장소로 선택된 곳이다. 최초에 하나님의 강권적인 임재가 이 땅에 가득했던 곳이 에덴동산이다(중동 지역의 중심이라고 보여짐). 그리고 이곳에 다윗의 장막과 솔로몬의 성전이 세워졌다. 이러한 역사는 이곳이 특별히 하나님께 구별된, 즉 하나님이 소유하신 도시라는 것을 명백하게 말해 준다. 위대한 왕의 도시이자 하나님이 손수 설계하시고 세우신 도시가 예루살렘이다. 창조자 하나님께서 그분의 창조물인 우리와 교제하기 위한 길로써 실제적으로 예표가 되는 장소로 열어 두신 것이다. 이곳은 또한 예수 그리스도의 죽음과 부활을 통해 유대인과 이방인을 위한 구원의 길이 계시되도록 선택된 도시다. 주님은 그곳에서 새 예루살렘을 계시하실 것이고, 창조주 하나님과 피조물 된 사람 간의 친밀한 교제가 존재했던 태초의 에덴동산의 영광스러운 장소로 회복하실 것이다.

> 또 옛 사람에게 말한 바 헛 맹세를 하지 말고 네 맹세한 것을 주께 지키라 하였다는 것을 너희가 들었으나 나는 너희에게 이르노니 도무지 맹세하지 말지니 하늘로도 하지 말라 이는 하나님의 보좌임이요 땅으로도 하지 말라 이는 하나님의 발등상임이요 예루살렘으로도 하지 말라 이는 큰 임금의 성임이요 (마 5:33-35)

고대에는 사람들이 어떤 약속이나 계약을 할 때, 자기보다 훨씬 가치 있는 것에 맹세하는 관습이 있었다. 그래서 어떤 사람에게 맹세를 했는지, 그 중요도에 따라 맹세의 말들이 가치를 인정받았고, 서약은 매우 진지하고 심각하게 받아들여졌다. 바리새인들은 맹세나 서약에 관해 매우 정교한 체계를 구성하며 점차 발전시켜 갔다.

이들은 하늘이나 하나님의 속성과 연관되는 것에 가호를 비는 경우에 매우 구속력이 있다고 보았다. 첫 번째로 하나님의 보좌가 있는 하늘에 맹세했고, 두 번째로 하나님의 발등상인 땅에, 세 번째는 예루살렘에 서약을 하였다. 흥미로운 사실은 바리새인의 서약의 기준이 되는 곳이 예루살렘이라는 것이다. 게다가 예수님은 마태복음 5장에서 이 도시를 '위대한 큰 임금의 성'이라고 부르셨다.

세상의 주요 종교들은 예루살렘이 자신들에게 속한 도시라고 주장한다. 세상의 권력은 수천 년간 이 도시를 얻기 위해 싸워 왔다. 또한 지금도 예루살렘은 여전히 가장 복잡한 양상을 띠는 세계 정치의 중심을 차지하고 있다. 과거에는 거대한 세계 종교의 여러 갈래의 당파가 거룩한 도시로 얻기 위해 투쟁했다면, 앞으로는 누가 이 도시를 통치할 것인가를 두고 분쟁할 것이다.

그러나 궁극적으로 예루살렘은 세계 종교나 일부 지역의 수뇌부가 관심을 갖기 때문에 중요한 것이 아니다. 예루살렘이 지정학적으로 중요하거나 재정이 모이는 곳이기 때문에 주목을 받는 것도 아니다. 예루살렘이 큰 임금의 성읍, 위대한 왕의 도시로 선택되었기 때문에 중요한 것이다.

예수님은 세상을 구원하시려고 그분의 죽음과 부활을 완수하기 위해 직접 이 땅으로 오셨다. 또한 앞으로 이 땅과 세계가 어떻게 회복되는지 예루살렘에 계시될 것이다. 예수님이 재림하실 때, 감람산 위에 오셔서 동문('Golden Gate'라고 불리는 닫힌 문)을 통해 예루살렘 성전으로 다시 들어오실 것이며, 성전산에서 그분의 승리와 영원한 통치가 시작될 것이다.

### 예수님은 예루살렘에서 자신을 계시하셨다

예루살렘은 참으로 아름다운 도시다. 예루살렘 구도시에서 태양이 지는 것을 바라보고 있노라면, 이 도시의 매력과 신비에 경이로움을 느끼게 된다. 그러나 예루살렘은 미학적 아름다움과 그 자체가 가지는 매력 이상으로 하나님의 중요한 계획을 대표하는 도시다. 누군가는 예루살렘을 초자연적인 대상으로 지나치게 우상화한다고 말할 수도 있다.

그러나 예루살렘이 경배하고 숭배할 대상으로 창조된 것은 아니다. 하나님의 계획과 관점을 통해 이 땅을 바라보는 렌즈로서 창조되었고, 위대한 왕을 이곳을 통해 깊이 알 수 있게 하셨다. 그렇다면 예루살렘은 천국에 이르는 관문 또는 고속도로라고 말할 수 있다. 유대인들이 이 땅의 예루살렘에서 천국으로 기도를 올릴 때, 지역 도시에 전화를 거는 것과 유사하다고 볼 수 있다. 우리가 만군의 여호와 하나님, 아버지, 예수, 메시아 중심의 시각을 잃어버리는 순간, 예루살렘이 가지는 영원한 의미도 잃어버릴 수 있다.

다음은 예수님이 영원한 새 예루살렘을 위한 계획과 자신을 계시하였던 열 가지 방법이다. 아홉 가지 계시는 이미 성취되었고, 하나는 앞으로 메시아가 오시면 성취될 것이다.

## 첫 번째 계시 ▶ 멜기세덱의 인격으로 나타나신 예수 그리스도

믿음으로 아브라함은 부르심을 받았을 때에 순종하여 장래의 유업으로 받을 땅에 나아갈새 갈 바를 알지 못하고 나아갔으며 믿음으로 그가 이방의 땅에 있는 것 같이 약속의 땅에 거류하여 동일한 약속을 유업으로 함께 받은 이삭 및 야곱과 더불어 장막에 거하였으니 이는 그가 하나님이 계획하시고 지으실 터가 있는 성을 바랐음이라 (히 11:8-10)

우리는 이 구절에서 아브라함이 어떻게 갈대아 우르를 떠나 홀로 갈 바를 알지 못하는 곳으로 믿음의 순례를 시작했는지 알 수 있다. 아브라함은 구체적으로 갈 곳을 몰랐지만, 믿음의 유업으로 받게 될 장소를 향해 출발했다. 오직 믿음으로 약속의 땅에 처소를 지었고, 이방 국가에서 이방인처럼 살았다. 그는 잠시 머무를 천막에서 살았고, 그의 자손 이삭과 야곱도 아브라함의 삶을 뒤따랐다. 그들은 모두 동일한 약속을 받은 자로 아브라함과 함께 유업을 받은 상속자가 된다.

아브라함은 황폐한 사막 같은 땅에서도 그를 향한 하나님의 약속을 믿었다. "하나님이 친히 계획하시고 지으실 터가 있는 성읍을 바랐음이라."

아브라함이 이 땅을 찾아 떠났을 때, 지금의 예루살렘을 발견하려고 간 것이 아니라(그때는 아직 존재하지 않았다) 보다 중요한 것, 바로 하나님께서 직접 설계하시고 건축하시는 영원한 터가 되는 도시를 찾고자 한 것이다. 믿음의 눈으로 보면 그는 하나님이 지으실 땅, 천국의 예루살렘을 찾고 있었던 것이다. 결국 어디서 이 도시를 발견했는가? 이 땅에 있는 예루살렘에서 하나님의 도성을 보았다.

아브라함은 어디로 가든지 전심으로 주님의 음성을 따르기로 결정했다. 그리고 천국의 예루살렘에 가까이 도달할 수 있다는 희망을 가지고 있었다. 드디어 아브라함이 그 장소에 도착했을 때, 누구를 만났는가? 지극히 높으신 제사장인 살렘의 왕을 만났다. 그는 공의의 왕 '멜기세덱'이었다(창 14:18). '살렘'(Salem)은 아람어로 평화를 뜻하며, 도시 예루살렘의 첫 이름이었다. 또한 히브리어로는 '샬롬'(Shalom)이고, 아랍어로는 '살람'(Salaam)이라 불리우는 매우 깊은 연관이 있는 단어다. 아브라함이 도시에 도착했을 때, 평강의 왕이 그를 반기며 환영했다. 그는 진실로 위대한 공의의 왕이었다. 아브라함은 경외하는 마음으로 탈취물의 십분의 일을 멜기세덱에게 드렸다.

성경은 멜기세덱이 위대한 사람으로 하나님의 아들에 비견되는 분이라고 덧붙인다(히 7:3-4). 그는 인자로 오신 예수 그리스도로 높은 곳에 계신 제사장이셨다. 다니엘서에 보면, 사드락, 메삭, 아벳느고가 풀무불에 던져졌을때, 신비로운 주의 사자가 그들과 함께 있었다고 한다. 그들이 묘사하기를 '하나님의 아들'과 같다고 했다. 나는 주님께서 그 풀무불 가운데 계셨다고 믿는다. 아브라함이 예루살렘에 도착했을 때, 주 예수님과의 인격적인 대면을 통해 그분을 만난 것이다.

멜기세덱은 떡과 포도주를 가지고 나온 지극히 높으신 하나님의 제사장이었다. 왜 이것이 중요할까? 떡과 포도주는 하나님과 사람 사이의 언약을 상징하기 때문이다. 떡은 우리를 위해 깨어진 주님의 몸이고, 포도주는 주님의 보혈이다. 성경은 떡과 포도주가 처음 등장한 부분이 이곳 예루살렘이라고 말한다. 수천 년 전 예수님이 이 땅 위를 걸으시기 전, 예루살렘의 왕, 살렘의 왕으로 아브라함에게 나타나셨던 곳이 예루살렘이다. 예수님은 아브라함을 반기고 환영하셨고, 그와 성찬식을 나누셨다. 예수님은 이렇게 말씀하셨다. "너희 조상 아브라함은 나의 때 볼 것을 즐거워하다가 보고 기뻐하였느니라"(요 8:56).

아브라함은 죽음을 맞이할 때, 주님의 날을 보았던 것이다. 그러나 그는 그 이상을 바라보았다. 바로 새 예루살렘이 천국에서 내려오는 것이다. 이는 하나님이 친히 지으시고 경영하시는 도시였다. 예루살렘은 사람으로 오신 예수 그리스도의 인격을 계시하기 위해 창조되었다. 우리가 이 도시에 대한 중심을 잃어버리면, 이곳은 우상이 될 수도 있다.

**두 번째 계시 ▶ 이삭의 희생을 통해 계시된 예수 그리스도의 희생**

창세기 22장에서 하나님은 아브라함에게 아들 이삭을 모리아산에서 번제로 드리라고 말씀하셨다. 후에 모리아산은 시온산으로 불리게 되고, 지금 예루살렘에 있는 성전이 이곳에 건축된다. 그곳에서 아브라함은 그의 아들 이삭을 희생제물로 드리기 위해 주님께 갔다. 이삭의 희생제사는 하나님의 아들, 예수님이 세상 죄를 지고 구원을 위해 희생번제로 드려지는 어린 양의 예표였다. 아브라함은 자신의 아들을 희생시키면서까지 하나님께 순종하려 했고, 이는 그가 온 맘을 다해 하나님을 전심으로 좇았음을 보여 준다. 하나님은 이삭의 죽음에 관심을 갖지 않으셨고, 하나님에 대한 아브라함의 온전한 순종을 중요하게 보셨다. 그러나 이삭은 죄가 없는 상태가 아니었기 때문에 흠 없는 온전한 희생제물로 받아들여지지 않았다. 그리고 하나님은 하나뿐인 아들의 목숨을 가져가시려고 아브라함에게 아들을 줄 것이라고 약속하지 않으셨다. 아브라함이 칼을 들어 이삭을 바치려 했던 순간에 숫양이 수풀에서 나와 피 흘림의 번제물로 희생되었다. 이 장면은 예수 그리스도가 세상 마지막 순간에 인류를 위해 오신 것을 예표하며, 그분이 우리의 죄를 위해 흠 없는 온전한 희생제사로 하나님께 드려졌음을 말해 준다.

**세 번째 계시 ▶ 예수 그리스도 보혈의 희생을 예루살렘에서 계시하셨다**

우리가 예루살렘에서 받은 세 번째 계시는 이집트에서 400년간의 노예 생활을 마치고 이스라엘 백성이 떠난 곳에 관한 것이다. 그들은 어디로 갔을까? 그들은 하나님이 노예 신분에서 벗어나 하나의 독립된 나라로 부르셨기 때문에 예루살렘으로 향했다. 몇 개의 근거들이 이를 뒷받침해 주고 있다. 이스라엘 백성은 이집트에서 죽음의 영으로부터 보호받기 위해 모든 유대인의 집 문설주에 피를 발랐다(동물의 피를 십자가 모양으로 바른 것은 흥미로운 일이다). 이로부터 1300년 후 예루살렘에서 예수 그리스도가 보혈의 피를 흘리사 우리를 위해 희생하셨다. 출애굽한 이스라엘의 첫 세대는 그 땅에 이르지 못하고 광야에서 죽음을 맞이했다. 이는 그들이 온 마음을 다해 하나님의 인도하심을 청종하지 않고, 약속의 말씀을 믿지 않았기 때문이다. 하나님은 모세에게 이렇게 말씀하셨다.

너는 가서 이스라엘의 장로들을 모으고 그들에게 이르기를 여호와 너희 조상의 하나님 곧 아브라함과 이삭과 야곱의 하나님이 내게 나타나 이르시되 내가 너희를 돌보아 너희가 애굽에서 당한 일을 확실히 보았노라 내가 말하였거니와 내가 너희를 애굽의 고난 중에서 인도하여 내어 젖과 꿀이 흐르는 땅 곧 가나안 족속,

헷 족속, 아모리 족속, 브리스 족속, 히위 족속, 여부스 족속의 땅으로 올라가게 하리라 하셨다 하면 (출 3:16-17)

약속의 땅은 이스라엘이 들어가 살게 될 실제적 유업이었다. 그러나 수도 예루살렘은 그들의 영적 유업에 이르는 길들을 대표하는 도시였다. 이는 예루살렘에서 살고, 죽고, 죽음에서 부활하신 메시아 안에서 얻게 되는 영적 유산이다.

**네 번째 계시 ▶ 하나님의 언약궤로 계시된 메시아의 몸**

다윗이 언약궤를 예루살렘으로 다시 가져오려고 했을 때, 주님은 자신을 직접 계시하셨다. 언약궤는 하나님의 백성과 분리되었던 하나님의 실질적 임재였다. 예수 그리스도께서 죽으시고 부활하시기 전까지 하나님의 임재는 실제적으로 보여 주는 언약의 말씀, 그 언약이 담긴 언약궤 안에 있었다. 오늘날 하나님은 그분의 백성들 안에 거하신다. 오늘날 모든 영혼에게 메시아의 몸은 하나님의 임재가 있는 언약궤가 된 것이다.

역대상 15장에 다윗 왕이 하나님의 언약궤를 예루살렘으로 다시 가져오는 내용이 나온다. 언약궤가 잠시 머물렀던 곳을 하나님이 어떻게 축복하셨는지 본 다윗은 언약궤를 예루살렘으로 가지고 와서 그곳이 영존하는 집이 되길 바랐다. 이것은 참으로 하나님의 방법과 하나님께서 원하신 때에 성취된 일이었다. 언약궤를 메고 오는 레위 족속들은 승리를 외치며 예루살렘으로 행진하여 들어왔다. 하나님의 임재가 우리와 함께하시고, 그분이 우리의 삶을 돌보시고 주관하시면 그 누구도 우리를 대적할 수 없다. 우리의 마음이 전심으로 하나님께 헌신되면, 하나님은 언약궤를 예루살렘으로 가져오게 한 다윗 왕과 함께하셨던 것처럼 우리와 항상 동행하실 것이다. 하나님의 임재가 머물 다윗의 장막 안으로 언약궤를 메고 온 제사장들은 황소와 숫양을 번제와 화목제로 드렸다(대상 16장 참고). 이는 하나님과 사람 사이에 이루신 언약의 증거였다. 또한 피 흘린 희생제사는 예수 그리스도의 보혈의 그림자다. 이러한 사실을 통해 희생제사가 구속적 시간을 기다리고 있음을 알 수 있는데, 이는 메시아의 몸이 이 땅에서 하나님의 언약궤가 되었던 순간이다. 예수 그리스도가 희생의 보혈을 흘리심으로 하나님의 최종적인 희생의 길을 보여 주신 것이 바로 예루살렘을 통해 계시되었다.

### 다섯 번째 계시 ▶ 영적 성전이 실제적 성전 건축 가운데 계시되었다

예루살렘에 관한 다섯 번째 계시는 역대하 7장에 있다. 솔로몬이 주를 위한 아름답고 웅장한 성전 짓기를 마쳤을 때, 이스라엘 백성은 성전을 하나님의 집으로 봉헌하기 위해 모였다. 하나님의 집인 성전이 완성되었을 때, 성전 앞에서 주야로 즐거워하며 큰 기쁨과 환희에 가득 찼을 이스라엘 백성을 상상해 보라. 다윗은 하나님을 위한 집을 짓고자 평생 기도했지만, 성전 건축은 아들 솔로몬에게 맡겨졌다.

성전 완공은 미래에 일어날 중요한 일들에 대한 예표적 그림이다. 성전을 짓기 위한 마지막 돌이 놓여졌을 때, 얼마나 영광스러웠을까? 솔로몬의 성전은 그 자체로 위엄과 웅장함을 나타냈고, 이스라엘 백성에게 앞으로 이곳에서 중요한 일이 일어날 것이라는 놀라운 기대를 가지게 했다. 왜냐하면 그곳이 하나님의 임재가 가득한 처소가 되기 때문이었다.

첫 번째 성전의 목적은 하나님을 예배하는 것이지만, 사람들은 이곳에서 여전히 동물의 피로 희생제사를 드렸다. 이는 최종적인 희생제사가 아직 드려지지 않았기 때문이다. 성전은 희생제사를 드리는 곳이다. 그 당시 솔로몬이 주님께 드렸던 희생제물로 성전은 넘칠 듯했다. 하루에 약 22,000마리의 황소와 120,000마리의 양이 주님께 드리는 희생제물로 바쳐졌다. 이는 예슈아의 희생의 보혈을 예표한다. 예슈아는 죽임당한 마지막 어린 양이 되셨고, 이로써 동물의 희생의 피는 영원히 필요 없게 되었다. 하지만 에스겔이 본 천년왕국의 성전에서는 매우 짧은 기간 동안 동물이 희생제물로 쓰일 수도 있다. 예슈아는 영원토록 지속될 살아 있는 돌로 가장 아름답고 영광스런 성전을 직접 세우고 계신 것이다(계 21장 참고).

### 여섯 번째 계시 ▶ 새 예루살렘의 첫 열매는 예수 그리스도의 탄생을 예시하셨다

여섯 번째 계시는 예수님의 탄생 이야기다. 예수님은 예루살렘의 외곽, 베들레헴에서 예언의 성취로 탄생하셨다. 이 역사적인 순간에 말씀이 육신으로 오셔서 우리 안에 거하시게 된 것이다. 예수님은 우리에게 어떻게 살아야 하는지 보여 주시기 위해 이 세상에 오셨고, 우리가 그분과 함께 영원히 살도록 우리의 죄를 위해 죽으셨다. 예수님의 탄생은 새 예루살렘에서 천국과 이 땅에 있는 모든 것이 하나되기 위한 첫 열매다.

그분의 재림은 새 예루살렘을 온전히 성취하는 것이다. 주님은 하나님의 어린 양으로 우리 안에 거하시기 위해 초림하셨지만, 다시 오실 때는 유다 지파의 사자로 장막 안에 거하실 것이다.

성경은 "태초에 말씀이 계시니라"고 말한다. 태초의 말씀이 육신으로 오셔서 우리 안에 장막으로 거하시게 된 것이다. 인류의 시간대는 공자나 모하메드 또는 부처들을 중심으로 이루어지는 것이 아니다. 하나님께서 시간을 창조하셨고, 그분이 선택하신 시간대에 그분 자신이 개입하셔서 오신 것이다. 우리가 사용하는 연대기를 보면 예수 그리스도를 중심으로 그분이 오시기 전후(BC, AD)로 나누는데, AD는 'Anno Domino'의 약자로 '우리 주님의 연도'라는 의미다.

바로 왕이 모세가 태어난 때를 기준으로 어린 남자 아이를 죽인 것처럼, 헤롯 왕도 메시아가 탄생하신 시기를 기준으로 두 살 아래의 모든 남자 아이를 학살하였다. 이를 보면 우리의 적이 위대한 왕 예수 그리스도의 도시로 소명받은 하나님의 도시 예루살렘을 제거하고자 시도했음을 알 수 있다. 세상의 구원자를 멸하기 위해 갓 태어난 아이들을 모두 학살한 것이다. 동일한 방법으로 사탄은 마지막 시대에 메시아의 재림을 갈망하는 사람들을 혼란에 빠뜨리기 위해 적그리스도를 일으켜서 이들을 핍박할 것이다.

**일곱 번째 계시 ▶ 예수 그리스도의 죽음과 부활은 우리를 향한 하나님의 회복의 계획을 계시한다**

예루살렘에 관한 일곱 번째 계시는 예수 그리스도의 죽음과 부활에 관한 전반적인 일대기다. AD 33년경 예수님은 십자가에 못박히셨다. 하나님은 자신을 그분의 백성에게 계시하고, 전 인류를 죄에서 구원하기 위해 오셨다.

> 염소와 송아지의 피로 하지 아니하고 오직 자기의 피로 영원한 속죄를 이루사 단번에 성소에 들어가셨느니라 염소와 황소의 피와 및 암송아지의 재를 부정한 자에게 뿌려 그 육체를 정결하게 하여 거룩하게 하거든 하물며 영원하신 성령으로 말미암아 흠 없는 자기를 하나님께 드린 그리스도의 피가 어찌 너희 양심을 죽은 행실에서 깨끗하게 하고 살아 계신 하나님을 섬기게 하지 못하겠느냐 이로 말미암아 그는 새 언약의 중보자시니 이는 첫 언약 때에 범한 죄에서 속량하려고 죽으사 부르심을 입은 자로 하여금 영원한 기업의 약속을 얻게 하려 하심이라 (히 9:12-15)

예수님의 보혈은 우리 죄를 위해 하나님이 합당하게 받으신 온전한 희생제물이다. 이제 더 이상 동물의 피흘림은 필요하지 않다. 당신이 오늘날 유대인들에게 이것에 대해 질문한다면, 그들은 어떻게 설명해야 할지 모를 것이다. 예수님의 보혈은 세상의 모든 영혼을 위해 드려진 온전하고 고귀한 희생이기 때문에 유대인들에게 이 진리를 전해야 한다. 예수님은 예루살렘에서 십자가에 달려 죽으셨을 뿐만 아니라, 이곳에서 부활하신 후 예루살렘에 있는 제자들에게 자신을 계시하셨다. 예수님이 천국으로 승천하신 후 예루살렘에 있는 제자들에게 성령을 부어 주셨고, 이후 전 세계에 성령이 부어졌다.

**여덟 번째 계시 ▶ 하나님의 백성을 향한 예수님의 징계와 심판이 계시되었다**

예수님은 예루살렘과 성전이 모두 파괴될 것이라고 예언하셨다. 다음 말씀은 이 도시가 군대에게 포위당할 것이라고 말한다.

너희가 예루살렘이 군대들에게 에워싸이는 것을 보거든 그 멸망이 가까운 줄을 알라 그 때에 유대에 있는 자들은 산으로 도망갈 것이며 성내에 있는 자들은 나갈 것이며 촌에 있는 자들은 그리로 들어가지 말지어다 이 날들은 기록된 모든 것을 이루는 징벌의 날이니라 그 날에는 아이 밴 자들과 젖먹이는 자들에게 화가 있으리니 이는 땅에 큰 환난과 이 백성에게 진노가 있겠음이로다 그들이 칼날에 죽임을 당하며 모든 이방에 사로잡혀 가겠고 예루살렘은 이방인의 때가 차기까지 이방인들에게 밟히리라 (눅 21:20-24)

예수님은 한 세대 또는 40년 안에 예루살렘이 파괴될 것을 미리 아셨다. 주님은 예루살렘을 향해 눈물로 선포하셨다.

예루살렘아 예루살렘아 선지자들을 죽이고 네게 파송된 자들을 돌로 치는 자여 암탉이 그 새끼를 날개 아래에 모음 같이 내가 네 자녀를 모으려 한 일이 몇 번이더냐 그러나 너희가 원하지 아니하였도다 (마 23:37)

마태복음 24장을 보면, 예수님께서 성전을 떠나실 때, 돌 하나라도 돌 위에 남지 않고 다 무너질 것이라고 말씀하셨다. 모든 돌들은 하나도 남지 않고 전복될 것이다.

　AD 70년경, 예수님이 죽으시고 거의 40년 후에 주님은 직접 자신을 예루살렘에 계시하셨다. 주님은 그분의 백성을 향한 사랑과 동정으로 이들을 지키러 오신 것이 아니다. 예수님은 하나님의 방법과 징계로 자신을 백성에게 보여 주기 위해 오셨다.

　성경은 이스라엘을 지키시는 자는 졸지도, 주무시지도 않는다고 말한다. 그렇다면 하나님은 로마제국이 예루살렘을 파괴하는 것을 관망하신 것이 아니고, 하나님이 다른 곳을 보고 계실 때 실수로 생겨난 비극도 아니다.

　우리가 하나님과 동행하고, 그분의 계명을 전심으로 구하며 하나님과 신실한 교제 나누기를 즐거워할 때, 하나님은 우리를 돌보시고 보호하신다. 그러나 우리가 하나님을 대적하고 거역한다면, 결국 하나님의 징계와 다루심을 받게 될 것이다. AD 70년경 성전은 파괴되었고, 예루살렘은 철저히 무너졌다. 예루살렘에서 죽임을 당하지 않은 유대인은 먼 나라로, 열방으로 흩어지게 되었다. 그들이 소유한 땅에서 뿌리째 뽑혀 여러 나라로 뿔뿔이 흩어지게 된 것이다.

　흩어진 유대인 가운데 예수님을 메시아로 믿었던 이들은 복음을 가지고 열방으로 들어갔다. 그들이 정착한 땅에서 이방인에게 처음 복음을 전한 최초의 선교사들은 바로 예수님을 믿는 유대인 성도였다. 예루살렘의 파괴와 유대인의 흩어짐은 이방인에게 축복이 되었다고 말할 수 있다. 왜냐하면 유대인이 구원의 좋은 소식, 복음을 가지고 열방으로 흩어져 전했기 때문이다.

　예루살렘의 거룩한 성전의 파괴와 유대인이 곳곳으로 흩어진 것이 짐

승으로 희생제사를 드렸던 행위의 종말을 고하는 것이라고 할 수 있다. 그런데 일부에서는 새 천년왕국에서 매우 짧은 기간 동안 이러한 희생제사가 잠시 회복될 수도 있다고 언급하기도 한다. 예루살렘에 대한 예수님의 징계의 말씀은 그분이 돌아가신 후 실제로 성취되었다. 이는 예수님이 예언하신 후 40년, 다시 말해서 한 세대가 가기 전이고, 예수님의 탄생을 기준으로 보면 70년 후의 일이다.

### 아홉 번째 계시 ▶ 예루살렘의 구속과 회복의 첫 열매

하나님의 영은 오랫동안 이 땅 전체를 덮고 있었고, 1967년 이후 아홉 번째 계시가 성취되었다. 20세기 이후 예루살렘이 한 국가의 수도로 회복되어 사방에 흩어져 있던 유대인들이 드디어 회복되어 이 땅으로 돌아오기 시작한 것이다. 1948년, 하루 만에 이스라엘이 국가로 선포되고 탄생했다. 그러나 예루살렘은 여전히 아랍 국가의 손에 있었다. 예루살렘의 파괴에 대해서는 이미 예수님이 말씀을 통해 가르치셨다. "예루살렘은 이방인의 때가 차기까지 이방인들에게 밟히리라"(눅 21:24).

1967년 이스라엘 특수기동대가 라이온 게이트를 통과하여 성전산을 포함하여 구도시와 동예루살렘을 되찾았다. 즉각 성벽을 돌파하고 들어간 특수기동대는 기도하기 위해 벽에 섰고, 며칠 후 이스라엘 전역에서 온 군인과 유대인 시민이 가장 거룩한 성소에서 기도하기 위해 무리지어 몰려들기 시작했다. 이렇게 모인 성인, 군인, 여성, 어린이들은 수세기 동안 진실로 간절히 갈망했던 예루살렘 성벽 앞에서 슬피 울었다.

1967년 전까지는 예루살렘도 베를린처럼 절대 성벽 안으로 들어갈 수 없는 분리된 장벽이 있는 도시였다. 베를린에서는 장벽을 넘고자 시도한 사람들이 잔인하게 살해당하거나 죽은 시체들을 그대로 걸어 두었다. 이는 장벽을 넘으려는 사람들에게 경각심과 두려움을 심어 주기 위함이었다. 이와 같이 예루살렘도 다른 지역으로 오고가는 것이 불가능했다. 비록 많은 유대인이 성벽에 매우 근접하여 거주했어도 아랍 지구를 지나 성벽으로 갈 수 없었다. 가장 거룩한 장소가 유대인에게는 접근조차 할 수 없도록 완전히 봉쇄된 것이다. 구도시, 감람산, 통곡의 벽은 과거 요르단에 속했던 지역이다. 이곳은 아랍 사회의 통제권 아래서 운영되는 이스라엘 땅의 완전히 다른 도시였고, 유대인에게는 접근이 허락되지 않았다.

수천 년 만에 처음으로 예루살렘은 다시금 유대인의 법령 아래 연합된 도시가 되었고, 수많은 나라들의 반대에도 불구하고 이스라엘의 공식 수도로 선포되었다.

나는 1987년 이후 13년간 예루살렘에서 살 수 있는 특권을 누렸다. 나는 이 세상의 어떤 도시보다 예루살렘을 사랑한다. 예수님은 내게 이 도시를 향한 하나님의 마음을 수차례 보여 주셨다. 나는 동예루살렘에서는 아랍 사람들과 살았고, 서예루살렘에서는 유대인들 가운데 살았다. 하나님의 눈으로 보면 이들 모두가 매우 존귀한 자들이다. 내가 처음 예루살렘으로 건너왔을 때는 사역의 중심을 유대인에게 두었다. 이후 '열방을 위한 예루살렘 국제 기도의 집'을 시작하기 위해 장소를 물색할 때, 유대인들이 많이 거주하는 서예루살렘에서 찾고자 했다. 그러나 주님은 내게 감람산을 직접 보여 주셨다. 나는 순간 혼란스러워 주님께 이렇게 물었다. '주님, 혹시 실수하시는 거 아닌가요? 정말 확실히 이곳

을 말씀하시는 건가요?'

그러나 놀랍게도 우리가 이곳에서 사는 동안, 우리 공동체의 마음은 주변에 살고 있는 아랍 가족들에 대한 깊은 사랑으로 타오르게 되었다. 우리는 아랍과 유대인들 간의 분리된 장벽을 무너뜨릴 하나님의 마음과 궁극적 의도하심을 보다 깊이 이해하게 되었다. 예수 그리스도 안에서는 유대인도, 아랍인도 없다. 예수님의 보혈은 남녀를 막론하여 종족에 관계없이 모든 영혼을 위해 흘리신 것이다. 하나님의 목적은 인간으로 오신 예수 그리스도 안에서 모든 사람이 하나로 연합되는 것이다. 이제 이 연합이 일어나기 시작했다.

마지막 시대에 예루살렘이 하나님의 목적 가운데 전략적으로 매우 중요하기 때문에, 이곳을 중심으로 일어나는 영적 전쟁은 매우 압도적이다. 이 책을 집필하는 순간에도 전 세계의 성도들이 정치적·영적인 여러 가지 이유들로 예루살렘을 나누려고 시도하는 악한 영들을 대적하기 위해 긴급한 기도제목들을 보내온다. 이곳에서 유대인과 아랍인 목사들이 함께 하나님을 구하며 기도하는 것은 매우 중요한 일이다. 지난 10년간, 우리는 예루살렘에서 아랍계와 유대계 목사들이 만나는 모임을 주선해 왔다. 우리는 양쪽을 대표하는 사람들이 메시아를 받아들이고, 그분 안에서 화해하고 연합해서 영적으로 전진하는 것을 보았다. 이것은 우리에게도 많은 용기를 주었다. 메시아 안에서의 회복과 화해는 평강의 왕이 보좌에 좌정하실 때까지 평화를 위한 우리의 유일한 소망이다.

하나님은 하나의 도시로서 예루살렘이 물리적으로 통일되는 일을 시작하셨고, 이것은 영적 세계에도 적용된다. 예수님은 무화과나무의 비유를 통해 제자들에게 다음과 같이 말씀하셨다.

> 이에 비유로 이르시되 무화과나무와 모든 나무를 보라 싹이 나면 너희가 보고 여름이 가까운 줄을 자연히 아나니 이와 같이 너희가 이런 일이 일어나는 것을 보거든 하나님의 나라가 가까이 온 줄을 알라 (눅 21:29-31)

예수 그리스도 재림의 확실한 증거 중 하나가 예루살렘의 탈환 이후 유대인 공동체와 이 나라 가운데 거대한 부흥이 일어난 것이다. 1967년에 미국 내 메시아닉 공동체는 극소수였고, 이스라엘 내에서도 거의 찾아볼 수 없었다. 그러나 오늘날 전 세계적으로 유대인 기독교 공동체는 약 600개를 넘어서고 있다. 진실로 주님의 말씀대로 무화과나무가 이제 싹을 내기 시작한 것이다.

몇 년 전, 예루살렘이 이스라엘로 탈환된 것을 축원하는 25주년 기념일에 주님은 우리가 계속 기도해야 한다고 알려 주셨다. 예루살렘이 자유하게 되어 다시 이스라엘로 귀속된 것처럼, 동일하게 유대인과 전 세계의 영혼들이 영적으로 자유하게 되도록 기도해야 하는 것이다. 예수님은 물리적인 땅인 자연계에서 예루살렘을 자유하게 하시고, 또 그곳이 영적으로 자유함을 얻게 하시려고 죽으셨다. 우리는 예루살렘에 있는 무슬림이 이슬람의 속박에서 자유함을 얻도록 기도해야 한다. 또한 하나님은 유대인을 덮고 있는 베일들을 걷어내시고 그들을 자유롭게 하실 것이다.

모든 사람이 구원자 메시아가 이 땅으로 돌아오시기를 기다리고 있다. 유대인은 여전히 메시아를 기다리고 있으며, 구원자가 이 세상에 나타날 것이라고 기대한다. 적그리스도는 막대한 권력과 힘을 얻어 일어날 것이며, 우리는 적그리스도가 오기 전에 하나님이 유대인의 눈에 덮인 비늘을 벗겨 주시길 기도해야 한다. 왜냐하면 유대인이 가진 메시아에 대한 높은 기대감이 진실을 위장하고 나타난 적그리스도의 속임에 빠져들 수 있는 취약한 목표물이 될 수 있기 때문이다.

아랍 지구 감람산에 사는 동안 나는 무슬림에 대한 놀라운 통찰력을 갖게 되었다. 기본적으로 무슬림은 예수님이 천국에서 감람산으로 다시 오실 것을 믿는다. 그들은 예수님이 선지자였고, 단순히 좋은 인격의 소유자라고 믿는 반면에 그분의 재림을 학수고대 하고 있다. 그들은 예수님이 하나님의 아들이라고 믿지 않는다. 무슬림의 믿음에 따르면, 예수님이 재림하시면 황금돔(The dome of the rock)에 위치한 모스크 사원으로 가시고, 모스크 지도자들이 예수님께 모스크를 통제할 권한을 드린다는 것이다. 예수님은 그분의 재림으로 인해 지금 모스크를 담당하고 있는 지도자들이 떠나는 영예를 수락하지 않으실 것이다. 그러나 예수님은 이들을 변화시켜 개종시키실 것이다. 무슬림은 이런 이유로 예수님을 존중하며, 우리가 그분의 재림을 위해 기도한다고 이야기했을 때 매우 기뻐했다. 왜냐하면 그들도 예수님의 재림이 평화를 가져온다고 믿기 때문이다.

이것은 비유니 이 여자들은 두 언약이라 하나는 시내 산으로부터 종을 낳은 자니 곧 하갈이라 이 하갈은 아라비아에 있는 시내 산으로서 지금 있는 예루살렘과 같은 곳이니 그가 그 자녀들과 더불어 종 노릇 하고 오직 위에 있는 예루살렘은 자유자니 곧 우리 어머니라 기록된 바 잉태하지 못한 자여 즐거워하라 산고를 모르는 자여 소리 질러 외치라 이는 홀로 사는 자의 자녀가 남편 있는 자의 자녀보다 많음이라 하였으니 형제들아 너희는 이삭과 같이 약속의 자녀라 그러나 그 때에 육체를 따라 난 자가 성령을 따라 난 자를 박해한 것 같이 이제도 그러하도다 그러나 성경이 무엇을 말하느냐 여종과 그 아들을 내쫓으라 여종의 아들이 자유 있는 여자의 아들과 더불어 유업을 얻지 못하리라 하였느니라 그런즉 형제들아 우리는 여종의 자녀가 아니요 자유 있는 여자의 자녀니라 그리스도께서 우리를 자유롭게 하려고 자유를 주셨으니 그러므로 굳건하게 서서 다시는 종의 멍에를 메지 말라 (갈 4:24-5:1)

위 구절은 예루살렘에 대한 예언적 말씀이다. 많은 경우에 예루살렘은 속박당한 채 살아왔지만, 하나님은 예루살렘을 영적으로 자유하게 하기 원하신다. 하나님은 이곳의 모든 종교의 영들을 떠나게 하셔서 사람들이 하나님의 영으로 다시 태어나기를 원하신다. 그리고 우리가 예수님을 믿는 믿음으로 예루살렘을 향한 마지막 시대의 목적을 이해하기 바라신다. 하나님은 거짓 믿음으로 인한 저주의 속박에서 무슬림들을 자유롭게 하기 원하시며, 유대인이 진리를 보지 못하도록 가리고 통제하는 적그리스도의 영으로부터 자유함을 얻기 원하신다.

### 열 번째 계시 ▶ 예루살렘의 위대한 왕으로 계시된 예수 그리스도

열 번째 예루살렘에 관한 계시의 성취를 아직 보지 못했지만, 이는 아래 말씀에 명백하게 나온다.

그 날에 죄와 더러움을 씻는 샘이 다윗의 족속과 예루살렘 주민을 위하여 열리리라

만군의 여호와가 말하노라 그 날에 내가 우상의 이름을 이 땅에서 끊어서 기억도 되지 못하게 할 것이며 거짓 선지자와 더러운 귀신을 이 땅에서 떠나게 할 것이라 (슥 13:1-2)

그 날에 그의 발이 예루살렘 앞 곧 동쪽 감람 산에 서실 것이요 감람 산은 그 한 가운데가 동서로 갈라져 매우 큰 골짜기가 되어서 산 절반은 북으로, 절반은 남으로 옮기고 (슥 14:4)

그 때에 예루살렘이 그들에게 여호와의 보좌라 일컬음이 되며 모든 백성이 그리로 모이리니 곧 여호와의 이름으로 말미암아 예루살렘에 모이고 다시는 그들의 악한 마음의 완악한 대로 그들이 행하지 아니할 것이며 (렘 3:17)

아스돗에는 잡족이 거주하리라 내가 블레셋 사람의 교만을 끊고 그의 입에서 그의 피를, 그의 잇사이에서 그 가증한 것을 제거하리니 그들도 남아서 우리 하나님께로 돌아와서 유다의 한 지도자 같이 되겠고 에그론은 여부스 사람 같이 되리라 (슥 9:6-7)

# 하나님의 영원한 도시, 예루살렘의 역사

| | |
|---|---|
| 아담부터 노아까지 | 1000년 |
| 노아부터 아브라함까지 | 1000년 |
| 아브라함부터 다윗까지 | 1000년 |
| 다윗부터 예수님까지 | 1000년 |
| 예수님부터 AD 2000년까지 | 2000년 |
| 아담부터 예수님 탄생까지 | 대략 4000년 |

예루살렘은 창세기 14장 18절에서 아브라함이 제사장 멜기세덱을 만나 떡과 포도주를 나눌 때 처음 언급된다. 이후에 성전산이 된 예루살렘의 모리아산은 아브라함이 이삭을 번제물로 바치려 했던 곳이다. 다윗은 예루살렘을 이스라엘의 수도로 만들고자 하셨던 하나님의 부르심을 받았으며, 바로 그곳에 솔로몬이 위대한 제1성전을 건축한다. 그때부

터 예루살렘은 약속된 땅에 사는 유대인에게 가장 소중한 장소가 되었다. 유대인이 처음으로 추방당했을 때, 그들이 슬픔과 애도를 표한 곳도 바로 예루살렘이다(시 137:1-6). 하나님께서 모든 유대인에게 거룩한 성회를 위해 일 년에 세 번 방문하라고 명하신 곳도 예루살렘이고, 메시아 예슈아께서 우리를 하나님과 화목하게 하시려 구속의 사역을 완성하신 곳도 바로 예루살렘이다.

예루살렘은 구약성경에서 657회, 신약성경에서 154회(전체 성경에서 총 800회 이상) 언급된다. 시온은 구약성경에서 157회, 신약성경에서 7회 언급된다. 이에 반해 '알 쿠드스'(Al-Quds, 예루살렘을 가리키는 아랍어로서 '성스러운 장소'를 의미함)는 이슬람의 경전인 《코란》에서 단 한 번도 언급되지 않는다. 역사적으로 볼 때 예루살렘은 유대인을 제외한 다른 민족의 수도가 된 적이 없다.

역사 속에서 예루살렘을 둘러싸고 벌어진 권력 전쟁은 이 도시의 중요성을 암시한다. 예루살렘을 둘러싼 이러한 역사는 곧 인류의 타락, 회개, 하나님과의 화목 그리고 회복의 이야기다. 믿음의 조상 아브라함은 하나님의 약속을 상징한다(창 15장). 6,000년 동안 아랍인(이방인)과 유대인은 예루살렘을 차지하기 위해 싸웠다. 이러한 전쟁은 예수님께서 다시 이 땅에 오셔서 진정한 평화를 주시기까지 계속될 것이다. 그러나 하나님은 이미 이집트와 이스라엘, 앗시리아를 향한 그분의 목적을 이루시기 위해 강권적으로 일하고 계시다. 이러한 하나님의 역사는 이스마엘이 오늘날 메시아닉 유대인에게 환영받으며 하나님의 집으로 다시 돌아오는 것을 통해 확인할 수 있다. 이는 이사야 19장 23-25절 말씀의 첫 열매다.

AD 70년에 로마가 이스라엘을 정복했을 때 유대인들은 고토에서 추방당했고, 이후 콘스탄티누스 대제는 기독교를 신성로마제국의 종교로 공인한다. 그의 어머니인 헬레나는 예루살렘을 여러 번 순례했고, 예수님의 생애 중 중요한 사건들이 일어난 장소라고 믿는 곳에 여러 교회와 기념물들을 세웠다. 그중 성묘교회(Church of the Holy Sepulchre)는 가장 유명한 곳 중 하나인데, 로마 가톨릭에서는 이곳을 예수님께서 십자가에 못 박히시고 장사되신 곳으로 믿고 기념하고 있다. 이로써 예루살렘은 그리스도인에게 있어서 성스러운 도시가 되었다. 이후 유럽의 성지 순례자들은 예수님의 발자취를 따라 걷는 길고도 험한 여행을 위해 그들의 재산과 생명을 걸기에 이른다.

AD 7세기에는 무슬림이 예루살렘을 자신들의 신성한 장소로 여기며 권리를 주장했다. 11-12세기에 십자군이 이 도시를 빼앗으려 시도했지만, 안타깝게도 실패했다. 예루살렘은 메시아를 기다리는 종교적 유대인들에게 속해 있던 일부 지역을 제외하고 1967년까지 무슬림의 손에 남게 된다.

현재 예루살렘이 유대인의 지배 아래 있지만, 여전히 신문은 예루살렘의 최종 지위에 관한 격렬한 논쟁으로 가득 차 있다. 예루살렘은 새로운 팔레스타인의 또 다른 수도가 될 것인가? 결국 누구의 예루살렘인가? 예루살렘은 오랜 기간 평화회담에서 카지노의 칩처럼 여겨져 왔다. 이 도시의 운명은 국제 협상에서 가장 중요한 요소다. 팔레스타인 지역의 아랍인과 유대인은 모두 예루살렘을 자신들의 수도로 주장해 왔으며, 세계 정세는 이스라엘에게 압력을 가하고 있다. 그러나 중요한 것은, 예루살렘이 장차 영원히 메시아의 연합된 수도가 될 것이라는 하나님의 약속을 상기하는 것이다.

하나님의 역사적 시각과 그분의 계획은 우리의 관점과 도전(비록 우리의 그것이 가장 창조적인 것이라 하더라도)보다 훨씬 위대하다. 예루살렘을 향한 하나님의 계획은 고통스러운 일련의 협상안을 해결하는 대신, 이 도시를 하나의 연합된 도시로 만드는 것이다. 하나님은 예루살렘에서 서로 대치하며 나눠진 유대인과 아랍인을 온전한 한 새 사람으로 화목하게 하실 것이다. 현재 예루살렘에서 일어나고 있는 사건들을 비추어 볼 때, 이러한 일은 거의 불가능해 보인다. 그러나 하나님과 함께라면 모든 일이 가능하다. 하나님의 말씀은 성취되지 않은 채 되돌아가는 것이 아니라, 그분이 목적하신 바를 반드시 성취할 것이다. 인간의 계획은 불화와 다툼을 야기하지만, 하나님의 계획은 온 열방에 축복을 가져올 수 있도록 설계되어 있다. 지금은 침묵할 때가 아니다. 지금은 예루살렘을 향해 하나님과 연합된 마음을 가진 파수꾼들이 일어나 강력하고 연합된 중보기도로 경배하며 나아가야 할 때다.

이사야 62장 1절에서 하나님은 예루살렘의 구원이 마침내 횃불 같이 나타날 것이라고 말씀하신다. 스가랴 12장 6절에서는 유다의 지도자들을 나무 가운데에 화로 같게 하며, 곡식단 사이에 횃불 같게 할 것이라고 말씀하신다. 지난 4-6천 년간 올려진 예루살렘의 평화를 위한 기도의 향로에 당신의 기도가 가득 채워질 것이며, 그 기도의 대접은 그분의 영원한 수도인 예루살렘에서 예수 그리스도께 드려질 것이다.

우리는 성경을 주의 깊게 읽고 역사를 성경적으로 이해함으로써 하나님의 계획 안에 있는 예루살렘의 중요성에 대해 보다 깊이 이해할 수 있다. 하나님은 이사야 62장 2절에서 이방 나라들이 예루살렘의 공의를 볼 것이며, 예루살렘은 여호와의 입으로 정하실 새 이름으로 일컬음이 될 것이라고 약속하신다. 우리는 역사 속에서 예루살렘에서 일어났던 사건들을 이해할 필요가 있다. 그리고 역사는 하나님의 거룩하고 영원한(천국에서 내려와 영원히 우리의 집이 될) 새 예루살렘을 위한 그분의 궁극적인 약속과 목적을 성취하기 위한 도구였다는 사실을 인식해야 한다.

## 예루살렘 4000년 역사의 연대기와 전략적 연도

예루살렘의 평화와 열방의 회복을 위해, 메시아의 나라를 위해 그분이 오실 때까지 계속 기도하자. 예루살렘을 사랑하는 자는 형통할 것이다(시 122:6).

◆ 성서 전 시대 – 성서 시대(BC 2000년 – BC 538년)

### BC 20세기 – BC 19세기

이집트의 저주 문헌(Egyptian Execration Texts)에서 예루살렘(Urusalim)이 언급되다.

### BC 18세기

아브라함이 예루살렘의 왕이자 대제사장이었던 멜기세덱의 환영을 받으며 성경에서 예루살렘이 처음 언급되다. 이때 아브라함은 하나님께서 계획하시고 경영하시며 새로 지으실 터전이 되는 새 예루살렘이 천국에서 내려오는 것을 보았다(히 11:10 참고).

### BC 13세기

여호수아가 가나안 땅을 정복하다. 그러나 예루살렘(Jebus)은 정복되지 않은 채 남아 있게 된다.

### BC 1014년

다윗이 헤브론에서 유대의 왕으로 선포되다.

### BC 996년

다윗 왕이 예루살렘을 정복하고 왕국의 수도로 삼다. 이후에 다윗 왕은 하나님의 언약궤를 예루살렘에 가져다 놓는다.

### BC 954년

솔로몬 왕이 제1성전 건축에 착수하다.

### BC 930년

이스라엘 왕국이 남유다와 북이스라엘로 나뉘다. 예루살렘은 남유다의 수도로 남는다.

### BC 922년

이집트의 왕인 세숀크 1세가 예루살렘을 약탈하다.

### BC 773년 - BC 759년

웃시야 왕이 예루살렘에 망대와 요새를 건설하다.

### BC 701년

앗시리아의 왕 센나케리브가 예루살렘 정복에 실패하다. 예루살렘의 침략자를 하나님께서 되돌리실 것이라는 이사야의 예언이 성취되고, 기혼 샘과 실로암 연못 사이에 연결된 히스기야의 수로를 통해 예루살렘을 둘러싸기 위한 물이 공급된다.

### BC 626년

예레미야가 제사장들에게 도전하고, 그 결과 성전에 들어가는 것을 제지당하다.

### BC 605년

바벨론이 카르케미시(시리아의 고대도시 - 역자 주)에서 이집트와의 전쟁에서 승리하다. 예레미야는 바벨론 전성기 왕인 느부갓네살의 군대를 암시하는 '북방에서 온 악'에 대해 경고한다.

### BC 597년

여호야김 왕과 그의 가족 그리고 에스겔이 바벨론으로 사로잡혀 유수되다. 선지자 에스겔은 유다의 운명과 장래에 대해 "이스라엘의 마른 뼈가 회복될 것"이라고 예언한다.

### BC 586년

바벨론 왕 느부갓네살이 예루살렘을 점령하여 성전을 불태우고, 남아 있는 이스라엘 주민을 바벨론으로 추방시키다.

BC 538년

고레스 왕의 역사적 명령으로 유대인이 본국으로 송환되다. 돌아온 유대인이 예루살렘에 성전을 재건하기 시작한다.

◆ 페르시아 시대(BC 539년 – BC 332년)

BC 520년

하나님으로부터 구원자적 비전을 받은 스가랴가 스룹바벨의 지휘 아래 제2성전이 건축되도록 격려하다.

BC 444년

느헤미야에 의해 예루살렘의 성벽이 다시 세워지다.

BC 397년

율법학사 에스라에 의해 종교개혁이 시작되다.

◆ 헬레니즘 – 하스몬 가문 시대(BC 320년 – BC 152년)

BC 301년

프톨레마이오스 1세(알렉산더 대왕의 장군이자 역사가)가 예루살렘을 점령하다. 그는 이후 프톨레마이오스 시대를 연 창설자가 된다.

BC 198년

안티오쿠스 3세가 프톨레마이오스 왕조로부터 예루살렘을 빼앗다.

BC 167년

셀루키드 왕조의 안티오쿠스 4세 에피파네가 우상을 숭배함으로 성전을 더럽히다.

BC 164년

하스몬 가문의 반란에 이어 유다 마카베오가 예루살렘을 해방시키다. 우상 숭배로 더럽혀진 성전이 다시 거룩하게 되고, 이를 기념하여 하누카 축제가 열리기 시작한다.

BC 152년

유다 마카베오의 형제인 요나단이 예루살렘을 지배하고, 대제사장으로 선포되다.

◆ 로마 시대(BC 70년 – AD 292년)

BC 63년

폼페이가 예루살렘을 포위·공격하여 점령하고, 예루살렘을 로마의 속국으로 귀속시키다.

### BC 54년

시리아 총독이었던 로마의 크라수스가 예루살렘 성전에 있던 보물을 약탈하다.

### BC 20년

헤롯 왕 1세가 성전을 로마제국에서 가장 장엄한 건축물 중 하나로 만들기 위해 성전 재건축을 시작하다. 그가 유대의 분봉왕으로 있을 동안 세워졌던 다른 웅장한 건축물로는 헤롯 궁전과 안토니아 요새가 있다.

### BC 4년

헤롯 왕 1세(헤롯 대왕)가 죽은 후, 그의 아들인 아켈라오가 AD 6년(아우구스투스 로마 황제에 의해 분봉왕에서 물러나게 되고, 추방당한 해)까지 유대 지방을 다스리다.

### 0년 – AD 6년

예루살렘에서 가까운 베들레헴에서 예수 그리스도께서 탄생하신 후 성장하시다(헤롯 왕이 죽기 전에 예수님이 탄생하신다).

### AD 18년

예수님께서 절기 때 부모와 함께 예루살렘에 올라가 성전에서 율법 선생들과 율법의 가르침에 대해 질문하고 대답하시다.

### AD 33년

유월절에 예수님께서 제자들과 예루살렘에 오셔서 후에 '마지막 만찬'이라고 묘사되는 전통 유월절 만찬인 세데르를 여시다. 다음날 본디오 빌라도에게 잡히시고, 고난 받으시고, 십자가에 달리심으로써 세상 죄를 사하기 위해 최후의 번제물로 드려진 유월절의 어린 양이라는 예언이 성취된다.

- 유대인의 절기인 오순절(성령강림일)에 문자 그대로 성령께서 예루살렘에 임하셨다(욜 2장, 행 2장).
- 예수님께서 부활하신 후, 감람산에서 하늘로 승천하시다. 예수님께서 승천하시기 전에 유대인에게 "이제부터 너희가 찬송하리로다 주의 이름으로 오시는 이여 할 때까지 나를 보지 못하리라"고 하셨다.

### AD 35년

스데반이 예루살렘 성 밖으로 내쳐져 돌에 맞아 순교하다.

### AD 66년

로마의 지배에 반대하는 유대인의 반란이 시작되다. 당시 시리아의 총독이었던 로마의 케스티우스 갈루스는 예루살렘을 정복하는 데 실패하고, 그의 군대는 벧호론 골짜기로 선회하게 된다.

- 예수님의 형제 야고보가 예루살렘에서 순교하였다.

### AD 68년

로마 장군 베스파시아누스(후에 로마의 황제가 됨)가 이스라엘을 정복하고, 그의 아들 티투스에게 이스라엘의 지배권을 넘겨주다.

### AD 70년

티투스가 예루살렘을 점령하여 성전을 불태우고 도시를 파괴하다. 예수님께서 태어나신 지 한 세대가 지난 때로, 예수님의 예언이 그대로 성취된 것이다(마 24:1-2).

### AD 132년

유대인 바르 코크바의 지휘 아래, 로마에 대한 유대인의 항거에 의해 예루살렘이 한 번 더 유대인의 손에 들어가다.

### AD 133년

로마 황제 아드리아누스가 유대인의 항거를 진압하여 예루살렘을 파괴하고 그곳에 로마의 도시를 짓다. 그는 이곳을 엘리아 카피톨리나라고 이름 짓는데, 이 이름은 로마의 우상인 주피터 카피톨리누스와 그의 이름인 푸블리우스 에일리우스 아드리아누스가 합쳐진 것이다. 그는 이스라엘 땅의 이름을 유대에서 팔레스타인으로 변경한다.

◆ 비잔틴 시대(AD 326년 – AD 638년)

### AD 326년

콘스탄티누스 대제의 어머니 헬레나의 역사적인 예루살렘 방문이 이루어지다(예수 그리스도께서 십자가에 매달리셨던 실제 장소를 발견했다고 언급함).

### AD 333년

보르도 지방 출신의 첫 기독교 성지 순례자가 예루살렘에 도착하다. 그는 유대인들이 "거친 돌로 나아와 기름을 부었다", "그리고 그들은 그들의 옷을 찢으며 슬피 울었다"고 순례 여행기에 기록을 남겼다.

### AD 335년

콘스탄티누스 대제의 명령으로 성묘교회가 세워지다.

### AD 443년 - AD 460년

유도키아 여왕이 예루살렘에 처소를 정하여 성 스데반 교회를 세우고, 예루살렘의 성벽을 증축하다. 또한 유대인의 예루살렘 거주를 막았던 금지령이 철회되었다.

### AD 530년

기록에 의하면 26개 이상의 교회가 예루살렘에 있었다고 한다.

### AD 614년

갈릴리에서 25,000명의 유대인 전사자들에게 지원을 받던 예루살렘이 카우사우 2세의 지배 아래 있던 페르시아인에게 점령되다. 유대인이 예루살렘에 거주하는 것은 허용되나 성전을 재건하려는 승인이 3년 후에 철회된다.

### AD 629년

헤라클리우스 황제에 의해 예루살렘에 대한 비잔틴 제국의 지배가 회복되다. 예수님의 십자가 고난을 기념하기 위해 세워졌던 성묘교회가 페르시아인에 의해 파괴되었으나 다시 건립된다.

◆ **초기 무슬림 시대**(AD 638년 – AD 1099년)

### AD 638년

636년 얍복 강 전투에서 비잔틴 제국을 패배시킨 2대 칼리프 오마르 이븐 알 카탑에 의해 예루살렘이 함락되다.

### AD 692년

다마스쿠스에서 다스리던 우마이야 왕조의 칼리프 아브드 알 말리크가 오마르 모스크라고도 불리는 바위 사원(황금돔, Dome of the Rock)을 성전산에 짓다.

### AD 860년

율법을 가르치던 종교학교 '예시밧 에레쯔 이스라엘'이 티베리아에서 예루살렘으로 옮기면서, 이스라엘을 위한 유대인의 율법과 서구 디아스포라의 중심 권위지가 되다.

### AD 878년

이집트인 아흐메드 이븐 툴룬이 예루살렘을 점령하다.

### AD 900년

카라이트의 지도자 다니엘 하콤시가 전 세계 흩어져 있는 유대인 공동체(디아스포라)가 예루살렘으로 귀환(알리야)해야 한다고 주장하다.

### AD 1010년

칼리프 알 하킴이 회당과 성묘교회를 포함한 교회들을 파괴하다. 성묘교회는 비잔틴 황제인 콘스탄티누스 9세 모노마쿠스에 의해 1030-1048년에 재건된다.

### AD 1055년

남부 독일과 폴란드 출신 12,000여 명의 성지순례자들이 예루살렘을 향한 비운의 여행을 시작하여 그들 중 몇 명만이 예루살렘에 도착하다.

### AD 1071년

셀주크 왕조의 터키 용병들이 예루살렘을 약탈하다. 성지순례자들에 대한 그들의 난폭한 지배와 학대는 결국 첫 번째 십자군 전쟁을 야기한다.

◆ **십자군 시대**(AD 1099년 - AD 1187년)

### AD 1099년

1096년에 교황 우르바누스 2세가 십자군에게 신성한 장소들을 해방시키라는 명령을 내리면서 고드프루아가 이끄는 십자군이 예루살렘을 점령하고, 유대인과 무슬림 거주자를 학살하다. 고드프루아의 형제인

볼드윈은 1101년에 베들레헴에서 예루살렘 왕국의 왕으로 추대된다.

### AD 1118년

위그 드 페이앙에 의해 강력한 성전 기사단이 창설되다.

### AD 1142년

십자군 여왕 아르다(볼드윈의 부인 – 역자 주)의 요구에 의해 성 안나 교회가 세워지다.

◆ 아이유브 시대(AD 1187년 – AD 1260년)

### AD 1187년

쿠르드인 계통의 뛰어난 지휘관이었던 살라딘(아이유브 왕조 출신으로, 아랍 이름은 유수프 이븐 아이유브)이 하틴의 뿔(the Horns of Hittin) 전투에서 십자군을 패배시키고 예루살렘을 점령하다. 그는 유대인과 무슬림이 예루살렘에 귀환하는 것을 허락했다.

### AD 1192년

잉글랜드 왕 리처드 1세가 예루살렘 정복에 실패하다. 그러나 살라딘과의 원상복구 협정에 의해 그리스도인들이 예루살렘의 신성한 장소에 접근하는 것을 보증받았다.

### AD 1212년

프랑스와 영국에서 300명의 랍비와 율법학자들이 이스라엘에 도착함과 동시에 유대인의 알리야 운동이 다시 시작되다.

### AD 1219년

카이로의 술탄 말리쿤 알 무아잠의 명령에 의해 예루살렘 성벽이 하나도 남김없이 파괴되다. 예루살렘은 이후 322년 동안 성벽이 없어진 채로 남겨진다.

- 프란체스코 수도회 창시자, 아시시의 성 프란체스코가 도착한다.

### AD 1229년

시칠리아 왕국과 독일 황제 프리드리히 2세와 이집트의 술탄 알 카밀의 협정에 의해 십자군이 10년 동안 예루살렘을 탈환하다.

### AD 1244년

중앙아시아에서 온 카와리즈미 투르크 족의 군대가 예루살렘을 점령하고 약탈함으로 기독교의 예루살렘 지배가 끝나다.

### AD 1260년

예루살렘이 일시적으로 몽골 왕 홀라구 칸에게 점령당하다. 안전을 위해 율법문서(Scrolls of the Law)가 예루살렘에서 세겜으로 이동된다.

- 맘루크 군(투르크계의 후손들로서, 이집트 지역에 성립된 맘루크 왕조를 세운 백인 노예 군인들)에 의해 예루살렘이 점령된다. 그들은 이슬람 대학 마

드라사와 이슬람 수도회 자위야스를 예루살렘 도시 곳곳에 세운다.

◆ 맘루크 시대(AD 1260년 – AD 1516년)

AD 1265년

바이바르스 술탄이 매년 예루살렘부터 여리고 근처에 있는 네비무사(예언자 모세의 무덤)까지의 종교적 행진을 시작하다. 그는 얄룻(현재의 엔 헤롯)에서의 전투에서 몽골군을 격파한다.

AD 1267년

위대한 학자 나흐마니데스와 그의 제자들이 스페인을 출발하여 이스라엘에 도착하다. 그들은 유대인 공동체를 부흥시키고, 나흐마니데스의 이름을 따라 회당을 짓는다.

AD 1335년

어거스틴 수도사 베로나의 자크가 하나님께서 예루살렘으로 유대인을 인도하심에 대해 찬미하며 유대인 공동체의 긴 성립 과정을 기록하다. 이븐 바투타는 높은 세금과 굴욕에 대한 순례자들의 원성에 대해 기록한다.

AD 1336년

프란체스코 수도회가 예루살렘의 신성한 장소들을 지키는 관리인으로 임명되다.

AD 1348년

페스트(흑사병)가 예루살렘을 뒤덮다.

AD 1365년

시온산의 기독교 수도사들이 다마스쿠스로 추방당하고, 그곳 감옥에서 처형되다.

AD 1428년

다윗 왕의 무덤 유적지를 구입하려 한 유대인의 시도가 그리스도인을 분개시키다. 이에 대한 보복으로 교황은 유대인들을 태우고 성지로 향하는 이탈리아 배들의 출항을 금지시킨다.

◆ **오스만 시대**(AD 1516년 – AD 1917년)

AD 1516년

오스만 투르크 제국의 술탄 셀림 1세가 예루살렘을 점령하고, 가자 지역에 있던 술탄이 예루살렘의 열쇠를 쥐게 되다.

AD 1535년

술레이만 1세 대제가 다윗 망대와 예루살렘 성벽을 다시 짓기 시작하고, 예루살렘의 물 공급처를 개량하기 시작하다. 술탄의 연못(현재는 콘서트나 다른 공연이 열리는 무대로 사용된다)은 그의 이름을 따라 지어진 것이다. 그는 통곡의 벽을 유대인들이 예배드리는 장소로 지정한다. 첫 항복 협정이 술레이만과 프랑스의 프랑수아 1세 간에 이뤄졌다.

### AD 1541년

메시아이신 예수님께서 다시 오실 때 들어오시는 입구라고 전해지는 황금문(자비의 문이라고도 알려져 있음)이 봉쇄되다. 황금문의 봉쇄는 보안 문제 때문이기도 하다.

### AD 1579년

알리야 운동이 계속 되어 다마스쿠스에서 120명의 유대인 이주자 그룹이 이스라엘로 귀환하다.

### AD 1622년 – AD 1626년

그리스도인과 유대인을 향한 이븐 파루크 정권의 테러가 발생하다.

### AD 1667년

거짓 메시아인 샤브타이 쯔비가 도착하였으나, 후에 유대인 공동체에서 추방되다.

### AD 1700년

경건한 유다와 1,000명의 공동체가 예루살렘에 정착하여 유명한 회당을 짓기 시작하다.

### AD 1721년

회당이 파괴되고, 그 후 몇 세기 동안 폐허로 남게 되다. 이에 따라 하르바(폐허를 의미함)라는 이름이 붙여진다.

### AD 1737년

19개의 예시바(유대교 신학교) 중 하나인 유대 신비주의 베이트 엘 예시바가 건립되다.

### AD 1757년

터키의 법령에 의해 가장 중요한 성지들에서 그리스 정교회의 지위가 회복되다.

### AD 1831년

이집트 군사령관 모하마드 알리가 술탄에 대항하여 반란을 일으키다. 그의 아들 이브라힘이 예루살렘을 점령하고 9년 동안 지배하면서 그리스도인과 유대인이 예루살렘에 자유롭게 접근하는 것을 허용한다.

### AD 1834년

로버트 커즌이 성묘교회에서의 '성결의 불'(sacred fire) 예식을 집행하는 동안 많은 사람이 기절한 것을 묘사하다.

### AD 1840년

이집트의 자유로운 지배가 종결되다. 다마스쿠스의 피의 명예훼손으로 경고 받았던 사라예보 출신의 알카라이 유대인 랍비가 유대인을 예루살렘에 정착시켜야 한다고 주장한다.

### AD 1842년
미가엘 알렉산더 솔로몬이 교회가 세워진 지 1700년 만에 예루살렘의 첫 번째 유대인 주교가 되다.

### AD 1854년
예루살렘의 신성한 지역을 놓고 벌어진 러시아와 프랑스 사이의 논쟁이 시발이 되어 크림전쟁이 발발하다. 캐나다의 설교자 앙리 수사가 예루살렘에 정착하고, 빅토리아 여왕에게 예루살렘을 유대인 지역의 수도로 회복시켜 줄 것을 청원한다.

### AD 1873년
유대교 극정통파의 종교 지역인 메아 셰아림(100개의 문을 의미함)이 세워지다. 템플 기사단원들이 독일 분할 지역을 세운다.

### AD 1874년
미국 영사인 드 하스가 예루살렘의 인구를 30,000명으로 보고하다. 그중 2/3에 해당하는 20,000명이 유대인이다.

### AD 1878년
베를린 회의에서 기독교 종파에 따른 다툼을 막기 위해 예루살렘의 신성한 지역에 대한 각 종파의 지위를 다시 확인하다.

### AD 1882년
프랑스계 유대인 단체인 이스라엘 만국협회(Alliance Israelite Universelle)에 의해 첫 번째 일반 학교가 예루살렘에 세워지다.

### AD 1883년
고든 장군(카르툼의 고든이란 별명을 가지고 있음)이 예레미야의 석굴을 예수님께서 십자가에서 못 박히신 골고다(해골의 언덕)로 규명하다.

### AD 1890년
스웨덴의 여류작가 셀마 라거로프가 예루살렘을 방문하다. 예루살렘 방문에 감명을 받아 쓴 소설 《예루살렘》으로 그녀는 1909년 노벨상을 수상한다.

### AD 1896년
카이로에서 발견된 퀘니자 문서로 인해 과거 이슬람 시기에 유대인 공동체의 삶이 새로운 조명을 받다.

### AD 1899년
메시아닉 유대주의 테오도르 헤르츨인 조셉 라비노비츠가 예루살렘의 감람산에서 메시아이신 예수님의 방문을 받고 예수님을 영접하다.

### AD 1909년

8차 시온주의 총회에서 이스라엘 토지개발회사의 설립을 결정하다. 오토 바르부르크를 대표로 한 이 회사는 토지 인수에 기여하였고, 이로 인하여 예루살렘의 도시개발이 심화되었다.

### AD 1910년

독일계 아우구스타 빅토리아 병원과 숙박소가 예루살렘의 스코푸스 산에 설립되다.

### AD 1911년

베데커 여행안내서에 따르면, 예루살렘의 전체 인구는 70,000명으로 유대인 45,000명과 그리스도인 15,000명, 이슬람인 10,000으로 구성되어 있다.

### AD 1914년

터키 주재 미 대사 헨리 모겐소가 유대인 공동체를 위해 총 100만 달러의 지원을 편성하다. 그러나 제1차 세계대전으로 인해 정상적인 공급 루트가 차단된다.

- 제1차 세계대전 때 독일 조종사가 최초로 예루살렘 항공 사진을 찍었고, 뒤이어 영국과 호주의 조종사가 예루살렘 항공 사진을 찍었다.

### ◆ 영국 위임 통치 시대(AD 1917년 – AD 1948년)

#### AD 1917년
영국의 알렌비 장군에게 예루살렘이 함락되다. 영국군에는 유대인 지원병이 포함되어 있었고, 호주의 경기병 부대가 예루살렘의 해방을 도왔다.

#### AD 1919년
예루살렘 총독이었던 로널드 스톨스 경이 예루살렘 성벽을 재건하기 시작하다. 예루살렘 안에 있는 모든 건물의 외관은 예루살렘 스톤이라는 돌만으로 건축해야 한다는 당시 그의 명령은 오늘날까지도 유효하다.

#### AD 1920년
유대인 옹호자들이 유월절 동안 일어난 첫 반유대주의 폭동을 진압하다. 그들의 지도자 시온주의자 찌브 야보틴스키는 영국 당국에 의해 교도소에 수감되었다.

#### AD 1922년
하지 아민 에이후세이니가 예루살렘의 이슬람 율법학자로 임명되고 반정부 운동의 아랍 대표자가 되다.

#### AD 1925년
히브리 대학이 로드 벨푸어에 의해 스코푸스 산에 설립되고 키부츠

'라맛 라헬'이 만들어지다.
- 미국계 랍비이자 유대인 지도자 유다 레온 마그네스가 예루살렘에 정착하여 법관이 되고, 후에 히브리 대학의 총장이 된다. 그는 예루살렘을 두 국적을 가진 도시라고 주장하였으나 유대인과 아랍인 모두 반대한다.

### AD 1927년
예루살렘에 지진이 나다.

### AD 1929년
통곡의 벽에서 기도하는 사람들에 대한 계속된 괴롭힘(예를 들어, 속죄일에 남자와 여자를 나누기 위해 둘러놓은 천 칸막이를 제거하는 행위)이 유대 민족의 분노를 낳다. 무슬림의 선동이 전국적인 폭동으로 번지며, 결국에는 헤브론과 사페드의 유대인 공동체를 학살하기에 이른다.

### AD 1930년
영국 조사위원회가 통곡의 벽에 대한 무슬림의 소유권을 선언하나, 유대인이 예배드릴 수 있는 권리는 유효함을 확인하다. 쇼파르(양각 나팔) 연주를 금지한 것과 다른 제한 사항들에 대해서는 해제하지 않았다.

### AD 1933년
아랍계의 그리스도인 예언자들이 이스라엘이 곧 국가로서 다시 태어날 것이라고 예언하고, 위대한 왕 예수님의 도시인 예루살렘과 이스라엘이 국가적으로 회복되고 영적으로 부흥될 것을 예언하기 시작하다.

### AD 1936년

예루살렘의 이슬람 율법학자 지배 아래 있는 권력기구인 아랍 고위급 위원회가 소요와 총파업의 확대를 선동하다. 필 경을 수장으로 한 영국 심의회는 이러한 소요들에 대해 조사하고 팔레스타인의 분할을 권고한다. 잇따라 일어나는 폭동은 결국 유대인 대참사의 결과를 낳았고, 아랍인 폭도들과 이슬람 온건주의자들은 이슬람 극단주의자에 의해 살해당한다.

- 해외 망명길에 오른 에티오피아 황제 하일레 셀라시에가 예루살렘으로 피난하였다.

### AD 1947년 – AD 1948년

영국의 위임 통치가 끝날 무렵 아랍인이 유대인을 공격하기 시작하다. 영국 장교들의 지휘와 이집트 반정규군의 도움을 받은 요르단계의 아랍 군대가 예루살렘을 폭격하나 버마 로드 우회길이 열리면서 3개월 간의 포위 공격이 끝난다. 요르단을 비롯한 아랍 국가들은 예루살렘을 국제 관리화하려는 유엔의 계획을 거절하였다.

◆ **이스라엘 시대**(AD 1948년 – 메시아이신 예수님이 재림하실 때까지)

### AD 1948년

이스라엘의 독립전쟁 후에 예루살렘이 나뉘다. 동예루살렘과 구도시는 요르단의 손에 남게 되고, 유대인 지역과 58개의 회당이 파괴되고,

그곳의 유대인들은 추방당한다. 이스라엘은 서예루살렘을 차지하게 되고 만델바움 문을 통해서만 두 지역의 왕래가 가능해진다. 이스라엘의 초대 총리인 데이비드 벤구리온이 예루살렘을 이스라엘 국가의 수도로 선언하였다.

### AD 1949년

이스라엘과 요르단이 휴전협정에 서명하다. 유엔의 관리 하에도 불구하고 요르단은 협정을 어겼고, 유대인이 통곡의 벽과 히브리 대학, 스코푸스 산의 하닷에셀 병원 그리고 감람산의 공동묘지에 접근하는 것을 허용하지 않는다.

- 하임 바이츠만이 첫 이스라엘 국회의 특별 회기 중에 이스라엘 초대 대통령으로 당선되었다.
- 아랍 국가들에서 온 난민들이 뉴 키르얏 요벨 지역에 흡수되었다.

### AD 1951년

요르단의 후세인 국왕의 할아버지인, 초대 요르단 국왕 압둘라가 성전산에서 이슬람 극단주의자에게 살해당하다. 23회 시온주의 총회(Zionist Congress)가 최초로 예루살렘에서 개최되었다.

### AD 1953년

홀로코스트에서 사망한 600만 명의 희생자를 기리기 위해 기념 언덕에 '야드바쉠'(예루살렘의 홀로코스트 기념관)이 개관하다. '야드바쉠'은 문서 보관과 연구센터로서의 기능도 수행한다.

### AD 1961년

홀로코스트 학살을 단행한 나치의 전범자 아돌프 아이히만을 예루살렘에서 열린 재판에 회부하여, 유죄 판결을 내리고 교수형에 처하다. 지금까지 이스라엘에서 유일하게 집행된 사형선고였다.

### AD 1964년

교황 바오로 6세가 예루살렘을 방문하여 다음과 같이 말하다.

"예루살렘은 하나님께서 사람과 교제하셨던 이 세상의 장소를 대표하는 곳이자 영원한 천국과 인류 역사가 교차하는 장소를 대표하는 곳입니다."

### AD 1967년

6일 전쟁이 발발하다. 후세인 국왕은 이스라엘의 경고에도 불구하고 서예루살렘을 공격하도록 군대에 명령한다. 계속되는 전투 끝에 동예루살렘이 이스라엘 손에 들어오고, 나뉘어졌던 예루살렘이 다시 통합된다. 신성한 지역(Holy Places)의 보호를 위한 법이 이스라엘 국회에서 통과한다.

- 이때부터 예루살렘의 영적 회복 또한 시작된다(눅 21:24-32). AD 2000년 현재 통계로 보면 세계적으로 약 30만 명의 유대인이 예수님을 영접했다.

### AD 1977년

이집트 대통령 안와르 사다트가 예루살렘에 방문하여 이스라엘 국회에서 연설하다. 그는 캠프 데이비드 평화 협정(Camp David peace accords)과 이스라엘과 이집트 간의 평화 협정이 체결되기 위한 발판을 마련한다.

### AD 1980년

이스라엘 국회가 통합된 예루살렘이 이스라엘의 수도임을 재차 확인하는 특별법을 제정하다. 이어서 예루살렘에 있던 대부분의 외국 대사관이 텔아비브로 이동하고 국제 크리스천 대사관이 예루살렘에 설립된다.

- 사우디아라비아의 파드 황태자가 지하드(이슬람어로 성스러운 전쟁)를 선포한다. "알 쿠드스(예루살렘을 가리키는 아랍어로서 '성스러운 도시'를 의미함)를 지키기 위해 시온주의자의 공격에 대항해야 한다."

### AD 1987년

'열방을 위한 예루살렘 국제 기도의 집'이 감람산에 설립되다.

### AD 1990년

미국 상원과 하원이 예루살렘이 이스라엘의 수도임을 확증하는 결의안을 통과시키다.

- 4월에 구도시의 기독교 지역에 있는 사도 요한의 호스피스를 둘러싼 논쟁과 10월에 성전산에서 일어난 폭동으로 인해 세계의 이목이 다시 예루살렘 문제에 쏠린다.

## AD 1991년

마드리드 평화 회의(Madrid Peace Conference)에서 아랍 대표단은 예루살렘이 제안된 팔레스타인 지역의 수도가 되어야 한다는 그들의 입장을 되풀이하다.

- 걸프전쟁 동안 이라크가 39개의 미사일을 발사했지만, 하나님께서 이스라엘을 보호하셨다(시 121:4).

## AD 1993년

9월에 워싱턴 DC에서 미국 대통령 빌 클린턴의 순조로운 중재 아래, 이스라엘 총리 이차하크 라빈(그는 몇 년 후에 암살당한다)과 팔레스타인 자치정부 의장 야세르 아라파트가 오슬로 평화 협정을 체결하다. 이로 인해 예루살렘과 이스라엘에서 일어났던 아랍인의 인티파다가 일시적으로 끝나게 된다.

## AD 1994년

이스라엘 총리 이츠하크 라빈과 요르단의 국왕 후세인이 평화 협정을 체결하다.

## AD 1996년

다윗 왕 3,000주년 기념행사가 예루살렘과 전 세계에서 거행되다. 동시에 영적으로 보다 충만한 길 가운데, 하나님께서 열방에 있는 그분의 사람들 가운데 다윗의 마음을 회복시키기 시작하셨다.

## AD 2000년

베들레헴에서 나신 예수님의 탄생을 기준으로, 1월 1일에 두 번째 밀레니엄에서 세 번째 밀레니엄으로 넘어가는 시대적 전이가 시작되다. 2000년 현재, 30만 명의 유대인들을 포함하여 전 세계적으로 20억 이상의 인구가 예수님을 메시아로 믿고 있다.

## AD 2000년

3월에 교황 요한 바오로 2세가 예루살렘에 방문하여 감람산에 머무르다. 9억의 성도들이 있는 가톨릭교회가 야드바쉠(예루살렘의 홀로코스트 기념관)에서 유대인 민족에게 용서를 구하였다. 교황의 예루살렘 방문은 20세기 다른 어떤 사건보다도 예루살렘의 영적 진보, 특히 동예루살렘의 영적 진보를 가져왔다.

## AD 2000년

로쉬 하샤나(전통적인 유대인의 새해)가 9월 29일에 시작되다. 예루살렘의 지위를 둘러싸고 7년 전에 시작되었던 평화의 진전이 무너졌다.
- 이스라엘과 200개 이상의 나라에서 온 2,000여 명의 대표자들이 예루살렘의 열방 성회(All Nations convocation Jerusalem)에 모여 예루살렘의 왕이신 예수님께 예배하고, 메시아가 다시 오셔서 임할 하나님의 진정한 평화를 위해 기도하였다.
- 전 세계 20억이 넘는 그리스도인을 대표해서 모인 열방의 대표자들이 야드바쉠에서 홀로코스트와 반유대주의 그리고 대체 신학에 대해 회개하는 내용을 담은 회개의 두루마리를 유대인들에게 주었

다. 유대 민족을 대표하여 와이스 의장과 야드바쉠의 회장, 이스라엘 국회의 전임 의장이 이 두루마기를 받았다.
- 대표자들은 아랍인을 향해 그들을 거절했던 그리스도인들을 대신하여 회개했으며, 열방에서 모인 특별 헌금과 함께 아랍인을 축복하고, 진정한 메시아이신 예수님 안에서 믿음의 형제로 돌아오도록 그들을 환영했다.

### 미래의 어느 날

하늘에 계신 아버지께서 메시아인 예수님을 보내서 동쪽 하늘을 열고 천국을 이 땅으로 내려오게 하실 때가 언제일까?

예루살렘의 구원의 충만함이 횃불 같이 나타나는 때가 언제일까? 예수님의 두 발이 감람산에 서서 다윗의 보좌에 좌정하시고, 유대인과 아랍인과 모든 열방의 왕으로서 세계를 다스리게 될 때가 언제일까? 주님께서 예루살렘과 전 세계에 우리가 기도하는 영원한 평화를 가져오실 때가 언제일까?

무화과나무(이스라엘)와 모든 나무(세계 열방)는 지금 꽃을 피우고 있는 중이다. 하나님 나라는 이미 가까이 와 있으며 예수님께서는 곧 오실 것이다. 예수님은 이 세대가 가기 전에 오실 것이라고 말씀하셨다.

# 아브라함의
# 비전

> 너희를 떠낸 반석과 너희를 파낸 우묵한 구덩이를 생각하여 보라 너희의 조상 아브라함과 너희를 낳은 사라를 생각하여 보라 아브라함이 혼자 있을 때에 내가 그를 부르고 그에게 복을 주어 창성하게 하였느니라 나 여호와가 시온의 모든 황폐한 곳들을 위로하여 그 사막을 에덴 같게, 그 광야를 여호와의 동산 같게 하였나니 그 가운데에 기뻐함과 즐거워함과 감사함과 창화하는 소리가 있으리라
> (사 51:1-3)

아브라함은 우리 모두의 조상이다. 모든 유대인과 아랍인은 육에 속한 자손이며, 모든 믿는 자들은 예수 그리스도를 믿음으로 아브라함의 영적 자손이 되었다(갈 3:7).

아담은 본래 죄 없이 창조되었지만, 하나님께 불순종하여 하나님의 현존에서 쫓겨나고 말았다. 하나님께서 널리 발달한 세상을 쓸어 버리기로 결심하실 때까지, 인류는 계속해서 이기심과 불법 안에 머물렀다. 마침내 40주야 동안 홍수가 온 땅을 덮었고, 살아 있는 모든 것들이 파

괴되었다. 그러나 하나님은 노아와 그의 가족들에게 방주를 지으라고 명하셨고, 그들은 하나님의 은혜로 홍수 가운데서도 구원받을 수 있었다. 유대인의 구전으로는 그 방주가 야파-텔아비브로 알려진 항구 도시에서 만들어졌다고 전해진다. 그곳은 근대의 이집트, 이스라엘, 앗시리아와 아라랏 산을 포함하는 에덴동산의 중심에 있었다. 노아가 고대 앗시리아에 속한 아라랏 산에 정착한 이후에 하나님은 모든 것을 다시 시작하셔야 했다. 그리고 마침내 하나님은 오늘날 위대한 믿음으로 잘 알려진 아브라함을 일으켜 우르에서 불러내셨다.

> 내가 너로 큰 민족을 이루고 네게 복을 주어 네 이름을 창대하게 하리니 너는 복이 될지라 너를 축복하는 자에게는 내가 복을 내리고 너를 저주하는 자에게는 내가 저주하리니 땅의 모든 족속이 너로 말미암아 복을 얻을 것이라 하신지라
> (창 12:2-3)

## 제단을 쌓고 재건하는 것은 하나님을 위한 땅을 소유하는 것

아브라함은 하나님을 위한 땅을 소유하고, 언제 어디서 하나님께서 그에게 말씀하셨는지를 기억하기 위해 제단을 쌓았다. 구약시대에는 제단을 쌓는 일이 흔한 관례였다. 이것은 인간의 삶 속에서 명백하고 지속적인 방식으로 하나님의 중재를 분명히 하려는 하나의 수단이었다. 제단의 반석은 하나님께서 그분의 약속에 대하여 신실하고 진실하시다는 명백한 표시로 남아 있다. 아브라함은 하나님께서 처음으로 상속지로 약속한 땅, 세겜에 제단을 쌓았다. 또한 북쪽에서 약속의 땅으로 들어왔

을 때 벧엘에 제단을 쌓았다. 벧엘은 하나님께서 야곱에게 하늘의 문을 보여 주신 곳이다. 그다음 하나님은 그를 잠시 애굽으로 옮기셨으며, 그 후에 아브라함이 헤브론과 예루살렘에 제단을 쌓으러 돌아오는 것을 허락하셨다.

아브라함이 예루살렘에 제단을 쌓은 것은 도시의 회복과 하나님의 궁극적인 목적을 위한 기초를 다시 놓은 것이라고 할 수 있다. 그곳에서 아브라함은 멜기세덱과 함께 떡을 떼고 포도주를 마셨다. 그리고 이삭을 희생제물로 드렸다. 그러나 하나님께는 참된 궁극적 희생제물이 필요했다. 바로 위대한 한 분, 예수님이시다. 그래서 하나님은 약속된 때가 이르기까지 이삭이라는 희생제물 대신 숫양을 대체물로 주셨다. 오늘날 하나님은 아브라함이 쌓은 기도의 제단을 재건하고 그분께 우리 자신을 온전히 드리도록 우리를 부르고 계신다(사 19:19-21, 창 12:6-9, 13:3). 예슈아를 통해 완성될 회복은 궁극적으로 에덴동산에서 타락한 인간을 구속하게 될 것이다(부록 285쪽 지도 참고).

### 부흥의 우물을 다시 파라

중동 지역은 물이 부족하기 때문에, 우물과 같은 물의 근원은 매우 중요하다. 목자들은 양떼를 위해 이동 중에 이용할 수 있는 물의 근원과 우물을 따라 오래전부터 계획된 그들의 여행 경로를 만든다. 그리스도인에게 우물은 새롭게 하시는 성령의 사역을 의미한다.

우리는 회복의 시대에 살고 있다. 회복의 시대는 우리의 삶과 진리의 근원을 찾기 위해 성령이 인도하시는 대로 조상의 우물을 다시 파는 데에 중점을 두는 때다. 마치 사슴이 물을 찾아 갈망하는 것처럼 하나님의 생수를 추구하는 것이다. 우리가 조상의 우물에 대하여 배울 때, 하나님께서 이 세대 동안 우리의 삶에 어떻게 역사하시는지를 이해하게 될 것이다.

첫 번째 우물은 창세기 16장 13-14절에 하갈이 "내가 어떻게 여기서 나를 살피시는 하나님을 뵈었는고"라고 말한 부분에서 언급되었다. 이러한 이유로 그 우물은 브엘라해로이(나를 살피시는 살아 계신 이의 우물)라고 불렸다. 하갈은 아브라함에게 아들을 낳아 주었고, 아브라함은 그에게 이스마엘이라는 이름을 지어 주었다. 이삭은 아내 리브가를 맞이할 때도 브엘라해로이로부터 왔으며, 아브라함이 죽은 후에도 브엘라해로이에 거주하였다(창 24:62, 25:10-11). 이처럼 아브라함의 두 아들은 성경에서 처음으로 언급된 우물을 통해 서로 연결되어 있다. 이것은 오늘날 재발견될 수 있는 가장 오래된 조상의 우물이다.

이삭과 이스마엘이 자연적 우물에 연결되었던 것처럼, 오늘날 주님은 그들이 같은 영의 우물에서 다시 태어나길 원하신다. 하나님은 하갈에게 자신을 감찰하는 이로 드러내셨다. 하나님은 메시아 안에서 이삭과 이스마엘 자손이 서로 화목하게 됨으로 그분의 목적이 성취되길 바라시며, 고대 조상들이 파놓은 우물에서 여전히 감찰하고 계신다. 하나님은 이스마엘과 이삭의 아들들에게 "그러므로 너희가 기쁨으로 구원의 우물들에서 물을 길으리로다"(사 21:3)라고 말씀하신다.

아브라함은 한 우물을 팠는데, 그곳을 브엘세바라 이름하였다. "거기서 영원하신 여호와의 이름을 불렀다"(창 21:30-34). 아브라함은 영원의 관점으로 이 땅의 것들을 바라보았다. 하나님은 새 예루살렘을 위한 준비로써 부흥의 옛 우물들을 다시 파는 것과 믿음의 기초를 복구하는 것에 대하여 지금 모든 열방에게 말씀하고 계신다.

## 현세의 비전인가, 영원한 비전인가

아브라함은 진실로 비전을 가진 믿음의 사람이었다. 그는 하나님을 믿었으며, 주께서는 이러한 그의 믿음을 의로 여기셨다.

> 믿음으로 아브라함은 부르심을 받았을 때에 순종하여 장래의 유업으로 받을 땅에 나아갈새 갈 바를 알지 못하고 나아갔으며 믿음으로 그가 이방의 땅에 있는 것 같이 약속의 땅에 거류하여 동일한 약속을 유업으로 함께 받은 이삭 및 야곱과 더불어 장막에 거하였으니 이는 그가 하나님이 계획하시고 지으실 터가 있는 성을 바랐음이라 (히 11:8-10)

예수님 이외에 다른 누군가가 있다면, 아브라함이야말로 진정한 하나님의 사람이었다고 말할 수 있다. 그는 하나님의 관점으로 이 땅의 일들을 바라볼 수 있었다. 아브라함은 주님의 날을 보았으며, 하늘로부터 내려오게 될 4-5천 년 후의 일을 마음으로 그렸던 것이다.

> 아브라함은 시험을 받을 때에 믿음으로 이삭을 드렸으니 그는 약속들을 받은 자로되 그 외아들을 드렸느니라 그에게 이미 말씀하시기를 네 자손이라 칭할 자는 이삭으로 말미암으리라 하셨으니 그가 하나님이 능히 이삭을 죽은 자 가운데서 다시 살리실 줄로 생각한지라 비유컨대 그를 죽은 자 가운데서 도로 받은 것이니라 (히 11:17-19)

아브라함은 진정한 나그네였다. 그는 갈 바를 알지 못하였으나 기꺼이 떠날 수 있었다. 그는 영적으로 예루살렘의 창시자였지만, 장막에 살며 물리적 예루살렘 도성에 사로잡히지 않았다. 그의 존재는 광야의 거주자 이상이었다. 그는 예배당이나 성전, 물리적 도성을 짓는 것을 바라보지 않았다.

예수님은 "너희 조상 아브라함은 나의 때 볼 것을 즐거워하다가 보고 기뻐하였느니라"(요 8:56)고 말씀하셨다. 아브라함은 예수님께서 궁극적인 희생제물이 되시기에, 이삭을 대신하여 죽음에서 살아나신 분임을 이해했던 것 같다. 아브라함은 제물이 되신 예수님을 보았을 뿐만 아니라 "하나님이 계획하시고 지으실 터가 있는 한 성"을 보았다. 아브라함의 비전은 자신의 왕국을 건설하는 것이 아니라, 하나님 나라를 세우는 것에 있었다. 많은 면에서 아브라함의 비전은 현세의 예배당이나 성전, 교회 건물, 유대교와 기독교라는 종파와 교단들, 이 모든 것의 임시적인 비전들을 돌파하고 나아갔다. 아브라함은 이러한 현세의 영적인 것들이 종말에는 불에 태워질 것이라고 생각했다. 아브라함의 비전은 예수님의 비전과 같았다. 예수님께서는 "아브라함이 나기 전부터 내가 있느니라"(요 8:58)고 하셨으며, "아브라함은 나의 때를 보고 기뻐하였느니라"고 말씀하셨다. 한 가지 말할 수 있는 것은, 주님께서 아브라함의 눈을 통해 바라보고 계셨거나 아브라함이 주님의 눈을 통해 바라보고 있었다는 것이다.

아브라함과 예수님은 여러 면에서 공통점이 있다. 그들은 나그네였다. 주님께서는 한 나그네로서 자신에 대해 "여우도 굴이 있고 공중의 새도 집이 있으되 인자는 머리 둘 곳이 없도다"(눅 9:58)라고 말씀하셨다. 주님은 또한 이 메시지를 보강하시면서, 그분의 나라가 이 세상에 속한 것이 아님을 분명히 하셨다. 아브라함도 장막에 살았다. 주님과 아브라함은 일시적인 이 세상에서 그들이 보았던 것들에 의해 제한받지 않으셨다. 대신에 장차 도래할 일들과 하나님의 궁극적인 목적에 초점을 맞췄다. 그것은 보이지 않는 것들이었다. 아브라함의 영원한 비전의 관점으로 보면, 지위나 신분 같은 이 세상의 상징적 조직은 그다지 중요하지 않다. 그는 목자로서 그의 곁에 있는 것들에 대해 깊은 관심을 기울였다.

예수님과 아브라함은 신랑 되신 주님을 위해 아름답게 단장한 신부로 준비된, 하나님 나라에서 내려오는 새 예루살렘을 기다리고 있었다. 하나님은 궁극적으로 거룩한 성에서 사람들과 함께 거하실 것이다. 그 성에는 열두 문이 있고, 문에는 열두 천사가 있으며, 그 문들 위에는 열두 지파의 이름이 쓰여 있다. 성곽에는 어린 양의 열두 사도의 이름이 적힌 열두 기초석이 있다. 열두 문은 각 문마다 한 개의 진주로 되어 있고, 성의 길은 맑은 유리 같은 정금이다. 이러한 성은 마치 영원한 성과 같아서, 결코 수리되거나 재건될 필요가 없을 것이다. 그 나라의 성과 백성들은 결코 늙거나 쇠하지 않으며 영원히 청년으로 존재할 것이다.

새 예루살렘은 2,200평방킬로미터로 대략 나일 강에서 유프라테스 강까지의 거리에 이를 것이다. 성곽의 두께는 200피트 정도 될 것이다. 또한 하늘의 도성은 물리적 예루살렘, 성전, 에덴동산의 구성요소들을 포함한다. 앞서 있던 것들이 단지 그림자에 불과했다면, 장차 도래할 성은 궁극적인 성이 될 것이다. 무엇보다 거룩한 성에 대한 가장 위대한 사실은 전능하신 주 하나님과 어린 양께서 친히 성전이 되신다는 것이다. 주 하나님의 영광이 그곳을 비추고, 어린 양은 등불이 되시며, 만국의 영광과 존귀가 그리로 들어올 것이다. 영원을 위해 어린 양의 신부로 예정된, 어린 양의 생명책에 기록된 모든 자는 거룩한 성 안에서 영원한 기쁨과 찬양으로 거할 것이다.

하나님은 아브라함에게 "네 씨가 대적의 성문을 차지할 것"이라고 말씀하셨다(창 22:17). 아브라함의 아들들은 믿음으로 새 예루살렘에 이르게 하는 하나님 나라를 위한 열방과 예루살렘의 문들을 차지하게 될 것이다.

만일 오늘날 하나님 나라 백성의 지도자들이 아브라함의 비전을 품는다면, 매우 현세적인 비전으로부터 영원한 비전과 목적, 소명을 향해 방향을 바꿔야 할 것이다. 하나님께서는 우리를 현세적, 전통적, 종파적, 유물론적인 생각에서 구해내신다. 그분은 모든 잘못된 에너지와 죽어 있는 일터의 노동에서 우리를 해방시킬 것이다. 따라서 우리는 하나님의 궁극적 목적을 위해 일하게 될 것이다.

### 이집트 – 예언적 탄생의 장소

그 땅에 기근이 들었으므로 아브람이 애굽에 거류하려고 그리로 내려갔으니 이는 그 땅에 기근이 심하였음이라 (창 12:10)

이집트(또는 장차 이집트가 될 장소)는 예언적 탄생의 장소다. 또한 노아의 홍수 이전에 아담이 첫 경작을 시작했을 근거지가 될 만한 곳이다. 아담이 한 문명의 조상이었다고 가정할 수 있으므로, 그는 노아의 홍수 이후 이집트라고 알려지게 될 곳에 거주하던 사람들의 조상이었다고 할 수 있다. 홍수 이후에 노아는 아라랏 산 지역의 앗시리아에 안착했다. 아브라함은 후에 하나님께서 세우시고 만드실 토대를 가진 도시를 찾기 위해 이 지역으로 오게 된다.

아브라함은 앗시리아에서 나와 약속의 땅에 들어와 하나님께서 아브라함의 자손에게 유업으로 주시겠다고 약속하신 땅 세겜에 첫 제단을 쌓았다. 아브라함의 두 번째 제단은 하늘의 문으로 알려지게 될 벧엘에 쌓아 올려졌다. 그 후에 아브라함은 이집트로 가게 된다.

이집트에서 나온 후에는 헤브론과 예루살렘에 제단을 쌓았다. 헤브론은 이스마엘과 이삭이 태어난 곳이다. 약속의 땅에 대한 비전과 첫 약속은 세겜에서 주어졌지만, 아브라함은 헤브론과 예루살렘에 제단을 쌓기 전에 먼저 이집트로 가야 했다.

아브라함이 이집트에서 돌아온 지 얼마 후에 이스마엘이 태어났다. 아브라함은 멜기세덱과 함께 떡과 포도주를 나누었다. 이는 아마도 하나님께서 약속하신 상속자인 마지막 아담(공의의 왕이신 예수님)과 연결되어 있을 것이다. 세겜과 벧엘의 제단은 약속의 제단이었다. 아브라함이 이집트에 다녀와서 헤브론과 예루살렘에 쌓은 제단은 하나님과의 약속에 인을 친 것이었으며, 약속의 궁극적 성취에 대한 첫 열매였다.

이스마엘의 어머니와 그의 아내가 이집트인이라는 사실, 그러나 약속의 씨앗이 이스마엘을 통해 올 수 없다는 사실에 주목하는 것은 흥미로운 일이다. 첫 아담의 실패로 이집트와 연결된 큰아들을 통해서는 구속의 역사가 이뤄질 수 없었다. 대신 하나님께서는 그분의 구속의 약속을 성취하시기 위한 통로로 아브라함의 작은 아들인 이삭을 세우신다. 후에 이스라엘의 후손들 또한 이집트에서 나와 약속에 땅에 들어가는 부르심을 받게 된다.

유사하게 예수님도 태어나신 후 짧은 기간 동안 부모와 함께 이집트로 가셨다. 이를 통해 첫 아담으로서의 정체성을 확인하신 것이다. 만약 아담이 노아의 홍수 전에 첫 문명의 탄생을 이집트에서 시작했다면, 노아의 방주는 오늘날 이집트로 불리는 지역에서 출발하여 앗시리아(아라랏 산)에 착륙했을 것이다. 노아의 방주는 이집트 지역에서 출발하여 오늘날의 이스라엘을 넘어 앗시리아에 도착한 것이다. 후에 예수님은 예루살렘에 오셔서 마지막 아담(사망과 죽음을 이기시고, 예루살렘의 왕으로서 왕좌에 오르실 한 분)으로서 십자가에 못 박혀 죽으시고 부활하셨다. 첫 아담은 실패했으나, 마지막 아담이신 예수님은 죽음을 이기시고 영광스럽게 승리하셨다.

이집트에서 비롯된 수많은 것을 통해 다음과 같은 사실이 명백해졌다. 이집트와 이스라엘과 앗시리아를 세계 중의 복이 되게 하시려는 하나님 구속의 목적에 반하는, 이집트를 향한 사탄의 강력한 반격이 있다는 사실이다. 뿐만 아니라 성경은 이집트가 예언적으로 매우 중요한 곳임을 보여 준다. 아마도 에덴동산의 첫 번째 강은 이집트에 있었을 것이다. 첫 번째 강 비손은 이집트를 칭하는 하윌라를 통하여 흘렀고, 두 번째 강 기혼은 오늘날 에티오피아와 수단으로 알려진 구스 땅을 통하여 흘렀다.

나는 이집트를 향한 역사적이고 예언적인 선물 중 하나가, 그곳이 마지막 때에 여러 면에서 확인되고 있는 예언적 탄생의 장소가 되는 것이라고 믿는다. 아래의 내용은 이집트를 예언적 탄생의 장소로 사용하려하시는 하나님의 목적을 방해하기 위해 위조하는 사탄의 열 가지 방법이다.

1. 고대 이집트 왕 파라오는 세상을 구원하시려는 하나님의 목적을 방해했다. 그때부터 오늘날까지 대적들이 이집트인을 향한 하나님의 목적과 현대에 이뤄지는 출애굽 사건을 방해하는 것을 볼 수 있다. 대적들은 유대인이 이집트를 비롯한 여러 나라에서 떠나 이스라엘로 돌아오는 것을 계속 방해하고 있다.

2. 이스라엘의 참된 하나님에 대해 도전하면서 이집트에 있는 수천 개의 우상을 숭배하게 한다.

3. 이집트에서 시작된 것으로 여겨지는 프리메이슨은 매우 큰 미혹을 불러와 전 세계에 바벨론의 영향력을 퍼뜨리고 있다.

4. 헤롯 왕은 예수님을 죽이기 위해 그분이 이집트로 가시는 것과 마지막 희생 양으로 우리를 위해 죽으시기 위해 예언대로 이집트에서 다시 돌아오시려는 것을 막으려 했다.

5. 이집트는 AD 8세기까지 기독교 나라였으나 후에 이슬람이 많은 그리스도인을 학살하였다. 무슬림은 하나님의 목적을 대체하려고 노력했으며, 이사야 19장 23-25절에 예언된 말씀의 성취를 가로막고, 국가적으로 이슬람교를 강요하였다. 현재 무슬림 지도자를 훈

련시키는 세계에서 가장 큰 훈련 센터가 카이로에 있다.

6. 나일 강변이 첫 문명의 발생지였다는 믿음에 따라, 간디가 죽은 뒤 화장되어 그의 유골이 나일 강에 뿌려졌다.

7. 1967년, 이집트의 안와르 사다트는 아랍 국가들이 이스라엘과 예루살렘에 대항하도록 이끌었다. 이집트의 나세르 대통령은 1950-1960년대에 이스라엘을 파괴하려고 힘썼다.

8. 파라오의 지배의 영은 하나님의 목적을 방해하고 여호수아 세대가 일어나는 것을 막음으로 이집트와 열방의 교회에 악영향을 미치려고 노력한다.

9. 우리가 열방 예루살렘 집회(All Nations Convocation Jerusalem)를 개최하기 불과 며칠 전인 1994년 9월에, 유엔은 새로운 시대의 안건과 새로운 세계의 질서를 기획하기 위한 모임을 이집트에서 개최하였다.

10. 세기의 전환점인 AD 2000년에 세계를 지배하기 위한 목적으로 파라오의 지배의 영과 뉴에이지 영을 전파하고 실현시키기 위한 세계적인 뉴에이지 모임이 이집트의 피라미드에서 열렸다.

나는 이집트에서 예언적인 일들이 계속해서 일어날 것을 확신하게 하시는 하나님께 모든 영광을 돌리며, 다음의 열두 가지 사건을 공유한다.

1. 1985년에 나는 한 기도팀을 이집트로 인도했다. 40명의 사람들이 하나님께 경배를 드리는 중에 성령님께서 강하게 임재하셨고 예언적 말씀이 선포되었다. 우리는 하나님 앞에 무릎을 꿇었다. 하나님께서는 우리를 예언적 기도의 사명으로 인도하셨다. 우리는 모세가 이집트에서 이스라엘 민족을 이끌고 나오라는 첫 번째 비전을 받은 시내산에 가서 유대인들을 본향으로 부르신 나침반 상의 네 지점에서 쇼파르(양각 나팔)를 불었다. 우리가 홍해로 발길을 돌렸을 때, 하나님께서는 출애굽을 되새길 수 있도록 우리에게 말씀하셨다. 하나님은 북쪽에서의 대이동을 준비시키기 위해 다음 해에 40명의 사람을 러시아로 인도할 것이라고 말씀하셨다. 우리는 모스크바에서 여리고 성을 돌듯이 크렘린 성을 돌았다. 그로부터 일주일 후에 공산주의자들은 12,000명의 유대인을 풀어주는 것에 동의하였다. 그때부터 러시아에 있는 100만 명이 넘는 유대인의 알리야가 시작되었다.

2. 1991년에 하나님은 우리에게 나일 강에서 유프라테스 강까지 이르는 중동 지역을 여리고 성 삼아 행진하라는 말씀과 함께 열두 곳에 제단을 쌓으라는 말씀을 주셨다. 우리는 이집트에서 시작한 이 여정 동안에 유대인과 아랍인이 구원되어 주님께 연합되기를 기도하면서 다시 이집트에 도착했다. 우리는 이 지역이 이사야 19장 23-25절 말씀에 따라 세계 중에 축복의 땅으로 회복되기를 기도했

다. 우리는 예수님께서 온 열방을 통치하실 것이며, 이집트, 이스라엘, 앗시리아 지역을 세계 가운데서 축복하실 것을 알고 있다.

3. 1992년에 우리는 티베리아스에 갔다. 하나님께서는 우리에게 므툴라에서 시작하여 아브라함이 제단을 쌓았던 세겜, 벧엘, 예루살렘 그리고 헤브론에 올라 제단을 쌓으라고 말씀하셨다. 그리고 우리는 이집트로 가서 세계의 70퍼센트에 해당하는 무슬림 성직자들을 훈련시키고 있는 가장 큰 모스크 주위를 여리고 성 돌듯이 돌았다.

4. 1993년 1월에 우리는 첫 번째 중동 집회(All Middle East Convocation)를 이집트 카이로에서 개최했다. 이스라엘에서 온 30명의 목회자들과 이집트에서 온 70명의 사람들이 모여 히브리어, 아랍어, 영어로 하나님께 경배를 드렸다. 메시아닉과 아랍의 목사들이 함께 기도를 인도하며 예배드렸다. 이것은 계획했던 열 차례의 중동 집회 중 첫 집회였다. 그중 여섯 번은 '키프로스'에서, 한 번은 '안디옥'에서, 그리고 한 번은 '암만'에서 집회가 있었다. 열 번째 집회는 2000년 3월에 이집트에서 다시 열렸다. 이러한 집회는 중동의 평화를 위한 주님의 계획의 일부이다.

5. 하나님께서는 우리를 이집트의 카이로, 사우디의 메카와 메디나로 보내셨다. 우리는 메카를 여리고 성처럼 돌면서 전 세계 무슬림의 구원을 위해 기도했다.

6. 1994년 카이로에서 열린 집회에서 한 목사님의 설교 도중, 우리는 온 열방 집회 팀의 모든 평의원 구성원들이 같은 곳에 있다는 것을 깨달았다. 그래서 첫 번째 위원회 회의를 열었다. 온 열방 집회가 이집트에서 태어났다고 말하는 것이 당연할 것이다. 나는 또한 집회를 돕고 있는 이스라엘 여행사 직원을 이집트 카이로 공항에서 만났다.

7. 1995년 이라크에서 기독교 회의가 있기 전에, 하나님께서는 이집트를 먼저 가고 나중에 이라크로 갈 필요가 있음을 보여 주셨다. 나는 나일 강의 근원에서 온 에티오피아 목사님 한 분과 동행했다. 이집트 대통령이 에티오피아에서 암살당할 뻔한 지 얼마 되지 않았기 때문에, 이집트 공무원들은 에티오피아인이 이집트에 입국하는 것을 원하지 않았다. 우리는 이집트에서 이스라엘, 이라크, 앗시리아를 여행하며 이곳을 위해 기도했고, 만났던 사람들과 함께 구원의 메시지를 나누었다. 하나님께서는 아브라함이 이집트에서 출발하여 이스라엘을 통과한 후 앗시리아까지 이르는 이 길을 걸었다는 사실을 우리에게 보여 주셨다.

8. 1996년 에티오피아의 아디스 아바바의 기혼 호텔에서 열린 국가적 목사 회의에 약 700명의 기독교 지도자들이 참석했다. 우리는 이스라엘에서 온 최초의 사람들이었고, 에티오피아의 성직자라는 주제로 말씀을 전했다. 설교 후 지도자들은 눈물을 흘리며 반유대주의를 끊었고, 이는 회개의 중요한 돌파구가 되었다. 그들은 유대인

을 마음으로 받아들이지 못했지만, 이제는 그들을 향해 마음이 열리기 시작했다.

9. 1996년에 이어 1997년에도 에티오피아에서 회의를 열었다. 아프리카 통일 기구(Organization of African Unity) 본부에서 우리가 개최한 회의에 42개국의 대표들이 참석했다. 중보기도자들은 아프리카 통일 기구(OAU)의 각 국가 대표자들과 정상들이 앉는 바로 그 자리에 앉아 민족주의와 반유대주의를 철폐하고, 아프리카 대륙의 구원과 특별히 아프리카 지도자들의 구원을 위해 기도했다. 지금은 아프리카에서 부흥이 일어나고 있으며, 예수님을 믿는 국가 지도자들도 많다. 베냉은 대사관을 예루살렘으로 옮기려고 시도한 최초의 아프리카 국가다.

10. 1998년, 존 물린디와 함께한 회의에서 나의 책 《파수꾼》(Watchmen)이 나일 강 근원이 있는 우간다에 기증되었다. 추천서를 써 주신 많은 이들이 마침 그곳에 있었다.

11. 1999년에 우간다에서 나는 이집트를 출발해 이스라엘을 통과하여 앗시리아에 이르는 대로에 대한 메시지를 전했다. 우리 단체가 운영하는 '파수기도 사역자 학교'에 참석한 이집트인들은 이후에 열방을 위한 예루살렘 국제 기도의 집 스텝으로 합류했다.

12. 2000년에 열 번째 중동 집회를 이집트에서 개최했으며, 이를 통

해 첫 번째 중요한 돌파와 해방을 감지했다. 또한 하나님께서 나에게 이스라엘 가이사랴에 아파트를 약속해 주셨다. 이곳은 열방을 향한 통로이자 이방인들이 처음으로 성령을 받은 곳으로, 오늘날 20억에 이르는 사람들이 예수님 안에서 믿음을 고백하고 있다. 또한 바울이 로마를 향한 항해를 시작했던 곳이기도 하다. 오늘날 가이사랴는 성령과 불과 복음이 이방인들에게 전파되어 지구를 온전히 돌아 땅 끝 이스라엘과 예루살렘의 유대인에게 다시 돌아올 복음의 회복을 대표한다. 그런데 이집트 카이로에서 태어나 지금은 이스라엘에 살고 있는 한 유대인이 그곳의 아파트를 내게 판 것이다. 예전에 이집트 카이로에서 만난 유대인 여행사 직원이 그 장소에 대해 내게 말해 주었다.

나는 역사를 통해서 뿐만 아니라, 지금도 이집트가 예언적 탄생의 장소라는 사실에 대해 확증할 수 있는 근거로서 위의 내용들을 언급했다.

많은 동요의 한복판 속에서도 우리는 장차 예루살렘에 도래할 온전한 평화를 위한 길을 예비하는, 아프리카-이집트로부터 예루살렘까지 이르는 강력한 영적 돌파를 위해 기도해야 한다. 실제 중동 역사에서도 첫 번째 평화 협정이 이집트에서 안와르 사다트와 메나헴 베긴의 협정으로부터 시작했던 것처럼, 그것은 이사야서의 영적인 성취를 이루게 될 것이다. 그 영적 성취는 이사야 19장 23-25절에서 말씀하고 있듯이, 애굽에서 시작하여 이스라엘과 앗수르로 통하는 대로가 있어 이 셋이 온 땅 가운데 복이 되어 하나님을 경배할 것이라는 예언이다.

하나님께서 첫 열매들이 이집트, 이스라엘, 앗시리아에서 시작된 그분의 예언적 목적을 성취하기 위한 충만함에 이르게 하시도록 기도하라. 이 지역은 예언적 구속의 목적을 성취하여 세계 가운데 복이 될 것이다. 그럼으로 당신은 예루살렘의 평화를 위해 기도하라는 하나님의 예언적 명령을 완수하게 되는 것이다.

# 6장
# 에덴동산의 두 나무에서 새 예루살렘의 한 나무까지

어떤 독자들은 책을 읽을 때, 첫 장과 마지막 장을 읽고 나서 전체 내용을 읽기 시작한다. 이유는 책이 어떤 내용을 다루며, 어떤 인물들이 흥미롭고 재미있는지, 끝이 어떻게 마무리될지 궁금하기 때문이다. 그래서 결말이 좋으면 책 내용을 전부 읽는 것이다.

시대를 막론하고 가장 많이 팔린 책이 성경이라는 사실은 놀랄 일이 아니다. 왜냐하면 첫 장부터 마지막 장에 이르기까지 독자인 인류와 연관된 내용을 다루고 있으며, 무제한적인 양식에 문학적으로도 탁월한 고전이기 때문이다. 창세기는 인류 역사의 시초와 위대한 출발에 대해 풍부하게 이야기한다. 성경은 우리에게 수많은 영웅과 인물들의 잊을 수 없는 면모를 소개해 준다. 마지막 장인 계시록은 이들 가운데 누가 승리자가 될 것인가에 대해 말해 준다. 하나님이 어떻게 역사를 인도하셨는지를 보면 그 이야기 속에서 우리 자신의 성향과 특성, 모습을 발견하게 된다.

창세기 첫 장에서 하나님은 하늘(천국)과 땅, 그리고 생명체를 창조하신다. 천국과 땅은 인류가 타락하기 전에는 실상 하나였다. 하나님의 명백한 임재가 있었던 이 땅이 바로 천국이었다. 두 번째 장에서 저자는 에덴동산, 창조의 첫 열매의 본향이었던 곳에 관해 알려 준다. 성경은 에덴동산이 참으로 아름다운 곳이고, 하나님이 손수 만드신 창조물을 바라보시면서 매우 기뻐하셨다고 말해 준다.

에덴동산이 이 세상 어디에 위치했었는지 정확하게 아는 사람은 없다. 이라크에 있는 바벨론 대학의 종교학 교수를 만났을 때, 그는 티그리스와 유프라테스 강이 발현한 이래로 이 두 강이 에덴동산의 경계를 형성했으며, 그 경계 주변이 이라크라고 했다. 내가 에덴동산의 정확한 위치를 물었을 때, 그는 어디인지는 알 수 없다고 말했다. 우리가 정확한 위치를 확신할 수 없을지라도, 성경은 에덴동산의 위치에 대해 중요한 단서를 제공해 준다(창 2장). 성경은 다른 두 개의 강 비손과 기혼이 에덴 주변에 흐르고 있다고 말한다. 비손은 하빌라, 지금의 이집트의 땅을 관통하여 흐르는 강이고, 기혼은 구스 땅을 흐르는 강인데 이곳은 지금의 에티오피아와 수단의 고대 이름이다. 이것을 근거로 보면, 에덴동산이 나일 강에서부터 유프라테스까지 이르는 지역에 있었다고 생각할 수 있다. 그리고 이 거대한 에덴동산의 중앙이 되는 곳을 지도에서 보면, 지금의 예루살렘이 있는 곳이다. 생명나무와 선악과는 에덴동산의 중앙에 있었고, 오늘날 그 위치를 찾아보면 예루살렘으로 알려졌다(창 2:8-14, 부록 284쪽 지도 참고).

다음의 두 가지 참고 말씀은 이집트와 약속의 땅에 관해 매우 흥미로운 내용을 담고 있다. 위대한 성읍(예루살렘)은 상징적 의미로 애굽과 소돔이라고 불렸다. 새 예루살렘의 물리적 규모(계시록 21장 16절에 의하면 그 너비와 높이와 길이가 약 1,380마일이라고 한다)는 아마 나일 강에서 유브라데에 이르는 거리로, 또는 이집트와 이스라엘, 앗시리아를 포함하는 지역으로 보인다. 그렇다면 새 예루살렘이 지금의 중동 지역의 대부분을 덮게 되는 규모일 수도 있겠다(사 19:23). 천국에서 이 땅으로 내려오는 새 예루살렘이 바로 에덴동산의 회복이 될 것인가?

> 그들이 그 증언을 마칠 때에 무저갱으로부터 올라오는 짐승이 그들과 더불어 전쟁을 일으켜 그들을 이기고 그들을 죽일 터인즉 그들의 시체가 큰 성 길에 있으리니 그 성은 영적으로 하면 소돔이라고도 하고 애굽이라고도 하니 곧 그들의 주께서 십자가에 못 박히신 곳이라 (계 11:7-8)

> 이에 롯이 눈을 들어 요단 지역을 바라본즉 소알까지 온 땅에 물이 넉넉하니 여호와께서 소돔과 고모라를 멸하시기 전이었으므로 여호와의 동산 같고 애굽 땅과 같았더라 (창 13:10)

아래 말씀을 상기해 보면, 시온의 문들이 나일 강과 유프라테스 전체를 포함하는 곳으로, 이 지역의 모든 나라가 에덴동산에 속한 지역이었을 가능성이 높다.

> 그의 터전이 성산에 있음이여 여호와께서 야곱의 모든 거처보다 시온의 문들을 사랑하시는도다 하나님의 성이여 너를 가리켜 영광스럽다 말하는도다 (셀라) 나는 라합과 바벨론이 나를 아는 자 중에 있다 말하리라 보라 블레셋과 두로와 구스여 이것들도 거기서 났다 하리로다 시온에 대하여 말하기를 이 사람, 저 사람이

거기서 났다고 말하리니 지존자가 친히 시온을 세우리라 하는도다 여호와께서 민족들을 등록하실 때에는 그 수를 세시며 이 사람이 거기서 났다 하시리로다 (셀라) 노래하는 자와 뛰어 노는 자들이 말하기를 나의 모든 근원이 네게 있다 하리로다 (시 87편)

위 말씀에서 하나님은 중동 지역에 있는 모든 유대인과 아랍인이 새 예루살렘, 시온의 문들에서 태어났다고 말하는 것을 듣기 원하신다. "하나님의 성이여 너를 가리켜 영광스럽다 말하는도다."

우리는 중동 지역에 있는 수천만의 아랍인과 유대인이 라합(이집트)과 바벨론(이라크)에서 하나님을 인정할 것이라고 믿으며, 블레셋(팔레스타인)과 두로(레바논), 구스(수단)의 민족 가운데에도 있다고 본다. 시온에 대하여 말하기를 이 사람, 저 사람이 거기서 태어났다고 이야기할 것이다. 주님은 민족들을 등록하실 때, 그 이름들을 쓰실 것이다. 이는 바로 어린 양의 생명책에 기록되는 것이다. 노래하는 자와 춤추는 자로 말하기를 "나의 모든 근원이 네게 있다"라고 찬송하게 될 것이다. 참으로 우리의 모든 시작과 근원은 하나님에게만 있다. 그리고 모든 즐거움이 그분 안에 있다. 하나님의 강에서 발견되고 생수로 새롭게 되는 모든 것이 하나님의 성을 기쁘고 아름답게 만들 것이다. 따라서 당신이 이 나라들의 국가적 구원을 위해 기도할 때, 예루살렘의 평화를 위해 기도하는 것이다.

비록 동산의 정확한 경계선을 확신할 수는 없지만, 성경은 그곳에서 발견될 수 있는 것들에 대해 전하고 있다. 그곳은 모든 동식물이 종류별로 풍성하게 자라나는 곳이다. 창세기에서는 그곳에 두 개의 나무가 있었다고 말한다. 첫 번째는 선악과요, 두 번째는 생명나무다. 성경은 이 두 나무의 종류를 정확히 말하지는 않지만, 두 나무는 감람나무였을 가능성이 매우 높다. 왜냐하면 성경 전체에 두 감람나무에 대한 많은 예화와 참고 말씀이 있기 때문이다. 그리고 창세기와 스가랴, 로마서, 마지막으로 계시록에서도 감람나무라는 것을 뒷받침하고 있다.

첫 번째 아담은 교만하여 하나님께 불순종했다. 그는 자신의 생명을 사랑하여 결국 생명을 잃게 되었다. 결국 그는 선악과를 취해서 범죄하였고, 생명나무에 이르는 길에 도달하지 못하고 만다.

하나님은 두 개의 나무를 창조하셨다. 하나님은 생명나무 한 그루만 만드셨을 수도 있다. 그러나 그분의 주권과 통치 가운데 두 개의 나무를 만드시고, 사람에게 선악과는 먹지 말라고 명령하셨다. 우리에게 자유의지가 없는 것이 오히려 쉬운 삶이 되었을 수도 있는데, 왜 주님이 그렇게 하셨을까 궁금해하는 사람이 있을 것이다. 우리가 직면하는 대부분의 문제는 어려운 결정을 해야 하는 순간에 온다. 우리의 육은 영을 대적하여 우리가 원치 않는 일을 하는 경우가 많다. 그러나 하나님은 우리가 하나님의 나라에서 로봇처럼 사는 것을 원치 않으신다. 그분은 우리 각자가 전심으로 온 맘과 뜻을 다하여 하나님을 선택하고 섬기는 삶을 살기 바라신다. 인류의 타락조차도 우리가 수용할 수 있는 자유의지의 범위에서 우리의 선택을 바꾸도록 하나님을 움직이게 할 수 없었다. 여호수아서는 이것을 다음과 같은 말씀으로 선명하게 상기시켜 준다. "너희가 섬길 자를 오늘 택하라"(수 24:15).

우리의 삶을 주님께 드리기로 헌신할 때, 하나님을 따르기로 한 선택이 시작된다. 이후에는 날마다 순종하기로 선택하고, 하나님의 뜻이 우리 삶의 중심이 되도록 그분께 자신을 내어 드려야 한다.

우리는 하나님의 형상과 성품을 따라 창조되었다. 하나님은 우리에게 자유롭게 선택할 수 있는 의지를 부여해 주셨다. 따라서 우리는 자신에게 이익이 될 수 있는 선택과 하나님의 길 가운데 올바른 선택을 해야 할 필요가 있다. 성경 역사의 모든 이야기는 하나님의 뜻과 자신의 뜻과 의지를 선택했던 사람들 간의 격동적이며 긴장된 삶의 이야기로 구성되어 있다. 그러나 궁극적으로 하나님의 뜻이 승리할 것이다.

아담과 하와에게도 선택권이 있었고, 그들은 선택했다. 그들은 하나님께 온전히 의탁하여 그분의 뜻을 선택함으로 자신의 뜻과 의지를 내려놓을 수 있었으며, 반대로 자신의 뜻을 따라가는 삶을 선택할 수도 있었다. 그들을 향한 하나님의 인도하심을 신뢰할 수도 있었고, 반대로 육신의 눈에 보기 좋은 것을 선택하여 자신의 삶과 환경을 의지하며 살아갈 수도 있었다. 우리 모두는 아담과 하와가 경험한 것과 비슷한 선택을 해야 한다. 우리는 하나님을 온전히 의지하여 살아가기로 선택할 수도 있고, 자신의 삶을 하나님보다 사랑하여 우리 자신이 왕이 될 수도 있다. 이것은 우리에게 있어서 날마다 다루어야 할 선택사항이다. 또한 우리의 관계나 재정, 직업을 선택하는 것이나 시간을 어떻게 써야 할 것인가도 해당된다.

뱀이 하와를 유혹했을 때, 철학적이며 심오한 대화로 접근한 것이 아니라 가장 기본적인 육신의 감각을 통해 다가갔다. 하와는 그 열매가 보암직도 하고 먹음직도 하다고 생각했다. 그것은 우리의 눈을 기쁘게 하는 참으로 아름다워 보이는 것이었다. 그리고 그 나무가 자신을 지혜롭게 만들어 줄 것이라고 믿었다. 이러한 모든 것이 육체의 눈으로 보면 너무 좋아 보이지만, 하나님의 길과 목적을 대적하는 것이다.

이와 동일하게 우리의 문제점들에 대한 많은 해결책은 우리를 속이는 방법으로 접근한다. 많은 사람들이 하와가 했던 것처럼 합리적인 이유로 같은 길을 따라가고 있다. 전통적이고 인본주의적인 지혜는 우리에게 "이것은 보기에도 좋고, 느낌도 좋고, 맛도 좋은데?"라고 도전한다. 우리가 이러한 질문에 "예"라고 동의하면, 스스로 매우 현명한 선택을 할 수 있는 합리적인 기회를 가졌다고 느끼게 된다. 그러나 인간적인 지혜는 우리를 하나님의 방법과 선택으로 인도하지 않는다. 우리는 자주 아담과 하와가 경험했던 것과 동일한 선택, 선악과를 먹는 것과 하나님의 뜻에 순종하는 것 가운데 선택을 해야 하는 순간과 직면한다. 이때 우리는 하나님의 지혜를 가지고 하나님의 음성을 듣고 순종해야 한다. 순결하고 사랑스러운 그분의 음성은 우리에게 평화를 주신다.

마지막 아담은 자신을 겸손히 드려 죽기까지 순종하셨고, 영원을 위해 그분의 생명을 내려놓고 인류를 구원하셨다. 그분이 첫 번째 아담의 선택으로 막혀 있던 생명나무에 이르는 길을 다시 회복하셨다. 그리고 에덴동산, 회복된 새 예루살렘의 왕이 되어 친히 오실 것이다.

예슈아는 겟세마네 동산에서 전 생애에 걸쳐 가장 결정하기 힘든 선택을 하셨다. 하나님 아버지의 뜻을 선택하거나 자신의 뜻을 선택할 수 있는 기회가 주어졌을 때, 그분은 이 순간까지도 하나님께 올려 드렸다. 자유의지를 가지신 예슈아는 자신의 뜻을 행할 수도 있고, 아버지의 뜻을 선택할 수도 있다는 것을 알고 계셨다. 예슈아는 자신의 선택이 가져올 결과를 너무도 잘 이해하고 계셨기 때문에 선택의 고통과 고뇌는 이루 말로 표현할 수 없었다. 그분은 왜 이처럼 무시무시하고 모진 선택을 하셔야 했을까? 십자가에 못 박히고 온 몸이 고문당하여 고통을 느끼시는 주님의 모습을 생각해 보라.

그것은 마치 지옥에 있는 듯한 고통이었을 것이다. 예슈아는 하나님 앞에서 십자가를 지기로 선택하셨다. 그 당시의 십자가는 사람을 죽이는 일반적인 극형 중 하나였다. 십자가에 고통으로 죽어간 시신을 걸어놓은 것을 보고 제정신으로 살아갈 수 있는 유대인은 아무도 없었다고 한다.

인간의 지혜는 말하기를 예슈아가 동산에서 결정한 선택이 어리석다고 한다. 그러나 예슈아는 모든 인류의 생명을 구속하기 위해 자신의 생명을 내려놓기로 결정하셨다. 하나님의 뜻을 따르기로 한 그분의 선택은 모든 인류 역사의 주축이 되는 순간이었다. 왜냐하면 타락한 인간이 창조주와 화해할 수 있는 가능성의 문이 열린 결정적 순간이기 때문이다. 우리의 삶의 선택은 항상 쉽지도, 유쾌하고 기쁜 것만도 아니다. 우리는 인권이나 시민권, 생명에 대한 권리, 동성애자의 권리, 낙태의 권리, 종교의 권리와 같은 수많은 권리를 주장하라고 배웠다. 그러나 진정한 예수 그리스도의 제자는 바로 자신을 죽이는 자다.

나는 2000년경 러시아 모스크바에서 내가 진실로 그리스도와 함께 십자가에 못 박혔다는 말씀(갈 2:20)을 묵상하고 있었다. 이것이 진실이라면, 내게는 더 이상 권리가 없다. 나의 모든 권리를 이미 포기했고 더 이상 남은 게 없다. 나는 실로 죽은 사람이며, 내 유일한 권리는 아버지의 뜻을 행하는 것이다. 중요한 것 외의 것은 잘못된 것이다. 그런데 우리는 진실로 중요하지 않은 것들로 인해 지금도 선악과를 취하고 있다. 디트리히 본회퍼는 "그리스도가 우리를 부르신다면, 우리에게 예수께로 와서 죽음을 맞이하라고 명령하시는 것이다"라고 했다. 그는 39세의 나이에 히틀러의 대학살을 멈추게 하려고 시도하다가 순교하였다. 어떤 대가가 따를지라도, 나는 오늘 당신이 하나님의 뜻과 생명을 선택하기를 소망한다.

사도행전 말씀에 따르면, 첫 번째 믿음의 성도는 유대인이었다. 또한 열방으로 나아가서 예수 그리스도의 증인 된 삶을 살았던 사람도 그들이었다. 예수님은 제자들에게 말씀하시기를 "오직 성령이 너희에게 임하시면 너희가 권능을 받고 예루살렘과 온 유대와 사마리아와 땅끝까지 이르러 내 증인이 되리라"고 하셨다(행 1:8). 헬라어로 증인은 'martyros'이다. 초대교회 때 수많은 주님의 증인들이 순교하여, 이 단어는 믿음을 위해 죽은 사람들을 가리키는 말로 사용되었다. 그리고 훗날 이 단어는 '순교'라는 뜻이 되었다. 궁극적으로 우리에게 필요한 것은 날마다 우리의 생명을 기꺼이 주님 앞에 내려놓는 것이다.

우리는 쉬운 것이라면 반드시 좋은 것이어야 한다고 생각한다. 그러나 예수님은 육체와 자연 영역에 있는 것들만 보신 것이 아니라, 하나님 앞에 즐거움을 두시고 죽기까지 고통을 참으셨다. 양이 목자의 목소리를 듣고 아는 것처럼 우리가 하나님을 친밀하게 알고 사랑한다면, 어린 양을 따르는 선택을 하고, 우리의 생명을 사랑하지 않을 것이다.

사탄은 안목의 정욕과 육신의 정욕, 이생의 자랑을 통해 하와에게 접근하여 미혹한 것처럼 지금도 우리를 유혹하고 있다.

흥미롭게도 예수님도 광야에서 시험받으실 때, 동일한 영역에서 유혹을 받으셨다. 사탄이 예수님께 돌들로 떡덩이가 되게 하라고 했을 때, 그분은 육신의 정욕의 시험을 받고 계셨다. 두 번째로 사탄이 예수님을 성전 가장 높은 곳으로 데리고 가서 유혹한 것도 흥미롭다. 예수님은 그분의 소명이 거룩한 영의 성전에 머릿돌이 되는 것임을 아셨고, 하나님은 성전의 머릿돌이신 예수님을 천국에서 땅으로 내려오게 하셨다. 그러나 하나님을 대적하여 반역한 사탄은 교만의 영역에서 예수님을 교묘하게 유혹해서 소명을 거절하도록 계략을 사용했다. 세 번째는 하나님 나라를 유업으로 받는 것과 사탄 숭배로 유혹했는데, 이는 안목의 정욕으로 시험하는 것이었다. 또한 사탄은 에덴동산(예루살렘)에서 하와를 유혹할 때 영원한 생명을 줄 것이라는 거짓 약속을 했다. 그러나 예수님께서 십자가에서 죽으셨을 때, 이 모든 유혹에서 승리하셨다. 이것은 우리가 어린 양의 보혈(우리는 죄와 육신의 정욕으로부터 죽었다)로 사탄에게 승리를 외쳐야 하는 이유이기도 하다.

우리는 이 세상 왕국을 줄 것이라는 사탄의 제안을 받아들이는 대신, 모든 나라와 족속에게 예수 그리스도를 증거하는 삶을 살아야 한다. 또한 우리의 삶을 사랑하지 않고, 예수 그리스도를 위해 살아야 한다. 삶에 어떤 대가가 따를지라도 우리는 사탄이 아닌 하나님을 경배할 것이다. 그러므로 우리는 주인 되신 하나님보다 자신을 더 사랑하려는 유혹에서 승리할 것이다. 예수님께서 우리를 위해 사탄의 유혹을 이길 수 있는 승리의 길을 이미 열어 놓으셨기 때문에 우리는 승리자로 새 예루살렘의 시민이 될 것이다.

생명나무에 참예하는 것은 주님과 함께 참예하는 것이다. 우리가 온전히 힘을 다해 주님을 의지하고 인정하는 것은, 우리를 향한 하나님의 계획과 목적들, 마지막 부르심에 순복하는 것이다. 이와 반대로 선악과에 참예하기로 선택하여 육신의 감각이나 감정적인 필요, 이성적인 사고에 호소하는 유혹에 굴복한다면, 우리는 하나님을 거절하고, 우리 자신을 죄와 죽음의 법에 노예로 만들게 될 것이다. 에덴동산에서 하와의 선택이 그녀와 아담에게 좋아 보였던 것 같이, 사람들은 좋아 보이고, 자신을 위해 긍정적인 결과를 주는 것처럼 보이는 여러 가지 선택을 하고 있다. 하와가 육신의 눈으로 취하기 좋은 것들을 신뢰하여 길을 잃어버렸던 것처럼, 우리도 동일한 방법과 형태로 생명에 이르는 길을 잃게 될 수 있다. 사람의 규칙과 원리를 붙잡고 있는 세속적인 인본주의는 인류에게 선하고 보기 좋은 것으로 전해져 왔다. 인간이 자신이 원하고 좋아하는 것을 따르기로 허락할 때, 자신만의 세계를 건설할 수 있다는 논리로 현대인의 마음과 혼에 견고한 진을 만들어 속이고 있다. 하나님 없는 우리의 자연적인 혼과 생각은 어리석기 그지없으며, 인간은 기본적으로 이기적이고 악한 본성을 가지고 있다. 거짓 종교를 따르는 자들이 그들의 악마적인 신조에 노예가 되어 있는 것처럼, 휴머니스트들도 그들의 사상과 철학이라는 속박에 묶여 있다. 이들은 생명나무로 가는 길을 거절하였다.

## 창세기의 두 나무에서 계시록의 한 나무까지

창세기는 에덴동산에 두 개의 나무가 있었다고 말한다. 그러나 요한계시록에 이르면, 오직 한 그루의 나무만 남아 있다. 성경에 나오는 말씀들 각각이 상징하는 이름이나 사람 또는 물건에는 고유한 의미가 있다. 성경에서 다른 한 그루의 나무가 사라진 데는 분명히 타당한 이유가 있다.

창세기를 보면 태초에 인류에게는 평생 선택권이 있었다. 하나님은 선악과를 먹지 말라고 명령하셨다. 인류의 조상 아담은 하나님께 순종하거나 불순종하는 선택을 할 수 있었다.

여호와 하나님이 이르시되 보라 이 사람이 선악을 아는 일에 우리 중 하나 같이 되었으니 그가 그의 손을 들어 생명 나무 열매도 따먹고 영생할까 하노라 하시고 (창 3:22)

첫 번째 아담은 불순종을 선택했기 때문에 동산 밖으로 추방되었다. 그는 생명나무에서 분리될 수밖에 없었다. 아담의 타락으로 생명나무에 들어갈 수 있는 유일한 길은 오직 동물의 희생을 통해서였다. 이것은 마지막 희생제물이신 예수 그리스도의 생명의 길을 정확하게 가리킨다. 오늘날 사람들은 예수님의 희생을 받아들이고, 그분을 통해 구원을 얻어 생명나무에 참예할 수 있는 선택권과 직면하게 된다.

그런데 요한계시록을 보면, 더 이상의 선택권이 남아 있지 않다. 다만 그들의 선택의 결과로 얻은 선한 열매나 악한 열매를 거두게 될 것이다. 그것은 각 사람이 자신의 방법과 원인을 선택하는 기회를 갖기 때문이다. 성경 이야기의 끝은 오직 생명나무를 선택한 사람들만 아버지와 함께 교제를 나누며 영원한 생명의 세계로 들어가게 된다고 말한다. 생명나무를 선택하지 않은 남겨진 자들은 하나님으로부터 분리될 것이다. 더 이상 사람이 주관적으로 결정할 수 있는 선택은 존재하지 않는다. 계시록에 나오는 한 그루의 나무는 생명나무 또는 하나님을 위한 선택을 상징한다.

여기서 두 나무의 역사를 다시 검토해 보자. 이는 예슈아를 메시아로 믿는 사람들이 첫 열매를 거두는 것에서 풍성한 열매를 수확하는 자들로 변화되는 내면의 과정을 가리킨다. 두 나무의 이야기는 예슈아 안에서 생명을 선택한 사람이 어떻게 유업을 얻게 되는지, 그리고 하나님이 어떻게 하나님의 백성을 위해 마지막 아담과 그분의 모든 제자가 선택한 생명나무의 유익함을 회복시키시는지 보여 준다.

생명나무    선악과

하나님은 생명나무와 선악과를 에덴동산의 중앙에 두셨다(창 2:9). 그런데 아담과 하와가 선악과를 취하여 하나님의 임재가 있는 동산에서 추방된다.

하나님은 아브라함을 통해 새 언약의 첫걸음을 시작하셨다. 아브라함은 보혈로 죄에 대한 대가를 지불할 구원자 메시아를 기다리는 믿음으로 의롭다 함을 얻었다. 그는 숫양이 이삭을 대신하여 드려질 온전한 희생제물이라는 것을 알았다.

> 아브라함이 눈을 들어 살펴본즉 한 숫양이 뒤에 있는데 뿔이 수풀에 걸려 있는지라 아브라함이 가서 그 숫양을 가져다가 아들을 대신하여 번제로 드렸더라 아브라함이 그 땅 이름을 여호와 이레라 하였으므로 (창 22:13-14)

내가 또 보니 보좌와 네 생물과 장로들 사이에 한 어린 양이 서 있는데 일찍이 죽임을 당한 것 같더라 (계 5:6)

아브라함과 맺은 새 언약의 한 부분으로 하나님은 그분의 백성이 다시 생명나무에 접붙임 받을 수 있는 길을 만들어 주셨다. 동산에서 하나님과 함께 즐기며 교제할 수 있는 관계가 일부 회복된 것이다.

하나님은 이삭을 통해 약속의 씨앗, 메시아를 보내실 것이라고 약속하셨다. 하나님이 이스마엘도 축복하기로 약속하셨지만(창 21:12-13), 아브라함의 장손은 하나님의 계획에 반역하고, 아브라함에게도 대적했다. 그는 하나님과 언약에 접붙임 된 나무에서 찢겨져야만 하는 돌감람나무 가지가 되었다.

약속하신 메시아가 오셨을 때, 하나님의 소유된 백성 유대인은 예슈아를 알아보지 못했다. 그리고 그들의 불신의 결과로 유대인 가지가 원 감람나무에서 꺾어졌다(롬 11장 참고).

예수님은 예루살렘에 대해 슬피 우시며, 유대인에게 "너희가 찬송하리로다 주의 이름으로 오시는 이여"라고 고백할 때까지 다시 주님을 보지 못할 것이라고 말씀하셨다(마 23:37-39).

비록 주님의 소유된 백성이 하나님을 거부했지만, 믿는 자 가운데 남은 자들이 있었다. 남은 자들이 전 세계에 복음을 전파하기 시작했을 때, 예수를 구세주로 영접한 이방인에게 성령의 불을 붙여 주었다. 유대인의 남은 자들이 복음을 전했을 때, 이방인은 예수 그리스도를 믿는 믿음으로 참감람나무 안으로 접붙임을 받았다. 그러나 대다수의 유대인은 원 가지에서 꺾여 참포도나무에서 떨어져 나왔다. 그러나 소수의 남은 자들이 다시 원 감람나무에 접붙임 받고 있다. 하나님은 이방인의 충만한 수가 감람나무로 접붙임을 받도록 인도하실 뿐만 아니라, 회복의 때에 원 가지인 믿는 유대인들이 다시 접붙임 되도록 역사하고 계신다 (롬 11장).

예수님이 보혈을 흘리기 위해 이 세상으로 들어오시기 전에, 두 나무를 하나로 만들기 위한 길을 준비하셨다. 두 감람나무는 증인들의 일곱 등잔으로 '메노라'를 상징한다. 한 그루의 감람나무와 일곱 촛대는 유대인이고, 하나님이 선택하신 백성이다. 다른 하나는 나중에 원 감람나무에 접붙임 받는 이방인에 관한 그림이다.

예수님은 두 나무가 참감람나무에 접붙임 되는 길을 열어 주셨다. 사도행전 2장에서 예슈아는 제자들에게 "내 백성이 예루살렘과 유대와 땅 끝까지 이르러 내 증인이 되리라"고 말씀하셨다. 계시록 11장은 두 증인과 두 감람나무, 두 촛대를 말하고 있다. 하나님께서 이 땅을 회복하실 때, 원 가지에서 꺾임을 받아 떨어져 나갔던 하나님의 백성 유대인과 예슈아를 영접하여 참감람나무로 접붙임 받은 돌감람나무였던 이방인을 하늘로 올라오게 하신다. 또한 하나님은 열방에 빛이 되라고 부르신 하나의 촛대인 이스라엘과 또 다른 촛대인 교회가 하나 되게 하실 것이다. 수천 년의 역사를 통해 하나님의 두 증인 된 이스라엘과 교회는 하나의 촛대와 감람나무가 되는 과정을 겪어 온 것이다. 이 두 개가 하나로 연합되는 과정이 완수되면, 이 세상 왕국은 우리 주 되신 예수님과 하나님을 위한 왕국이 될 것이며, 예수님이 영원토록 통치하시는 나라가 될 것이다.

스가랴는 미래에 이방 교회와 이스라엘이 메시아 안에서 구속되어 한 새 사람(one new man)으로 연합되는 환상을 보았다(슥 4장). 스가랴는 주 발 앞에 하나의 등잔  대 곁에 서 있는 두 감람나무를 보았다. 이는 접붙임을 받은 가지들(이방인 성도)과 회복된 원 가지들(메시아닉 유대인)이 하나의 등잔대(메노라)가 되어 메시아의 빛을 열방으로 비추게 될 것을 가리키고 있다. 이스라엘과 교회의 구원의 목적은 열방의 사람들에게 빛이 되는 것이다(사 42:6, 마 5:14). 이것은 두 개의 등잔대가 하나의 등잔대가 되는 것이 무엇을 의미하는지 주요 핵심을 말해 준다. 이스라엘과 교회를 구속하신 목적이 하나의 등잔대로 회복될수록, 그들은 열방에 충만한 빛을 비추게 될 것이다.

 또한 두 감람나무 가지들과 함께 있는 등잔대의 일곱 등잔은 각각이 하나를 이루는데, 이는 이스라엘 국가를 상징한다. 이스라엘과 교회가 모두 세상을 향한 하나님의 빛으로 부름 받았다(사 42:6). 구약성경을 보면, 메노라는 하나님의 일곱 영을 가리킨다. 예슈아는 우리가 세상의 빛이며, 산 위에 있는 동네가 숨기우지 못할 것이라고 말씀하셨다(마 5:14). 요한계시록에 예수님이 일곱 금촛대 사이에 걸어 다니신다는 구절이 있는데,

이는 일곱 교회를 상징한다. 예수님은 예루살렘의 왕이시고, 교회의 머리가 되신다. 이방인의 가지와 유대인의 가지가 예슈아를 구원자로 영접할 때, 그들은 메노라가 되고 하나의 감람나무 안으로 들어가는 것이다. 그리고 이들이 함께 세상의 빛이 될 것이다.

생명나무

한 새 사람(one new man)의 개념은 로마서 11장 24절과 계시록 11장 3-4절, 22장 1-2절에 매우 구체적으로 설명되어 있다. 예수님은 우리의 참된 포도나무이시다. 유대인과 이방인(아랍인 포함)의 믿음의 성도들이 예수 그리스도에게 다시 접붙임을 받으면, 예슈아 안에서 세상을 향한 생명나무와 같이 된다. 이 생명나무는 열두 가지 실과를 맺고, 나무 잎사귀들은 만국을 소성시키는 역할을 하게 된다. 또한 한 새 사람은 에베소서 2장과 이사야 19장에서 설명하고 있는데, 이는 이스마엘의 자녀들(이방인)과 이삭의 자녀들(유대인)이 열방의 복으로 화해한다는 말씀이다. 계시록 22장 2절은 한 그루의 나무 잎사귀가 열방의 치유를 위해 서게 될 것이라고 말한다.

### 생명나무는 예수 그리스도 안에서 한 새 사람을 나타낸다

계시록 11장 4절의 주 앞에 선 두 감람나무는 로마서 11장 24절의 생명나무인 참 감람나무를 가리킨다. 두 증인(예수 그리스도 안에서 이스라엘과 교회)은 한 새 사람으로 연합되는 유대인과 이방인을 나타낸다.

내가 나의 두 증인에게 권세를 주리니 그들이 굵은 베옷을 입고 천이백육십 일을

예언하리라 그들은 이 땅의 주 앞에 서 있는 두 감람나무와 두 촛대니 (계 11:3-4)

이 말씀처럼 나는 두 촛대(두 개의 메노라)와 두 감람나무가 모두 이스라엘과 교회를 상징한다고 믿는다. 그러나 약속의 말씀 가운데 하나님께서 이미 접붙이신 돌감람나무의 가지를 가진 참감람나무에 원 가지들인 유대인을 접붙임으로 탄생하는 한 새 사람으로 유대인이 온전히 들어오지 않고 있기 때문에 나무가 나누어졌다. 하나님은 그분의 백성이 진실로 그분의 마음을 본받아 나타내길 원하셨다. 그러나 하나님의 백성이 떠났을 때, 주님은 이방인들에게 복음을 허락하셨다. 그러나 하나님이 이스라엘 백성을 포기하거나 그들을 주님의 몸에서 분리하려고 의도하셨다는 뜻은 아니다.

성경은 앞으로 교회와 유대인 가운데 연합이 있을 것이라고 말한다.

> 그(천사)가 내게 묻되 네가 무엇을 보느냐 내가 대답하되 내가 보니 순금 등잔대가 있는데 그 위에는 기름 그릇이 있고 또 그 기름 그릇 위에 일곱 등잔이 있으며 그 기름 그릇 위에 있는 등잔을 위해서 일곱 관이 있고 그 등잔대 곁에 두 감람나무가 있는데 하나는 그 기름 그릇 오른쪽에 있고 하나는 그 왼쪽에 있나이다 하고 (슥 4:2-3)

우리는 여기서 하나님이 두 감람나무를 회복시키시는 과정이 계속되고 있음을 볼 수 있다. 이 말씀을 보면, 오직 하나의 등잔대와 두 감람나무가 있다. 흥미로운 것은 오늘날 일곱 개의 촛대를 가진 메노라가 이스라엘 국가의 상징이라는 것이다. 그리고 확대해서 보면 이 촛대는 교회를 말하고, 계시록 1장 20절의 일곱 교회를 가리킨다. 두 감람나무는 이스라엘과 이방인 교회다.

어떤 학자는 여기서 하나의 순금 등잔대가 천국에 있는 것을 상징하고, 교회와 이스라엘의 영원한 연합을 대표한다고 본다. 하나님의 관점에서 보면, 이 둘은 하나로 연합하도록 되어 있다. 그러나 두 감람나무가 따로 있다는 사실은 아직 하나로 연합되지 않았음을 말해 준다.

> 네가 원 돌감람나무에서 찍힘을 받고 본성을 거슬러 좋은 감람나무에 접붙임을 받았으니 원 가지인 이 사람들이야 얼마나 더 자기 감람나무에 접붙이심을 받으랴 (롬 11:24)

하나의 감람나무가 있는데 그것은 예슈아이신 좋으신 참포도나무다. 모든 것은 예수님 안으로 접붙임 되어 붙어 있게 된다(요 15장). 이 말씀에는 메노라(등잔대)에 대한 언급이 없는데, 이는 참감람나무의 연합 안에서는 더 이상 차이점이 존재하지 않고 사라지기 때문이다. 유대인과 이방인은 메시아 재림의 때까지 온전한 한 새 사람으로 연합될 것이다.

예수님을 믿는 이방인 가지들은 돌감람나무에서 잘라지고 꺾여서 자연적인 본래 유대인 가지와 함께 참감람나무로 접붙임을 받았다. 물론 자연 가지들도 다시 돌아와 원 나무인 참감람나무에 접붙임을 받는다. 참감람나무인 생명나무는 죽어 있는 돌감람나무와 그 가지들을 영원한 생명으로 대체시켜 접붙임 받게 할 것이다. 우리 영혼은 창세기에 나온 두 나무에서 계시록의 한 나무로 변화되는 과정 가운데 있다. 생명나무의 잎사귀들이 있는 그곳은 예수 그리스도로 인해 구속함을 얻은 모든 공동체를 가리킨다. 이들은 만국을 소생시키는 잎사귀들이 될 것이다.

> 또 그가 수정 같이 맑은 생명수의 강을 내게 보이니 하나님과 및 어린 양의 보좌로부터 나와서 길 가운데로 흐르더라 강 좌우에 생명나무가 있어 열두 가지 열매를 맺되 달마다 그 열매를 맺고 그 나무 잎사귀들은 만국을 치료하기 위하여 있더라 (계 22:1-2)

에덴과 예루살렘 그리고 모든 창조물의 최종적인 소명의 종착지 사이의 연결은 예수 그리스도 안에서 하늘(천국)과 이 땅에 있는 모든 것이 연계되며, 회복하는 과정 가운데 무슨 일이 일어나는지와 불가피하게 연관되어 있다.

두 나무가 함께 공존한 것에 대해 두 명의 아담이 어떤 선택을 했는지 생각해 보자. 첫 번째 아담이 하나님의 첫 번째 창조물로 하나님을 대적하는 선택을 했을 때, 그는 에덴동산에 있었다. 예루살렘의 심장은 에덴동산의 중심부였을 것이고, 이는 선악과가 이후에 겟세마네라고 불리는 곳에 위치했을 수도 있음을 말한다.

예수 그리스도, 마지막 아담이 하나님 아버지의 뜻을 행하기로 결정했을 때, 그분은 에덴동산(겟세마네)에 있었다. 예슈아의 선택은 전 세계에 생명을 가져왔다. 창세기 15장에서 하나님은 아브라함과 나일 강에서 유프라테스까지 이르는 땅을 약속으로 주시겠다고 언약을 맺으신다. 나는 하나님이 이 모든 지역의 땅을 유대인과 아랍인(이삭과 이스마엘의 자손들)이 연합해서 함께 거주하라고 주신 땅이라고 생각한다. 하나님은 횃불같이 타는 연기 가운데 나타나셔서 그 분리된 틈 사이를 지나가

시던 그날에 아브라함과 언약을 맺으셨다. 이것은 이삭과 이스마엘 자손에게 다가올 분열과 분리에 대한 예표였을 수도 있다. 오늘날 하나님의 회복의 손길은 유대인과 아랍인, 이방인 간에 나누어진 분열의 장벽 사이에 다시금 횃불 같이 타는 연기 가운데 나타나셔서 그들을 한 새 사람으로 연합시키고 열방에 빛을 비추게 하시려고 역사하신다. 그다음에 하나님은 한 새 사람으로 연합된 이들이 이 땅 가운데 축복이 되게 하실 것이다(사 19:23-25).

창세기 16장에서는 사라의 여종인 이집트 여자 하갈을 통해 이스마엘이 탄생하는 이야기가 시작된다. 아브라함의 장자였던 이스마엘은 언약의 상징으로 할례를 받게 된다(창 17장). 또한 하나님은 이삭이 태어날 것이며, 그와 영원한 언약을 맺을 것을 보여 주셨다. 이는 아들 예수 그리스도를 통해 하나님이 인간과 영원한 언약을 세우실 것을 예표하는 것으로, 하나님은 이삭과 영원한 언약을 세우신다.

창세기 16장에서 이삭과 이스마엘에 관한 이야기가 전개되고, 하갈은 사라에 의해 쫓겨난다. 아마도 어린 하갈에게는 이 시기가 가장 힘든 순간이었을 것이다. 사라가 아브라함에게 하갈을 통해 아들을 얻자고 말했을 때, 하갈은 여주인 사라의 요구에 복종했다. 그 당시 관습으로 아이를 가질 수 없는 여자는 집안의 여종을 대리모로 사용할 수 있었고, 이렇게 태어난 아이는 전통적으로 그 집안의 아들과 딸로 인정받아 키워졌다.

하갈이 임신하자 질투하는 사라에게 학대당하고 광야로 쫓겨난다. 당시 하갈이 어떤 심정이었을지 상상할 수 있겠는가? 깊은 외로움과 황량함, 그리고 두려움으로 가득 찼을 것이다. 이때 하나님께서 하갈에게 하신 말씀은 무엇인가? 자신을 학대한 여주인 사라에게 다시 돌아가라고 하셨다. 하나님은 하갈에게 사라에게 순복하라고 말씀하셨고, 그녀에게 아들을 주셨다.

하갈이 다시 아브라함과 사라의 집으로 돌아갔을 때, 진실로 가족들에게 환영받았다. 그러나 하갈의 아들 이스마엘은 아브라함에게 순복하지 않는다. 성경은 이스마엘을 광야의 거친 남자로 묘사하는데, 그가 계속해서 형제들과 다툼을 일으켰다고 말한다. 그럼 이스마엘에게는 무슨 일이 일어난 것일까? 이스마엘은 불순종과 반역으로 인해 아브라함과 그의 후손이 분리된다.

이스마엘은 원 가지에서 꺾여 부러진 돌감람나무의 가지였다. 이렇게 꺾이고 분리되는 일이 없었다면, 이스마엘의 자손과 이삭의 자손들 사이에는 연합이 존재했을 것이다. 그러나 거친 돌감람나무 가지는 온전히 순복하지 않았고, 마침내 나무에서 꺾이게 된다. 자기 자신을 위한 이스마엘의 선택은 역사적으로 모든 과정에 지속적으로 영향을 미치고 있다.

이것이 바로 스가랴 4장에서 두 감람나무를 언급하실 때 지적한 말씀이다. 4장에서 스가랴는 다섯 번이나 이것이 무엇을 의미하는지 질문한다. 첫 번째로 스가랴는 두 감람나무를 말하고 있고, 다음에 나무의 가지들에 대해 말한다. 이 나무와 가지들은 무엇인가? 이들은 무엇을 말하는가?

로마서 11장에서는 꺾인 돌감람나무 가지들에 대해 이야기하는데, 일반적으로 이것은 이방인들을 의미한다. 이스마엘은 유대인이 아닌 이방인이었다. 이스마엘은 하나님의 구속과 약속이 성취될 형제 이삭에게 순복하지 않음으로 나무에서 꺾인 거친 돌감람나무 가지가 되었다. 이로부터 오늘날까지 계속되는 아브라함의 자손들 간의 분열과 분리가 시작되었고, 이는 역사의 중요한 변천사에 지속적으로 개입해 왔다.

갈라디아서 4장 24절은 두 언약에 대한 그림을 보여 준다. 하나는 시내산에서 모세에게 주어진 언약, 노예였던 하갈로 대표되는 율법으로 이는 우리를 노예로 만든다. 갈라디아서 4장의 언약과 아들의 신분에 대한 논의는 다시 창세기 21장으로 거슬러 올라가 사라의 답변으로 이어진다. "그가 아브라함에게 이르되 이 여종과 그 아들을 내쫓으라 이 종의 아들은 내 아들 이삭과 함께 기업을 얻지 못하리라 하므로"(창 21:10).

왜 이렇게 말했을까? 그것은 이삭을 무시하고 놀리던 이스마엘의 악한 행동을 그치게 하기 위해서였다. 결국 이스마엘은 형제 이삭을 놀리고, 그에게 순복하기를 거절했기 때문에 집에서 내쫓게 된다.

불순종으로 태어난 언약의 자손은 율법의 노예가 된다. 우리가 예루살렘의 현재 모습을 주시해 보면, 이 도시가 지나친 속박에 극도로 묶여 있음을 알 수 있다. 도시 주변을 돌아보면, 얼마나 많은 사람이 심각하게 속박되었는지 알 수 있다. 정통파 유대교인은 그들의 종교적 관습과 계율을 불가능할 정도로 엄격하게 따르는 노예가 되었다. 그리고 무슬림은 이슬람의 노예가 되었다. 오늘날 이 도시에는 하루에 다섯 번씩 무슬림의 기도 시간을 알리는 통렬한 소리가 울려 퍼지고 있다. 이것은 마치 사람들을 가죽 끈으로 동여매고 속박하는 것과 같다. 동일하게도 많은 그리스도인이 필요 없는 분쟁과 다툼을 만드는 종교적 영에 속박되어 있다. 또한 구원받지 못한 사람들도 죄에 속박되어 노예처럼 살아가고 있다.

예수님은 우리의 생명이시다. 예수 그리스도 안의 생명의 법이 우리를 죄와 사망의 법에서 자유하게 하셨고, 친히 우리를 새 언약으로 인도해 주셨다. 주님의 은혜로 시내산에서 시온산으로 옮겨진 것이다. 이것은 이사야 28장에 나온 약속의 말씀대로다.

> 보라 내가 한 돌을 시온에 두어 기초를 삼았으니 곧 시험한 돌이요 귀하고 견고한 기촛돌이라 그것을 믿는 이는 다급하게 되지 아니하리로다 … 너희가 사망과 더불어 세운 언약이 폐하며 스올과 더불어 맺은 맹약이 서지 못하여 넘치는 재앙이 밀려올 때에 너희가 그것에게 밟힘을 당할 것이라 (사 28:16-18)

예슈아는 겟세마네 동산에서 죽음과 생명 중 무엇을 선택해야 하는지 결정의 순간에 직면하셨다. 인간의 눈으로 보면, 자신의 생명을 보호하고 고통을 피하는 인본주의적 지혜를 선택하는 것이 답이다. 그러나 예수님이 그 길을 가셨다면, 이 세계는 여전히 암흑 속에 있었을 것이고, 우리 영혼의 구원과 구속은 불가능했을 것이다. 인간의 지혜와 생각으로 보면 이해가 되지 않는 또 다른 선택은 바로 모든 인류를 위해 생명의 근원의 길을 행하시는 것이었다. 마지막 아담이신 예수님은 아담이 하나님을 대적하기로 선택했던 예루살렘, 바로 이곳에서 죽음을 선택하심으로 우리를 구속하셨다.

최근에 나는 겟세마네 동산에서 시간을 보내며 오래된 감람나무 중 하나를 가까이에서 바라보았다. 2000년을 산다고 알려진 감람나무는 예수님이 이 땅에 계셨을 때도 이렇게 자라고 있었을 것이다. 이 나무들은 하나의 나무로 보인다. 그러나 가까이 가서 나무들을 보았을 때, 나무의 몸통은 갈라져 마치 두 개의 나무인 것처럼 보였다. 주님은 내게 그것을 "보라"고 말씀하셨고, 그 나무를 볼 때 갑자기 진리의 말씀이 생각났다. 나는 로마서 11장의 두 나무가 하나가 되었다는 말씀이 성취되었다는 느낌을 받았다. 예슈아는 마지막 아담이셨고, 그분은 첫 번째 아담이 선악과에 참예하는 것을 선택한 반면에 같은 동산에서 생명나무에 참예하는 선택을 하신 것이다.

예수님은 하나님의 왕국이 이스라엘에서부터 성취되고 열방으로 나아가 열매 맺을 것이라고 말씀하셨다. 예수님은 천국으로 올라가신 이후에 교회의 머리가 되셨다. 원 가지들이 꺾이고 전 세계에 흩어졌다. 그리고 예루살렘은 AD 70년에 파괴되었고, 유대인은 세계 곳곳으로 흩어졌다. 이로 인해 하나의 국가로서 이스라엘은 더 이상 존속하지 못했지만, 그분의 아들을 믿는 성도들의 몸은 이 땅에서 하나님의 증인이 되어갔다.

원 가지인 유대인은 예수님을 거절함으로 나무에서 꺾여 분리되었고, 유대 백성은 유랑하는 민족이 되었다. 그들이 참포도나무에 붙어 있지 않게 된 이후로, 자기 멋대로 거칠게 자라났다. 유대인이 하나님으로부터 멀어진 결과 역사 속에서 유랑하고 방황한 이야기는 너무도 슬프다. 유대인은 참된 하나님을 떠나 길을 잃었고, 거짓 신들을 숭상하기 위해 순례하고 있다. 젊은 이스라엘 청년의 무리는 영적 충만함을 얻기 위해 인도의 성지로 순례를 떠난다. 또한 이스라엘은 각종 믿음의 치유자들, 영적 전문가들, 심지어 사탄숭배자들로 혼탁해지고 있다. 하나님의 백성이 거짓 신을 구하며 따르고 있는 것이다. 오늘날 대부분의 유대인은 영적으로 잃어버린 자라고 할 수 있다.

그러나 성경의 마지막 장을 읽은 우리는 이것이 하나님께서 의도하신 결말이 아니라는 것을 알고 있다. 계시록 11장 4절은 스가랴 4장에서 보았던 두 나무로 돌아갈 것이라고 말한다. 지금 거기에 두 감람나무가 있다. 우리는 감람나무들이 예수 그리스도를 믿는 우리라고 배웠다. 또한 거기에 두 촛대가 있다.

요한계시록의 첫 장에서는 교회가 두 촛대를 대표한다고 말한다. 구약에서 메노라는 이스라엘의 상징일 뿐만 아니라, 하나님의 일곱 영을 가리킨다. 메노라 안에서 교회와 이스라엘이 하나로 연결되는 것이다. 요한계시록 11장 끝에서 나팔이 불리고 메시아가 재림하신다. 그리고 두 나무는 다시 언급되지 않는다.

그때에는 한 분이신 왕, 예슈아만 계실 것이다. 나무에서 부러지고 떨어져 나가 밖으로 버려진 모든 것이 연합될 것이다. 이는 예수 그리스도께서 친히 이 모든 것을 새롭게 회복하시기 때문이다. 최후의 회복을 통해 교회와 이스라엘은 하나가 될 것이다. 로마서 11장은 천년왕국에 관한 장으로, 오직 메시아 안에서만 우리가 말하는 모든 것의 연합이 오게 된다고 알려 준다.

로마서에 나오는 참감람나무는 유대인과 이방인을 말하며, 이들은 하나로 연합된다. 돌감람나무는 가지에서 꺾여 던져지고, 우리는 한 나무를 갖게 된다. 두 나무의 줄기들은 한 나무로 합쳐지고 통합된다. 에베소서 2장에서 바울은 한 새 사람에 대해서 말하는데, 이는 메시아 안에서 하나 되는 유대인과 이방인의 연합을 강조하는 것이다. 돌감람나무는 밖으로 던져지고, 이방인은 메시아 안에서 유대인과 하나가 된다. 이방인과 유대인 모두가 하나님의 이스라엘과 하나님이 만드신 한 새 사람의 일부가 되는 유업을 받는 것이다(롬 11장).

우리는 이러한 약속의 첫 열매가 수확되는 시대에 살고 있다. 하나님의 마지막 회복으로 인도함을 받으며 서로 다른 조각들이 온전히 하나로 성취되는 것을 보고 있다. 이방인의 충만한 수가 차면, 모든 이스라엘은 구원을 얻을 것이다. 오늘날 전 세계에서 엄청난 사람들이 메시아를 믿는 구원의 자리로 나아오는 것을 보더라도 이방인의 충만한 때가 매우 가까이 오고 있음을 알 수 있다.

이사야 19장은 우리에게 또 다른 감람나무 그림을 보여 준다. 이집트와 이스라엘(유대인, 이방인, 아랍인 포함), 앗시리아 세 나라가 세계 중에 복이 될 것이다.

> 그 날에 애굽 땅 중앙에는 여호와를 위하여 제단이 있겠고 그 변경에는 여호와를 위하여 기둥이 있을 것이요 이것이 애굽 땅에서 만군의 여호와를 위하여 징조와 증거가 되리니 이는 그들이 그 압박하는 자들로 말미암아 여호와께 부르짖겠고 여호와께서는 한 구원자이자 보호자를 보내사 그들을 건지실 것임이라 … 그 날에 애굽에서 앗수르로 통하는 대로가 있어 앗수르 사람은 애굽으로 가겠고 애굽 사람은 앗수르로 갈 것이며 애굽 사람이 앗수르 사람과 함께 경배하리라 그 날에 이스라엘이 애굽 및 앗수르와 더불어 셋이 세계 중에 복이 되리니 이는 만군의 여호와께서 복 주시며 이르시되 내 백성 애굽이여, 내 손으로 지은 앗수르여, 나의 기업 이스라엘이여, 복이 있을지어다 하실 것임이니라 (사 19:19-20, 23-25)

창세기 17장 19절에서 하나님은 아브라함에게 약속된 언약과 민족의 조상이 아들 이삭을 통해 나올 것이라고 말씀하셨다. 아브라함은 이스마엘이 약속된 복을 받을 것이라고 생각했다. 첫째 아들 이스마엘을 염려했던 아브라함은 그를 축복해 달라고 하나님께 간구했고, 그는 아브라함과 함께 처음으로 할례 받은 자가 된다. 하나님은 이스마엘의 아들도 축복하셔서 '큰 나라'를 얻게 하신다. 하나님이 선택한 나라로 이삭의 아들들과 유대인을 향한 약속이 지속적으로 견고히 서게 될수록 이스마엘에 대한 하나님의 약속은 그를 거절하는 것이 아니라, 그도 큰 나라를 이뤄 건재하는 것이었다. 하나님은 이 땅에서 오직 이스라엘만 축복의 나라가 될 것이라고 말씀하셨을 수도 있다. 그러나 하나님은 위의 말씀에서 알 수 있듯이 이집트를 나의 백성이라 하시고, 앗시리아의 아랍인을 나의 손으로 지으셨다고 말씀하시며 그들을 선택하셨다. 그리고 이집트와 앗시리아가 하나님의 유업인 이스라엘과 더불어 한 새 사람으로서 이 땅 가운데 복이 될 것이라고 말씀하셨다.

오늘날 하나님은 믿음으로 아브라함의 영적인 자녀로 인정되는 이방인 성도들을 하나님께로 돌이키시고 화목시키신다(갈 3:7). 아브라함의 육체의 자손인 아랍인과 유대인이 메시아 안에서 영원한 언약으로 들어오도록 화목하게 하신다. 그리고 이사야 19장에 예언된 것처럼 서로가 통하는 큰 대로의 첫 열매는 유대인과 아랍인의 화해와 화목이다.

창세기 15장에는 매우 흥미롭고 놀라운 말씀이 있다. 아브라함은 어린 암소와 염소, 숫양을 반씩 자른 후 제사를 드렸고, 연기 나는 화로와 타오르는 횃불이 나타나서 조각 사이를 지나갔다. 이것은 유대인과 이방인으로 반씩 잘라진 이집트와 이스라엘, 앗시리아를 의미하는 예표일 수도 있고, 서로 분리되어 떨어져 있던 이스마엘과 이삭이 오직 메시아를 통해 한 새 사람으로 연합되어 가는 과정을 보여 주는 그림일 수 있다.

다음 장에서는 이스마엘과 이삭이 태어난 이야기와 하나님과 맺은 언약에 대해 나누고자 한다. 우리는 요한복음 15장에서 또 하나의 나무를 볼 수 있다. 예슈아는 자신을 참된 포도나무라고 말씀하신다. 예슈아는 제자들에게 "나를 떠나서는 너희가 아무것도 할 수 없을 것"이라고 하셨다. 요한계시록 끝부분에 보면, 우리가 에덴동산과 거룩한 도시 예루살렘의 유사한 모습에 마음이 끌린다고 한다. 첫 번째 아담이 하나님께 불순종했을 때, 그는 에덴동산/낙원(아마도 예루살렘)에 있었다. 또한 마지막 아담이 생명을 선택했을 때에도 예루살렘에 있었다. 인류에 대한 하나님 이야기의 시작을 보면, 에덴동산에는 두 개의 나무가 있었다. 그런데 요한계시록을 보면 결국 종말에는 우리가 한 나무와 함께 남아 있는 것을 보게 된다.

시편 1편은 시냇가에 심은 나무에 참예할 수밖에 없는 사람들의 모습을 보여 주고, 이들이 하나님의 말씀을 신실한 파수꾼처럼 밤낮으로 묵상하는 자들이라고 이야기한다.

> 그는 시냇가에 심은 나무가 철을 따라 열매를 맺으며 그 잎사귀가 마르지 아니함 같으니 그가 하는 모든 일이 다 형통하리로다 (시 1:3)

요한계시록에서는 인류에게 개입하신 하나님의 이야기가 종결되는데, 바로 예수님이 하늘과 땅의 모든 것을 연합하기 위해 오시는 재림 전의 이야기다. 우리가 이기는 자가 되면 놀라운 하나님의 약속대로 생명나무에 참예하는 자들이 될 것이다.

귀 있는 자는 성령이 교회들에게 하시는 말씀을 들을지어다 이기는 그에게는 내가 하나님의 낙원에 있는 생명나무의 열매를 주어 먹게 하리라 (계 2:7)

다시 저주가 없으며 하나님과 그 어린 양의 보좌가 그 가운데에 있으리니 그의 종들이 그를 섬기며 그의 얼굴을 볼 터이요 그의 이름도 그들의 이마에 있으리라 (계 22:3-4)

자기 두루마기를 **빠**는 자들은 복이 있으니 이는 그들이 생명나무에 나아가며 문들을 통하여 성에 들어갈 권세를 받으려 함이로다 (계 22:14)

# 열 개의 돌
# 제거하기

---

성문으로 나아가라 나아가라 백성이 올 길을 닦으라 큰 길을 수축하고 수축하라 돌을 제하라 만민을 위하여 기치를 들라 (사 62:10)

예루살렘은 유대인과 아랍인, 그리고 옛 예루살렘 성에 살던 사람들을 대표한다. 예루살렘은 모든 이스라엘을 의미하기도 하는데, 예루살렘이 이스라엘의 수도이기 때문이다. 넓고 영원한 차원에서 예루살렘은 하나님을 대표한다. 하나님은 나일 강부터 유프라테스 강까지 이르는 땅을 아브라함에게 약속하셨는데, 새 예루살렘의 크기가 대략 이 정도 될 것이다. 따라서 예루살렘은 오늘날에는 고대 예루살렘 성과 하늘에서 임할 새 예루살렘의 모든 것을 대표한다. 하나님은 단순히 기도제목이 아닌(물론, 우리의 일상적인 문제들을 위해서도 기도하고 간구해야 한다) 하나님의 뜻 안에서 기도하도록 우리를 부르셨다. 그럼으로 많은 간구들이 저절로 응답될 것이다. 하나님은 우리가 단순히 문제를 해결하고자 간구하는 것이 아니라, 하나님의 목적에서 출발하는 기도를 하도록 도우신다.

열 개의 돌을 제거하는 기도는 일련의 과정이다. 사람들은 1996년부터 이러한 방법으로 기도해 왔다. 그리고 우리는 열 개의 돌이 허물어지거나 적어도 부분적으로 제거되는 과정을 보아왔다. 우리는 이 돌들이 완전히 제거되도록 계속 기도해야 한다. 이것이 메시아가 오실 길을 준비하는 것이다.

예수님은 모든 만물이 회복될 때까지 하늘에 계실 것이다(행 3:21). 메시아 안에 있는 하나님의 뜻인 인류의 구원과 화해와 회복을 예비하는 것과 관련된 돌들이 제거될 때, 우리는 준비된 길을 보게 될 것이다.

> 외치는 자의 소리여 이르되 너희는 광야에서 여호와의 길을 예비하라 사막에서 우리 하나님의 대로를 평탄하게 하라 골짜기마다 돋우어지며 산마다, 언덕마다 낮아지며 고르지 아니한 곳이 평탄하게 되며 험한 곳이 평지가 될 것이요 여호와의 영광이 나타나고 모든 육체가 그것을 함께 보리라 이는 여호와의 입이 말씀하셨느니라 (사 40:3-5)

모든 이스라엘이 구원받도록, 이 장에서 말하는 중보에 대한 정보를 활용하기 바란다. 시편 122편 6절에서 하나님은 모든 믿는 자에게 예루살렘의 평화를 위해 기도할 것을 명하셨다. 나는 당신이 왕이 오실 길을 예비하면서 이 돌들을 완벽하게 제거할 하나님의 파수꾼과 돌파의 전사로서 모든 나라에 서 있기를 권면한다.

## Stone 1
## 하나님의 평화의 과정과 인간의 평화 계획

이러므로 예루살렘에서 이 백성을 다스리는 너희 오만한 자여 여호와의 말씀을 들을지어다 너희가 말하기를 우리는 사망과 언약하였고 스올과 맹약하였은즉 넘치는 재앙이 밀려올지라도 우리에게 미치지 못하리니 우리는 거짓을 우리의 피난처로 삼았고 허위 아래에 우리를 숨겼음이라 하는도다 그러므로 주 여호와께서 이같이 이르시되 보라 내가 한 돌을 시온에 두어 기초를 삼았노니 곧 시험한 돌이요 귀하고 견고한 기촛돌이라 그것을 믿는 이는 다급하게 되지 아니하리로다 나는 정의를 측량줄로 삼고 공의를 저울추로 삼으니 우박이 거짓의 피난처를 소탕하며 물이 그 숨는 곳에 넘칠 것인즉 너희가 사망과 더불어 세운 언약이 폐하며 스올과 더불어 맺은 맹약이 서지 못하여 넘치는 재앙이 밀려올 때에 너희가 그것에게 밟힘을 당할 것이라 (사 28:14-18)

이는 한 아기가 우리에게 났고 한 아들을 우리에게 주신 바 되었는데 그의 어깨에는 정사를 메었고 그의 이름은 기묘자라, 모사라, 전능하신 하나님이라, 영존하시는 아버지라, 평강의 왕이라 할 것임이라 그 정사와 평강의 더함이 무궁하며 또 다윗의 왕좌와 그의 나라에 군림하여 그 나라를 굳게 세우고 지금 이후로 영원히 정의와 공의로 그것을 보존하실 것이라 만군의 여호와의 열심이 이를 이루시리라 (사 9:6-7)

21세기가 시작되면서 각종 언론에서 중동 평화 협의에 대해 다루고 있다. 그러나 그 과정은 전혀 평화스럽지 않다. 각 협의는 논쟁과 싸움으로 가득하다. 각국의 입장에서 다른 쪽을 비난하고 합의를 하지 않는다. 협상가들은 올바른 방향으로 나아갈 것을 기대하며 계속해서 막대한 비용을 들이고 있다.

많은 정치가가 선한 의도로 일을 하고, 많은 아랍인과 유대인이 안전하고 평화롭게 가족들과 살 수 있기를 간절히 소망하지만, 인간이 계획하는 평화는 평화의 왕을 제외하는 한 결코 성공할 수 없다. 얼마나 합리적이거나 의욕적이든 상관없이 이런 평화 협의는 실패할 것이다. 왜냐하면 그것이 하나님의 말씀이 아닌 인간의 이성에 근거한 것이기 때문이다. 6장에서 본 것과 같이 인생은 때때로 인간의 이성에 모순되는 것도 있다. 중동의 경우 이스라엘과 이집트, 앗시리아를 향한 하나님의 뜻을 생각하지 않는 어떤 평화 협의도 실패할 것이다. 예루살렘에는 유대인과 전 세계에 있는 아랍계 팔레스타인을 위한 공간이 있다. 물론 이 공간이 주된 관심은 아니다. 예루살렘의 평화를 위해 기도하는 것은 아랍인과 유대인이 거짓 평화의 실패를 깨닫고 거짓 평화를 시도하려는 모든 것을 버리도록 기도하는 것이다. 한 가지 소망은 그들의 마음에 그들을 다스릴 평화의 왕, 메시아, 예루살렘의 왕을 모시는 것이다. 오직 아랍인과 유대인이 예수님을 영접하고 그분의 재림을 준비함으로, 이 지역에 영원하고 완벽한 평화가 올 것이다.

이스라엘 국무총리 이츠하크 라빈은 전쟁 영웅으로 존경받는 지도자 중 하나다. 그는 독립전쟁을 포함해 많은 전쟁에 참여했다. 라빈은 그의 생애를 시온주의자들의 꿈과 이스라엘의 물리적 경계를 지키는 데 바쳤다. 그는 이 일에 자신의 목숨을 바쳤다. 라빈에게는 이스라엘과 팔레스타인을 협상 테이블에 데려다 놓아야 한다는 책임이 있었다. 바로 오슬로 협약(Oslo accord)이다. 이것은 이스라엘과 팔레스타인 간의 차이를 혁신적으로 처리하기 위해 철저히 고안된 것으로, 그들이 바라는 결과는 평화였다.

1994년 가을, 라빈은 텔아비브에서 열린 평화대회에 참석했다. 그곳에서 그의 마지막 행동은 평화의 노래 가사가 적혀 있는 서류에 서명을 한 후 그것을 접어서 상의 포켓에 넣은 일이었다. 몇 분이 지나지 않아, 암살자의 총탄이 서류를 뚫고 지나갔다. 라빈은 암살되었다. 그의 죽음은 이 땅에 평화를 가져오지 못했다. 그리고 갈등은 지금도 계속되고 있다. 암살 소식을 들었을 때 떠오른 인물은 아브라함의 아들 이삭이었다. 왜냐하면 '이츠하크'(Yitzhak)가 이삭의 히브리 이름이기 때문이다. 그가 희생제물로 드려졌더라도, 그의 죽음이 평화를 가져 오지는 못했다.

메시아이자 평화의 왕이신 예수님만이 중동에 진정한 평화를 가져다 주실 수 있다. 주님은 우리의 죄를 용서하시고 전 세계 사람들의 편견과 증오의 장벽뿐만 아니라, 유대인과 아랍인 사이의 장벽을 허물기 위해 죽으셨다. 하나님은 팔레스타인과 이스라엘 사이에 평화 협정이 체결되는 것을 분명히 허락하셨다. 이것은 하나님이 어느 한쪽 편을 든다는 의미가 아니다. 유대인들이 광야에서 40년을 헤매다가 약속의 땅에 처음 들어갈 때, 여호수아가 칼을 빼 든 남자의 모습으로 나타난 주님께 물었다. "너는 우리를 위하느냐 우리의 적들을 위하느냐 하니 그가 이르되 아니라"(수 5:13-14).

하나님은 유대인의 편도 아니고, 옛적 여리고 거주민의 편도 아니셨다. 나는 지금도 마찬가지라고 믿는다. 하나님은 인간적인 평화 협의를 그 나름대로 발전시키는 것을 허락하셨다. 그리고 적절한 순간에 하나님이 개입하실 것이고, 그분의 방법으로 상황을 처리하실 것이다. 사람들이 인간의 손으로 만든 평화 협상이 영원히 지속되지 못한다는 것을 깨달을 때, 아랍인과 유대인은 똑같이 그들의 메시아를 찾을 수밖에 없을 것이다.

만약 유대인이 강력한 시온주의 국가에 신뢰의 뿌리를 내린다면, 그들은 주님께로 돌아오지 않을 것이다. 마찬가지로 아랍인이 강력한 이슬람 국가를 세우는 데 믿음을 둔다면, 그들은 진정한 하나님을 찾지 않을 것이다. 만약 정치인들이 이슬람과 유대주의를 적절히 혼합하는 방법을 시도한다면, 평화를 위한 협의는 혼란에 빠지고 실패할 것이다. 성령님의 주권적 개입 없이 자연적 상태에서는 평화가 절대 불가능하다. 결국 바벨론의 평화는 깨졌고, 이슬람과 유대주의 사이에는 공통분모가 없다.

우리는 훨씬 더 멀리 갈 수 있다. 무슬림과 유대인은 서로 불구대천의 원수라고 말할 수 있다. 히브리 경전(Tanach)과 코란을 일치시키는 작업은 물과 기름을 섞는 것과 같다. 막 흔들면 잠시 섞이는 듯하지만, 금세 분리된다. 오직 한 가지 방법은 평화의 왕과 하나님의 진리의 말씀을 양쪽이 받아들이는 것뿐이다.

이제는 믿는 자들이 자신의 믿음에 담대해져서 한 걸음 앞으로 나아갈 때다. 1세기에 열두 사도 중 열한 명이 메시아 예슈아의 본을 받아 순교했다. 만약 이츠하크 라빈이나 안워 사닷처럼 인간적인 평화 협상의 이름으로 죽을 수 있다면, 진정한 하나님을 믿는 우리 중 많은 사람이 순교하거나 하나님의 평화 협상 안에서 죽을 수 있다는 사실을 깨달아야 한다. 성도의 죽음은 하나님의 뜻에 영향을 미치며 백 배의 열매를 맺게 한다. 우리는 "하나님 나라와 평화는 무한히 증가한다"는 것을 알고 있다. 만약 무슬림과 유대인 정치인들이 진리가 아닌 것을 위해 죽는다면, 유일하신 하나님을 믿는 자들은 어린 양이 우리를 어디로 이끌든지 따라갈 수 있어야 한다. 어린 양은 우리가 진리를 위해 죽음 앞에서 조차 우리의 생명을 아끼지 않을 만큼 사랑하도록 이끌어 갈 것이다.

요한계시록에서 어린 양은 29번 언급된다. 어린 양은 요한계시록의 주요 단어다. 예수님은 정복자 되신 어린 양이다. 그분은 우리를 어린 양처럼 정복하는 자로 부르신다. 로마서는 우리가 도살장에 끌려가는 양과 같다고 말한다. 그러나 이 모든 상황에서 우리는 정복자 이상의 존재가 된다. 예수님은 어린 양과 같은 우리를 이리들 사이에 보내신다.

우리는 죽음의 공포에서 구원받기 위해 기도해야 한다. 그리고 잠언 28장 1절을 붙잡고 담대하게 증언할 수 있도록 기도해야 한다. 잠언 28장 1절은 이렇게 말한다. "악인은 쫓아오는 자가 없어도 도망하나 의인은 사자 같이 담대하니라."

우리는 사자 같이 담대한 어린 양이 되어야 한다. 그리고 주님이 우리에게 말씀하신 일을 한다면 주께서 우리를 지키실 것이라는 믿음을 가져야 한다. 예수님의 시간이 오기 전까지 어떤 것도 예수님을 해할 수 없었다. 만약 우리의 시간이 아직 오지 않았다면, 하나님은 천사들을 보내서 우리를 지키게 하실 것이다. 우리의 시간이 오면, 바울과 같이 말해야 한다. "이는 내게 사는 것이 그리스도니 죽는 것도 유익함이라"(빌 1:21).

우리가 하나님의 뜻을 이뤄가는 데 효과적인 역할을 하려면 어려운 상황 속에서 죽음의 두려움을 극복하고, 책임감으로 앞서지 말아야 한다.

순교와 박해는 1세기 부흥의 씨앗이었고, 종교개혁 때와 지금도 마찬가지다. 20세기에는 19세기보다 더 많은 사람이 순교했다. 20세기의 부흥은 역사상 가장 큰 부흥이다. 순교와 박해는 예수님이 재림하시기까지 더욱 많아질 것이다. 여러 나라와 이스라엘에서 순교자가 속출할 것이다. 이러한 사실은 더욱 담대하게 복음을 선포하도록 촉진할 것이며, 이로써 전 세계적으로 큰 부흥과 대각성이 일어나게 될 것이다.

요한계시록 6장 10-12절에 따르면, 하나님의 궁극적인 뜻이 성취되기 전에 순교의 때가 올 것이다. 이 말씀은 베임을 당해야 할 순교자의 수가 차야 한다고 말한다. 지금껏 이슬람을 위해, 인간의 바벨론적 평화 협상과 거짓 신들과 이데올로기를 위해 죽는 자들이 있던 것처럼, 하나님의 평화를 위해 더 많은 순교자가 나올 것이다.

성경은 예루살렘에 평화가 임하기 전 일어나야 할 사건들을 명확히 제시한다. 사방에서 유대인이 돌아올 것이며, 아랍과 유대의 진정한 화해로 두 개의 커다란 퍼즐이 맞춰질 것이다. 하나님의 평화 계획을 위한 두 가지 열쇠는 독수리의 두 날개와 같다. 정치적 소용돌이가 이는 지금도 하나님의 평화는 서서히 떠오르고 있다. 많은 사람이 메시아, 평화의 왕을 알고자 나아오고 있다. 우리는 하나님의 평화 계획이 예루살렘에서 다윗 왕의 보좌에 좌정하실 메시아를 통해 성취되고 최고조에 이르게 될 것을 믿는다.

하나님의 평화 계획이 인간의 평화 계획을 대체하여 예루살렘에 평화가 임하길 기도해 주기 바란다.

# Stone 2
# 아랍의 구원

아랍 사람은 그들이 용납되고 사랑받으면, 내가 만나본 사람들 중 가장 친근하고 손님 접대를 잘하는 사람들이다. 그들과 함께 살았던 13년의 세월은 즐거운 시간이었다. 그들이 예수님을 구세주와 메시아로 영접하고 사랑할 때, 지구에서 가장 큰 축복이 될 것이다. 하나님은 주님을 믿는 아랍인을 사용해서 수천만의 아랍인을 주님께 인도하실 것이다. 이것은 유대인의 질투심을 유발할 것이다. 우리는 마지막 때 유대인을 위한 것만큼이나 아랍인의 구원을 위해 기도해야 한다.

그 날에 애굽에서 앗수르로 통하는 대로가 있어 앗수르 사람은 애굽으로 가겠고 애굽 사람은 앗수르로 갈 것이며 애굽 사람이 앗수르 사람과 함께 경배하리라 그 날에 이스라엘이 애굽 및 앗수르와 더불어 셋이 세계 중에 복이 되리니 이는 만군의 여호와께서 복 주시며 이르시되 내 백성 애굽이여, 내 손으로 지은 앗수르여, 나의 기업 이스라엘이여, 복이 있을지어다 하실 것임이여 (사 19:23-25)

**이슬람의 짧은 역사 – 대체 신학**

예수님의 죽음과 부활 이후, 복음은 온 이스라엘과 중동과 이집트를 거쳐 북아프리카와 앗시리아로 전해졌다. 사도 마가에 의해 전해진 기독교 신앙은 이슬람 정복 전에 이집트와 북아프리카 사람들 다수의 신앙으로 자리 잡았다. 사도 바울 또한 그 당시 앗시리아(오늘날의 소아시아,

요르단, 터키, 시리아, 이라크 그리고 아라비안 반도)에 교회를 세웠다.

7세기에 지금의 사우디아라비아 지역에 모하메드라는 젊은 아랍인이 있었는데, 그는 자신이 믿는 것을 진정한 종교의 계시로 받아 이슬람교를 세웠다. 성장 과정 중 모하메드는 부패한 기독교와 유대교를 포함한 다양한 종교의식을 경험했다. 결과적으로 그의 지식은 잘못되었고, 부정확한 가르침에 근거한 것이었다.

그는 처음에는 추종자들에게 예루살렘을 향해 기도할 것을 가르쳤다. 그러나 유대인이 자신의 종교를 수용하지 않자 추종자들에게 메카를 향해 기도하라고 가르쳤다. 예루살렘의 성전산에 있는 황금돔 둘레에는 다음과 같은 문구가 새겨져 있다. "오직 하나의 신만 있다. 그의 이름은 알라이다. 그에게는 아들이 없다."

모하메드는 하나님이 이삭이 아니라 이스마엘을 선택했고, 그와 언약을 맺었다고 가르쳤다. 그리고 아브라함이 모리아산에서 제물로 드리려 했던 아들도 이스마엘이라고 주장했다. 이것은 이슬람을 기독교 신앙 그리고 유대주의와 구분하게 하는 주된 내용이다. 이슬람은 궁극적으로 대체 신학이다. 이슬람의 가르침은 성경을 대체한 코란을 바탕으로 한다. 메카는 예루살렘을 대체하고, 무슬림과 아랍인의 나라들은 이스라엘을 대체한다. 오마르 모스크와 황금돔은 예수님이 죽으신 곳에 있는 성전을 대체하고, 모스크는 예수님이 승천하신 장소를 대체한다. 그들의 주장에 따르면, 예수님을 포함해서 모든 유대 선지자는 처음부터 무슬림 선지자들로 대체되었다고 한다. 그리고 모하메드는 가장 위대한 선지자로서 예수님을 대체한다.

이 새로운 대체 종교는 중동 전 지역으로 급속히 퍼져 나갔다. 예루살렘을 정복하고, 모로코에서 이라크와 터키 경계에 이르는 전 지역을 뒤덮었다. 이슬람은 결국 아시아를 건너 인도네시아에 이르는 각지로 퍼져 나갔고, 지금은 전 세계에 10억의 신도가 있다고 주장한다.

이슬람은 시작부터 중동에 하나의 국가를 건설하는 개념을 유지해 왔다. 이슬람 역사 초기에 이슬람 국가는 사우디아라비아와 시리아의 지배를 받았다. 그러고 나서 지금의 이라크로 불리는 지역의 지배를 500년간 받았다. 400년 동안 아랍 국가들은 오스만 제국과 터키의 지배를 받았다. 1991년 걸프 전쟁이 진행되는 동안, 사담 후세인의 목표는 아랍 국가들을 자신의 지배 하에 두는 것이었다. 과거에 유대인이 아랍의 지배를 잘 견뎌왔음에도 불구하고, 통합된 아랍 국가를 이루고자 하는 신념은 유대인이 자신들의 땅이라고 믿는 곳에서 살 수 있는 여지를 남겨 두지 않았다. 그러나 이사야 19장 23-25절에서 언급하듯이, 이스라엘의 재탄생(1948년에 이뤄진)과 유대와 아랍의 궁극적인 화해가 없으면 중동은 평화를 얻을 수 없다. 1930년대 요르단의 아랍계 기독교 선지자가 이스라엘의 재탄생을 예언했지만, 이에 동의하지 않는 서구의 대체 신학적 선교사들에 의해 묻혀 버리고 말았다.

중동 지역에 전략적으로 중요한 아홉 개의 도시가 십자가의 형태로 존재한다는 사실은 매우 흥미롭다. 골로새서 2장 15절은 이렇게 말한다. "통치자들과 권력들을 십자가로 이기셨다."

예수님께서는 중동 중심부인 예루살렘에서 죽으심으로 이사야 19장의 예언을 이루셨다. 이슬람교와 유대교는 기초까지 흔들리게 될 것이다. 그리고 예수님이 그들의 메시아임을 알게 될 것이다. 아홉 개의 전략적 도시 중 앙카라(터키), 베이루트(레바논), 다마스쿠스(시리아), 암만

(요르단), 메디나와 메카(사우디아라비아)는 십자가의 세로선을 그린다. 그리고 카이로(이집트), 예루살렘(이스라엘), 바그다드(이라크)는 십자가의 가로선을 그린다(부록 287쪽 지도 참고).

예수 그리스도의 복음이 이슬람교와 유대교의 적그리스도적 교리를 이길 것은 분명하다. 우리가 기도하며 담대히 주의 복음을 선포하기 때문에, 유대인과 아랍인은 그들을 묶는 저주에서 구원될 것이며 그들 모두 복의 근원이 될 것이다. 왜냐하면 예루살렘의 평화는 하나님의 질서와 목적에 맞게 세상이 화해하고 회복하는 것을 의미하기 때문이다. 이러한 쟁점은 유대인과 아랍인, 그리고 과거와 현재를 살아가는 사람들의 마음 깊은 곳에서 기인된다. 평화의 왕이신 하나님은 그분의 희생제물을 통해 개인과 큰 무리 사이의 골짜기에 다리를 놓으실 것이다. 그 골짜기는 오늘날 무슬림과 유대인을 나누는 것이다.

우리는 예루살렘의 평화를 위해 중보하면서 우리의 전쟁이 예루살렘을 관할하는 유대교인에 대한 것이 아님을 알아야 한다. 또한 성전산을 관할하는 무슬림을 향한 것도 아니다. 우리의 전쟁은 혈과 육에 관한 것이 아니라, 유대인과 아랍인을 묶는 적그리스도의 영에 대한 것이다. 이것이 궁극적인 전쟁이다.

하나님 나라의 길을 예비하는 기본 요소 중 하나는, 유대인과 아랍인이 메시아 안에서 화해하는 것이다. 하나님은 메시아에 대해 눈이 가리워 이슬람의 적그리스도 영에 눌려 있는 이들, 이스라엘 전역과 예루살렘의 눌려 있는 유대인을 자유롭게 하길 원하신다.

내가 다윗의 집과 예루살렘 주민에게 은총과 간구하는 심령을 부어 주리니 그들

> 이 그 찌른 바 그를 바라보고 그를 위하여 애통하기를 독자를 위하여 애통하듯 하며 그를 위하여 통곡하기를 장자를 위하여 통곡하듯 하리로다 (슥 12:10)

여기 하나님의 약속이 있다. 하나님께서는 다윗의 집과 예루살렘 주민에게 그분의 영을 부어 주겠다고 하셨다. 1967년부터 열방과 이스라엘의 유대인 중 수천 명이 주님을 영접했다. 그런데 주님은 왜 '예루살렘 주민'을 덧붙이셨을까? 이것은 예루살렘과 열방에 있는 아랍인 때문이다. 하나님은 다윗의 집(유대인)에 생수의 근원을 열어 놓으셨다. 그리고 아랍인과 모든 예루살렘 주민에게도 열어 놓으셨다.

### 이집트와 이스라엘

5장에서 보았듯이, 에덴동산이 이집트(비손 강)와 남쪽의 에티오피아와 수단(기혼 강)으로부터 퍼져나가 오늘날의 이란, 이라크에 있는 티그리스와 유프라테스가 만나는 곳에 이른다고 믿는 이유가 있다.

또한 우리는 최초의 두 민족이 이집트와 앗시리아에 있었다는 것을 안다. 역사상 하나님의 백성을 향한 그분의 계획은 나일 강부터 유프라테스에 이르는 지역 전체에 있었다.

에덴동산에서 언급되는 최초의 두 강은 이집트에 위치하는 것으로 보인다. 그 땅에 기근이 임해서 아브라함이 애굽으로 갔으며, 후에 야곱과 그의 자손들도 그곳으로 갔다. 요셉은 애굽에서 존경받는 인물이 되어 바로 왕 다음으로 힘과 권위를 가진 사람이 되었다. 이스라엘의 자녀들은 애굽에 400년 동안 있었다. 아브라함은 그곳에서 하갈을 만났다. 그리고 하갈은 이스마엘을 낳았다. 모세는 이스라엘 백성을 출애굽 시켰다. 하나님은 애굽에 있는 시내산에서 율법을 주시기로 결정하셨다. 시내 산은 먼 옛날 이집트와 이스라엘 사이를 연결해 주는 주요 통로가 되었다.

우리의 사역 가운데 하나님의 주요한 움직임의 시작점에서, 우리는 1985년에 기도팀을 시내산으로 보냈다(6장에 소개된 이 여행의 결과에 대한 세부사항을 참조하라). 이집트는 하나님의 목적 안에서 매우 의미 있는 곳이다.

하나님의 임재가 에덴동산에 있었다. 아담이 쫓겨났을 때, 그가 물리적 장소에서 쫓겨났다기보다 하나님의 임재에서 쫓겨났을 것이다. 내가 믿기로 본래 에덴동산은 하늘과 땅이 하나인 것처럼 있었을 것이다. 아담 위에 열린 하늘이 있었다. 그러나 아담에게서 하나님의 임재가 떠났을 때, 그의 위에서 하늘이 닫혔다.

아브라함이 앗시리아에서 이스라엘을 통해 이집트로 걸어갔을 때, 그리고 다시 이스라엘로 돌아올 때, 그는 이 장소들 사이에 새로운 통로도 만들지 않고, 단지 옛 제단을 재건했을 가능성이 있다. 그는 최초 에덴동산에 존재했던 기초를 교체하지 않고, 에덴동산에 세워졌던 것을 건축했거나 재건했을 것이다. 결국 하나님께서 이집트와 이스라엘과 앗시리아를 연결하는 강한 통로를 세우실 것이다. 우리는 아브라함이 이 세 곳을 연결하는 비전을 가지고 있었다고 말할 수 있는데, 그가 이 땅들을 걸어갔다.

다음은 선지자 이사야의 기록이다.

의를 따르며 여호와를 찾아 구하는 너희는 내게 들을지어다 너희를 떠낸 반석과 너희를 파낸 우묵한 구덩이를 생각하여 보라 너희의 조상 아브라함과 너희를 낳은 사라를 생각하여 보라 아브라함이 혼자 있을 때에 내가 그를 부르고 그에게 복을 주어 창성하게 하였느니라 나 여호와가 시온의 모든 황폐한 곳들을 위로하여 그 사막을 에덴 같게, 그 광야를 여호와의 동산 같게 하였나니 그 가운데에 기뻐함과 즐거워함과 감사함과 창화하는 소리가 있으리라 (사 51:1-3)

이사야는 "너희의 조상 아브라함과 너희를 낳은 사라를 생각하여 보라 아브라함이 혼자 있을 때에 내가 그를 부르고 그에게 복을 주어 창성하게 하였느니라"고 말했다. 우리는 사라가 이삭을 낳은 것을 알고 있다. 이삭은 후에 이스라엘이 된 야곱을 포함해 많은 자손을 낳았다. "그에게 복을 주어 창성하게 하였느니라."

아브라함은 이스마엘을 통해서도 많은 자손을 얻었다. 이사야 선지자는 "시온을 위로한다"는 재미있는 말을 했는데 이 구절은 이스라엘과 상관있는 것으로 보인다. 그러나 하나님은 '사막'이나 '황폐한 땅'을 주목할 만하게 언급하지 않으신다. 많은 장소를 말씀하시지만, 우리가 지금 알고 있는 네게브(이스라엘 남부 사막지대)를 지칭하는 것에 국한되지 않는다. 우리는 문맥에서 하나님이 이스라엘에 국한해서 보시지 않는다는 것을 상상할 수 있다. 그럼에도 불구하고 사막을 에덴처럼, 황폐한 땅을 주님의 동산처럼 만드실 것이다. 이것은 모든 만물의 회복과 연결된다. 이스라엘과 중동은 거룩한 도성, 새 예루살렘이 하늘에서 내려올 때, '에덴동산처럼' 회복될 것이다.

### 앗시리아와 이스라엘

앗시리아는 성경적·역사적으로 의미 있는 곳이다. 우리는 노아의 방주가 옛 앗시리아 왕국의 한 지역, 현재 터키에 있는 아라랏 산에 머문 것을 알고 있다. 아브라함은 아라랏 산에서 몇 킬로미터 떨어진 앗시리아 하란 땅에서 나왔다. 족장들이 앗시리아와 이집트를 잇는 통로에서 살았다는 것은 흥미로운 사실이다. 아브라함은 이집트로 내려갔다가 오늘날 아랍과 유대인의 맹렬한 싸움이 있는 헤브론으로 돌아와 살았다.

이집트와 앗시리아를 잇는 길 주변의 주요 도시에는 아랍인들이 공동체를 이루었고, 유대인들도 마찬가지로 자신들의 공동체를 이루고 있었다. 유대인과 아랍인은 섞여 살지는 않았다. 벧엘과 라말라, 세겜과 나블루스, 그리고 기럇 아르바와 헤브론에는 그들 각각의 구역이 존재한다. 통상 일컫는 '동예루살렘'과 '서예루살렘'은 무슬림과 유대인의 주거 지역을 구분하는 말이다. 양자는 각 그룹이 고대 도시들 전부 혹은 일부에 대한 배타적 권리를 갖고 있다고 주장한다. 대부분의 테러 행위와 인티파다는 이 연결로를 따라 발생한다. 유대인은 자신의 방법이 옳다고 주장하며, 무슬림 역시 자신들의 방법이 옳다고 주장한다.

이 연결 통로를 깊이 들여다보면, 나라들 간의 관계에 대해 잘 알 수 있다. 족장들이 결혼을 할 때, 북쪽의 앗시리아로 올라가서 선택한 부인을 데리고 내려왔다. 이러한 관습은 이 연결통로를 따라 지속되었다. 출애굽도 이 길을 따라 진행되어 이스라엘이 탄생했다. 바벨론으로의 이주와 이스라엘로의 회귀도 이 길을 따라 이뤄졌다. 최근 러시아에서의 대이동의 절정은 이 길의 다른 방향인 앗시리아로부터 이스라엘로 이뤄졌다. 최초의 기독교회가 세워진 곳은 안디옥인데, 이곳은 앗시리아에 속한 지역이었다. 우리는 이전과 앞일을 통틀어 가장 많은 수의 유대인이 이스라엘로 돌아온 것이 이집트와 앗시리아에서 예루살렘으로 돌아온 것이라고 말할 수 있다. 이 연결통로는 화해와 구원의 대로가 될 것이다.

> 그의 남아 있는 백성 곧 앗수르에서 남은 자들을 위하여 큰 길이 있게 하시되 이스라엘이 애굽 땅에서 나오던 날과 같게 하시리라 (사 11:16)

아기 예수를 경배하러 왔던 박사들은 앗시리아에서 왔다. 몇몇 학자는 별을 보고 따라온 동박의 세 박사가 메데인, 즉 지금의 쿠르드인이라고 생각한다. 북쪽 이라크에는 다수의 쿠르드인이 살고 있다. 사담 후세인은 1990년대에 쿠르드인을 멸종하려고 전쟁을 일으켰는데, 당시 공포에 직면한 쿠르드인 다수가 이슬람을 떠나 주님께 돌아왔다. 그들은 집에 예수님의 그림을 걸어 놓았다. 일부는 여전히 주님을 믿지 않지만, 저항의 의미로 그림을 걸어 놓기도 한다. 하나님이 주의 영을 부으시고 쿠르드인을 하나님께로 이끄시는 것처럼, 예수님을 보기 위해 찾아 왔던 동방의 박사들이 주님을 발견했다. 마태복음 2장 1절을 통해 우리는 박사들이 동쪽에서 온 것을 알 수 있다. 13절에서 예수님은 이집트로 탈출하셨는데, 다음의 예언을 이루기 위해 대로의 다른 방향으로 이동하셨던 것이다. "애굽으로부터 내 아들을 불렀다"(마 2:15, 호 11:1).

앗시리아의 한 부분이었던 요르단도 중요한 의미를 갖는 지역이다. 이스라엘 백성이 출애굽한 후 두 지파 반이 거주했던 지역이기 때문이다. 이곳은 나오미와 함께한 룻이 살던 곳이기도 하다. AD 70년 예루살렘이 멸망할 때 탈출했던 유대인과 유대교 신자 다수가 요르단 펠라에 정착했다. 요르단은 하나님의 백성을 보호하는 장소가 되고(단 11:41-12:13, 계 11:2, 12:12), 유대인과 아랍인 모두에게 피할 곳이 될 것이다(사 16:1-5).

하나님은 그분의 평화 계획의 오랜 기초를 회복하기 시작하셨다. 이 계획은 이 대로의 양방향, 즉 이집트와 앗시리아에서 유대 백성이 돌아오는 것, 그리고 전 세계 곳곳에서 예루살렘 보좌 위에 앉은 왕과 함께 유대인이 돌아오는 것을 포함한다. 또한 이스라엘 안의 유대인과 아랍인이 살아 계신 하나님의 이름으로 화해하는 것을 포함한다. 그들은 함께 하나님을 예배할 것이다. 이 지역을 향한 하나님의 궁극적인 구원의 뜻은 천천히 이뤄지고 있다. 하나님의 본래 뜻은 타락 이전의 에덴동산에 나타나 있다. 혼란 한가운데 있는 중동이 평화를 얻을 수 있는 유일한 길은 평화의 왕이신 예수님의 계시를 통해서만 가능하다. 우리가 하나님의 말씀 앞에서 세상과 타협하거나 사람의 계획을 따른다면, 평화는 오지 않을 것이다. 우리가 알리야가 이 계획의 일부라는 사실을 부인한다면, 평화는 오지 않을 것이다. 유대인이 정치적 해결을 위해 하나님의 실재를 부인한다면, 하나님의 평화 계획은 성취되지 않을 것이다. 하나님의 마지막 때를 향한 전략적 뜻이 유대인과 아랍인, 이방인을 위해 오신 메시아 안에서 하나 되게 하는 것임을 깨달을 때, 평화가 이뤄질 수 있다.

우리가 하나님의 뜻에 동참하기를 원한다면 타협할 수 없다. 우리는 평화의 왕과 함께 하나님의 화목하게 하시는 뜻 위에 서야 한다. 뿐만 아니라 하나님이 말씀으로 정하신 경계 안에서 알리야와 함께 서야 한다. 하나님의 말씀은 헛되이 떨어지지 않으며, 의도하신 바를 반드시 성취하신다.

결국, 하나님은 그분의 방법으로 이루실 것이다. 오늘날 많은 것이 흔들리고 타협에 대한 심판이 행해지고 있다. 우리는 하나님이 이스라엘을 보고 계시다는 사실을 안다. 하나님 나라가 하늘에서 이뤄진 것처럼 중동과 지구상에 이뤄지는 것을 고대하신다. 우리의 본성으로는 전통적인 장벽과 증오와 구분이 무너질 수 없을 것처럼 보인다. 하지만 하나님 나라에서는 그 어떤 오래된 경계와 장벽도 무너질 것이다. 우리 안에 계신 성령님으로 인해 우리는 하나님 나라의 일부를 이미 가지고 있다. 이것은 우리가 받을 유산의 계약금과 같다.

하나님 나라에 대한 메시지는 구약과 신약의 말씀을 통해 이뤄지고 있다. 이것은 항상 하나님의 마음 중심에 있었다. 유대인은 쉐마를 낭독할 때마다 하나님의 유일성을 선포한다. "이스라엘아 들으라 우리 하나님 여호와는 오직 유일한 여호와이시니"(신 6:4). 아랍인도 유일한 신에 대해 선포하는 것은 마찬가지다. 그러나 진정한 하나님은 한 분이시며, 죽임 당한 어린 양의 보혈만이 인간의 모든 문제를 해결하고 화목하게 할 수 있다.

이사야 9장은 하나님의 평화 계획의 시작에 관해 개괄하고 있다. 이 땅에 오신 '아들'에 대하여 "기묘자라, 모사라, 전능하신 하나님이라, 영존하시는 아버지라, 평강의 왕이라"고 설명한다. 예슈아는 우리에게 이런 기도를 가르치셨다. "하늘에 계신 우리 아버지여, 뜻이 하늘에서 이루어진 것 같이 땅에서도 이루어지이다."

스가랴는 이 기도에 대한 응답을 다음과 같이 예언했다.

여호와께서 천하의 왕이 되시리니 그 날에는 여호와께서 홀로 한 분이실 것이요 그의 이름이 홀로 하나이실 것이라 (슥 14:9)

예수님은 사역하시는 동안 하나님 나라에 관해 100번도 넘게 말씀하셨다. 예수님이 예루살렘에 왕으로 통치하러 다시 오실 때, 이 기도가 이루어질 것이다. 흔들릴 수 있는 모든 것이 흔들릴 것이며, 우리 안에 있는 하나님 나라에 관한 것들은 무엇이든지 남아 있게 될 것이다. 각 개인들이 흔들릴 뿐 아니라, 교회와 이스라엘의 기초들이 흔들릴 것이다. 하나님 나라의 통치 아래 있지 않은 모든 것을 새롭게 하기 위해서는 십자가가 필요하다. 결코 흔들릴 수 없는 하나님 나라는 영원할 것이다.

평화의 왕이며 예루살렘의 왕이신 메시아 예수님이 다윗의 보좌를 취하기 위해 예루살렘 성전산에 속히 임하시기를 간구하자. 주님이 오셔서 다윗의 장막의 충만함을 비롯한 모든 것을 회복하시고, 아랍과 유대, 열방의 남은 자들을 회복하시기를 기도하자.

## Stone 3
### 유대인의 귀환

하나님의 마음 한가운데에는 언제나 유대인이 이스라엘로 귀환하는 그림이 있었다. 하나님은 아브라함의 자손이 그들에게 주신 땅을 차지하게 될 것을 약속하셨다. 성경은 700개가 넘는 구절에서 이스라엘의 귀환을 언급하고 있다. 이것에 관해서는 나의 첫 번째 책,《내 백성을 가게 하라!》(*Let My People Go!*)에서 설명했다. 하나님의 뜻이 이루어지기 위해, 그리고 예루살렘의 궁극적인 평화를 위해 하나님의 백성이 중동으로 귀환하는 것은 필수 조건이다. 하지만 인본주의적 관점에서 이것을 볼 때는 그 땅에서 일어나는 갈등 때문에 상상하기조차 어려운 일이 되고 만다. 인본주의자들은 유대인이 이스라엘로 유입되면 오히려 평화에 역효과가 날 것이라고 주장한다. 무슬림과의 문제를 유발할 것이라고 생각하는 것이다. 그러나 물리적 이스라엘의 땅과 유대인은 하나님의 뜻을 이루기 위해 매우 중요한 부분이다.

안타깝게도 유대인의 귀환이 성경적인 사실임에도 불구하고, 이들의 귀환은 아랍인에게 커다란 골칫거리다. 실제로 더 많은 유대인이 돌아올수록 우리는 더 많이 기뻐해야 한다. 그들의 귀환이 화해를 위한 하나님의 계획 실현의 증거이기 때문이다. 이스라엘은 이 땅에 살기 원하는 세계의 모든 유대인과 여기에 살기 원하는 아랍계 팔레스타인인이 살기에 필요한 땅을 충분히 갖고 있다. 홍콩에는 600만 명의 인구가 살고 있는데, 이스라엘은 홍콩에 비해 20배 이상 넓다. 아랍계 팔레스타인인과 알리야를 위한 정의는 모순되지 않는다. 하지만 이 정의는 화해와 회복에 관한 하나님의 뜻과 상보적이어야 한다. 우리는 알리야를 하나님의 시각으로 봐야 한다. 하나님의 생각은 우리 생각보다 높기 때문이다.

역사적으로 인본주의적인 염려는 비참한 결과들을 가져왔다. 이스라엘 땅이 영국의 지배를 받고 있을 때, 아랍 국가들은 동유럽에서 유대인이 돌아오는 것을 반대했다. 유대인 인구가 증가하면 이 땅에 대한 자신들의 통제력이 위협받는다고 생각했기 때문이다. 아랍 국가들은 한 목소리를 냄으로써 팔레스타인으로의 이민을 제한해 달라고 영국에 영향력을 끼쳤다. 영국은 압력에 못 이겨 그들의 정치적·경제적 배경에서 그 결정을 정당화했다. 팔레스타인에 들어가기를 원했던 사람들 대부분은 동유럽의 강제 수용소에서 나온 난민들이었다. 영국이 내 놓은 해결책은 게토와 강제 수용소에서 온 유대인을 사이프러스 섬의 철조망을 두른 수용소에 가둬 두고 기다리는 것이었다.

이스라엘이 공식적인 독립국가가 되기 전까지 유대인은 이런 상황을 거부했고, 밤에 몰래 동족들을 이스라엘로 밀입국시켰다. 오늘날에도 아랍인 중 일부는 유대인의 입국이 정치적 평화 협의에 위협을 가한다고 지속적으로 주장하고 있다. 유대인의 이스라엘 귀환이 화해를 위한 하나님의 계획인데도 말이다. 지금 같은 마지막 때에 하나님은 세계 곳곳에서 유대인을 이스라엘로 부르고 계신다.

> 그 날에 주께서 다시 그의 손을 펴사 그의 남은 백성을 앗수르와 애굽과 바드로스와 구스와 엘람과 시날과 하맛과 바다 섬들(미국)에서 돌아오게 하실 것이라 여호와께서 열방을 향하여 기치를 세우시고 이스라엘의 쫓긴 자들을 모으시며 땅 사방에서 유다의 흩어진 자들을 모으시리니 에브라임의 질투는 없어지고 유다를 괴롭게 하던 자들은 끊어지며 에브라임은 유다를 질투하지 아니하며 유다는 에브라임을 괴롭게 하지 아니할 것이요 그들이 서쪽으로 블레셋 사람들의 어깨에 날아 앉고 함께 동방 백성을 노략하며 에돔과 모압에 손을 대며 암몬 자손을 자기에게 복종시키리라 여호와께서 애굽 해만을 말리시고 그의 손을 유브라데 하수 위에 흔들어 뜨거운 바람을 일으켜 그 하수를 쳐 일곱 갈래로 나누어 신을 신고 건너가게 하실 것이라 그의 남아 있는 백성 곧 앗수르에서 남은 자들을 위하여 큰 길이 있게 하시되 이스라엘이 애굽 땅에서 나오던 날과 같게 하시리라 (사 11:11-16)

여호와의 말씀이니라 그러나 보라 날이 이르리니 다시는 이스라엘 자손을 애굽 땅에서 인도하여 내신 여호와께서 살아 계심을 두고 맹세하지 아니하고 이스라엘 자손을 북방 땅과 그 쫓겨났던 모든 나라에서 인도하여 내신 여호와께서 살아 계심을 두고 맹세하리라 내가 그들을 그들의 조상들에게 준 그들의 땅으로 인도하여 들이리라 (렘 16:14-15)

유월절 기간에 유대인은 출애굽을 기념한다. 예레미야 16장의 북방 땅으로부터의 대이동은 모세가 이끌었던 출애굽에 비해 훨씬 거대할 것이다. 얼마나 거대한지, 심지어 유대인이 하나님에 관해 언급하는 방법까지 바꿀 정도다. 더 이상 애굽 땅에서 인도하신 하나님이라고 말하지 않으리라는 것이다. 대신 북방 땅과 쫓겨났던 모든 나라에서 인도해 내신 하나님이라고 말하게 될 것이다. 우리는 홍해에서 300만 명의 유대인을 건너게 하신 하나님의 능력보다 더 크신 능력을 상상하기가 어렵다.

에스겔서에는 하나님이 어떻게 그분의 백성을 열방에서 이스라엘로 모으실 것인지에 대해 기록되어 있다. 하나님은 그 땅에서 뼈와 뼈, 살과 살을 연결하리라고 말씀하셨다. 그리고 뼈 위에 살을 붙이고, 성령으로 생기를 불어 넣으리라고 하셨다. 그들은 엄청난 군대가 되어 일어날 것이다. 지금은 세계에서 적은 수의 유대인이 주님께 돌아오고 있지만, 미래에는 수많은 유대인이 돌아올 것이다. 그러나 다수는 마른 뼈와 같이 영적으로 죽은 채로, 즉 성령으로 거듭나지 못한 채로 돌아올 것이다. 러시아에서 돌아온 98퍼센트의 유대인은 하나님에 대한 믿음이 거의 없거나 아예 없었다. 있더라도 유대교적 신앙에 기초했을 뿐이다. 주님은 유대인이 "찬송하리로다 주의 이름으로 오시는 이여"(마 23:39)라고 고백하기 전에는 결코 예수님을 다시 볼 수 없을 것이라고 말씀하셨다. 이 말씀은 영적 거듭남에 관한 것으로, 유대인들이 메시아를 알게 되는 것에 대해 언급한 것이다.

이러한 예언들이 특별한 방법으로 성취될 것이라는 사실은 명확하다. 마지막에 일어날 대이동은 첫 번째 대이동에서 보지 못한 방법을 실현할 것이다. 첫째, 이스라엘로 귀환한 유대인은 그들의 메시아를 얻게 될 것이다. 둘째, 그렇게 될 때 하늘의 구름은 메시아를 가릴 수 없을 것이다. 아버지는 천국에서 메시아를 보내실 것이며, 메시아는 감람산에 발을 딛고 예루살렘의 보좌를 차지하실 것이다.

## 흔들릴 수 있는 모든 것을 흔드신다

평화의 왕, 하나님의 마지막 때를 향한 뜻에 관해 가장 많은 예언을 담고 있는 곳은 이사야서다. 이사야 2장에서 선지자는 예루살렘에 주님의 성전이 서 있는 산이 모든 산 가운데 으뜸이 될 것이며, 모든 언덕보다 높이 솟아 모든 민족이 물밀듯 모여들 것이라고 했다. 9장에서는 평화의 왕에 관해 말하고 있다. 그리고 11장에서는 세계 각지에서 유대인이 이스라엘로 모여드는 것을 볼 수 있다. 9-19장에서는 중동에서 일어날 전쟁과 심판, 요동에 관한 내용을 확인할 수 있다. 14장은 아랍 국가들 가운데 일어나는 요동에 관해 강조하고 있는데, 여기서도 유대인이 이스라엘로 돌아오는 것을 그리고 있다.

여호와께서 야곱을 긍휼히 여기시며 이스라엘을 다시 택하여 그들의 땅에 두시

리니 … 민족들이 그들을 데리고 그들의 본토에 돌아오리니 (사 14:1-2)

11-19장에 예언된 흔들림은 아직 실현되지 않았지만, 걸프전쟁은 일어나리라고 예상할 수 있는 첫 번째 결과라고 할 수 있다. 우리는 여러 가지 일이 일어날 것을 예상할 수 있다. 이러한 요동은 유대인이 이스라엘로 돌아오기 시작하면서 일어날 것이다. 이사야 11장 10-11절은 유대인이 본국으로 귀환하기 위해 떠나게 되는 아랍 국가들을 열거하고 있다. 다른 중동 국가에 살고 있던 유대인은 1990년대 후반까지 대부분 이스라엘로 돌아왔다. 이란에 있는 사람들처럼 미처 귀환하지 못한 유대인은 그들의 믿음 때문에 엄청난 핍박을 받고 있다.

하나님은 흔들릴 수 있는 모든 것을 흔드시겠다고 약속하셨다. 이것이 가혹해 보일 수 있지만, 하나님의 결심이 중요한 세 가지 이유가 있다. 첫 번째는 메시아의 신부를 준비시키기 위한 요동이다. 당신의 삶에 어떤 흔들림이 필요한가? 어떤 죄와 나쁜 습관, 뿌리 깊은 나쁜 태도를 여전히 갖고 있는가? 우리 안에 거룩하지 않은 것들이 떨쳐질 때까지 하나님은 우리를 흔드실 것이다. 그리고 하나님 나라만이 우리 안에 남게 될 것이다.

두 번째 이유는 불신자들의 구원을 위해서다. 고난의 시기를 통해 하나님은 불신자들을 흔들어 하나님 나라로 들어오게 하신다. 사람은 평온할 때는 도움의 필요를 인정하지 않는다. 극도의 고난 가운데 하나님께 돌아오는 것이 더 쉽다. 하나님은 사람들이 더 갈망하기를 원하신다. 우리 안에 있는 세상의 것을 흔들어 떨어내고 하나님 나라로 들어가게 하시는 것이 하나님의 자비다.

7장과 관련하여 세 번째 이유를 가장 중요하게 보는 것은 그들이 오랫동안 편안히 살던 나라를 뒤로 하고 이스라엘로 돌아오게 하기 위해서다. 700구절이 넘는 성경 말씀이 틀렸을 리 없다. 하나님은 그분의 백성을 돌이키실 것이다.

내가 내 백성 이스라엘이 사로잡힌 것을 돌이키리니 그들이 황폐한 성읍을 건축하여 거주하며 포도원들을 가꾸고 그 포도주를 마시며 과원들을 만들고 그 열매를 먹으리라 내가 그들을 그들의 땅에 심으리니 그들이 내가 준 땅에서 다시 뽑히지 아니하리라 (암 9:14-15)

우리는 이스라엘을 향한 마지막 출애굽(대이동과 귀환)의 시대에 살고 있다. 유대인은 다시는 쫓겨나지 않을 것이다. 이스라엘이 아닌 다른 나라로 들어가는 사람들만 쫓김을 당할 것이고, 일부는 적그리스도가 등장하는 시기에 요르단으로 피신하게 될 것이다. 요르단도 약속된 땅의 일부이다(단 11:41).

### 동서남북에서 모으다

1986년 나는 '어부들'이라는 기도팀을 이끌고 모스크바에 갔다. 주님이 지시하신 첫 번째 일은 크렘린 궁 주위를 돌며 '여리고 행진'을 하라는 것이었다. 나는 두려웠다. 이렇게 하다가 시베리아에서 생을 마감할지도 모를 일이었다. 하지만 그리 어려운 일이 아니었다. 공산주의자들은 하나님의 존재를 믿지 않기 때문에 일단의 외국인들이 자신들의 통치본부를 향해 기도를 하건 말건 신경 쓰지 않았다. 적어도 우리가 러시아인을 동참시키기 전까지는 그랬다. 우리 중보팀은 크렘린 궁 주위를 행진하며 공산주의가 무너지고 예수 그리스도의 복음이 러시아를 관통하기를 영으로 기도했다. 그리고 세계의 수많은 동역자가 우리와 함께 기도하고 있었다.

1986년에는 고작 200여 명의 유대인만 러시아를 빠져 나왔다. 그러나 같은 해 우리가 여리고 행진을 한 대략 한 주 뒤에 공산주의자들은 1만 2천 명의 유대인들이 떠나는 것에 동의했다. 그다음 해에도 이러한 일이 일어났다. 나는 이 일을 행하신 하나님을 찬양한다.

10년 뒤, 1996년 크렘린 궁 주위를 다시 행진했던 때는 보수 공산주의자들이 옐친 대통령과 민주당 지지자들을 반대하는 중요한 선거 직전이었다. 모스크바에서 온 목사들과 성도들이 기도에 동참했다. 그리고 공산주의가 끝났다.

우리가 1986년부터 2000년까지 무려 15년에 걸쳐 크렘린 궁 주변에서 열 번의 여리고 행진을 진행했을 때, 하나님은 그 결과로 거의 100만 명의 유대인을 북쪽 땅에서 이스라엘로 해방시키셨다. 열 번째 행진은 2000년 4월, 유월절 기간에 시행되었다. 우리는 하나님께서 북쪽 땅에서 그분의 백성을 완전히 귀환시키고 서쪽에서의 첫 열매를 맺게 하실 것을 믿으며 이 일을 행했다.

하루는 기도 중에 주님께서 이스라엘로 돌아가는 기차와 비행기를 보여 주셨다. 기관차가 러시아에서 나와 이스라엘로 가고 있었다. 이 기차는 아우슈비츠로 향하지 않았고, 이스라엘에 있는 자유와 진정한 해방으로 가고 있었다. 이전에 아우슈비츠를 방문했을 때, 한 표지판을 읽었던 것이 기억났다. "역사의 교훈을 배우지 않는 사람은 계속 반복하는 비운을 맛본다."

불행히도 약 90퍼센트의 유대인이 잔인하게 학살되었다. 그들이 그 일이 일어나기 전에 떠나야 한다는 경고를 마음에 새기지 않았기 때문이다.

환상 속 기차와 비행기에는 세계 여러 나라에서 온 사람들이 있었다. 하나님은 그분의 사람들을 집으로 모으신다. 나는 하나님이 그들을 하나님께, 그리고 약속의 땅으로 인도할 진정한 목자와 같은 지도자들을 일으키길 원하신다고 믿는다.

1891년 히틀러가 어린 소년일 때, 독일 쾰른에서 베덴 헬머 박사는 하늘로부터 한 소리를 들었다. "내 백성이 죽지 않도록 그들을 구원하라." 이것은 유대인을 향한 진정한 예언적 경고였다. 1930-1940년대까지 유럽에서 수많은 유대인과 기독교 파수꾼의 예언적 목소리가 있었지만, 대부분의 지도자들이 그대로 있었고, 유대인이 떠나는 것을 좌절시켰다. 19세기 말부터 경고의 외침들이 계속 있었지만, 그들은 현실을 뒤엎는 것이 두려웠다. 개인적 차원에서 유대인의 신속한 귀환을 강조했던 사람들 중에는 야보친스키도 포함되어 있다. 그는 발등에 불이 떨어졌으니 유대인들이 속히 떠나야 한다고 외쳤다.

1990년대 중반, 시리아의 최고위 랍비는 알리야들을 이스라엘로 들어가게 했다. 나는 최근에 그를 만난 적이 있다. 그가 뉴욕을 떠나 다마스쿠스로 갔을 때, 사람들은 그가 거기 머무를 거라고 생각했다. 그러나 그는 다음과 같이 말했다. "아닙니다. 나는 이스라엘 내 집으로 가고 있습니다. 그리고 나는 전 세계의 시리아 사람들을 이스라엘로 부를 겁니다."

오늘날 시리아에 살고 있는 유대인은 거의 없으며 세계 곳곳에서 반유대주의가 일어나고 있는 상황이다. 우리는 하나님께서 랍비들을 사용하시기를 기도할 필요가 있다. 시리아의 랍비가 그랬던 것처럼 랍비들은 하나님의 백성을 이스라엘로 이끌게 될 것이다. 또한 홀로코스트 때 그랬듯이 그들이 거짓 목자가 되어 사람들을 파멸로 이끌지 않고, 하나님의 백성을 이스라엘 땅과 하나님께로 잘 이끄는 진정한 목자가 되기를 기도해야 한다.

예레미야서에서 하나님이 말씀하신 대이동은 러시아와 북방에 국한되지 않는다. 하나님은 그분의 백성을 "북방 땅"뿐만 아니라 "그 쫓겨났던 모든 나라에서 인도하여"(렘 16:15) 내시겠다고 덧붙이셨다. 게다가 이집트에서 돌아온 유대인처럼 아무도 뒤에 남겨지지 않을 것이다(겔 39:27-28). 미국과 프랑스와 영국의 모든 유대인이 돌아오는 일은 출애굽보다 더 큰 기적이 될 것이다. 주님이 소련을 흔드셨던 것처럼, 서방 국가들을 흔드실 것이다. 하나님은 다른 여러 나라를 흔드실 것이다. 이 과정에서 분명히 하나님의 주권을 나타내실 것이다.

공산주의가 무너질 때, 나는 유고슬라비아를 여행했다. 유고슬라비아는 현재 다섯 개의 나라로 갈라져 있다. 당시 주님은 우리가 유대인들에게 그 땅을 떠나라고 경고하기를 원하셨다. 우리는 최고 랍비와 많은 사람에게 이 사실을 말해 주고, 그들이 본국으로 돌아가도록 권면했다. 그러나 그들은 가려고 하지 않았다. 공산주의가 무너져 안전한 미래가 보장된다고 믿었기 때문이다. 그러나 두 달 후 폭력적 학대의 형태로 재앙이 닥쳤고, 수천 명이 살기 위해 피난을 했다.

우리는 세계 각지의 유대인들을 이스라엘로 돌려보내는 것에 대해 하나님의 심각하고 명백한 '독촉'을 확인해 왔다. 여전히 많은 나라에 유대인이 살고 있고, 그곳에는 혼란이 있다. 하나님이 나라들을 흔들기 시작하신 것이다. 한때는 하나님의 음성이 땅만 흔들었지만, 하나님은 다음과 같이 약속하셨다. "내가 또 한 번 땅만 아니라 하늘도 진동하리라"(히 12:26, 학 2:6).

하나님이 소련을 흔드신 것처럼, 서방 나라들을 흔드셔서 그분의 백성을 이스라엘로 돌려보내실 것이다.

주께서 내게 이르시되 가서 파수꾼을 세우고 그가 보는 것을 보고하게 하되 마병대가 쌍쌍이 오는 것과 나귀 떼와 낙타 떼를 보거든 귀 기울여 자세히 들으라 하셨더니 파수꾼이 사자 같이 부르짖기를 주여 내가 낮에 늘 망대에 서 있었고 밤이 새도록 파수하는 곳에 있었더니 보소서 마병대가 쌍쌍이 오나이다 하니 그가 대답하여 이르시되 함락되었도다 함락되었도다 바벨론이여 그들이 조각한 신상들이 다 부서져 땅에 떨어졌도다 하시도다 내가 짓밟은 너여, 내가 타작한 너여, 내가 이스라엘의 하나님 만군의 여호와께 들은 대로 너희에게 전하였노라 (사 21:6-10)

호세아 11장 10-11절에서는 주님이 이렇게 말씀하신다. "그들은 사자처럼 소리를 내시는 여호와를 따를 것이라 여호와께서 소리를 내시면 자손들이 서쪽에서부터 떨며 오되 그들은 애굽에서부터 새 같이, 앗수르에서부터 비둘기 같이 떨며 오리니 내가 그들을 그들의 집에 머물게 하리라 나 여호와의 말이니라."

이 말씀은 우리가 지속적으로 깨어 있는 파수꾼이 되기를 요구한다. 우리는 바벨론의 무너짐을 주목해야 한다. 나는 서구의 바벨론이 무너지려는 시대를 살고 있다고 믿는다. 하나님은 미국, 프랑스, 영국에 경제적인 고난을 주실 것이다. 어떤 나라에서는 이미 시작되었다. 아시아 시장이 붕괴되었을 때, 세계는 패닉 상태가 되었다. 물질주의, 부유와 풍요의 신들이 무너지자 사람들이 하나님을 신뢰하기 시작했다. 유대인을 붙잡고 있는 견고한 진들이 무너져야 한다. 그들은 메시아와 예루살렘에 시선을 돌리고, 서구로부터 대규모의 알리야를 촉발시켜야 한다. 이것은 분명 출애굽과 비교할 수 없는 거대한 대이동이 될 것이다.

1987년 초, 워싱턴 DC에 있는 기도의 집에서 기도하고 있을 때, 나는 미국을 향해 다가오는 심판에 관한 환상을 보았다. 폭탄이 터지고, 이슬람 테러리스트들이 미국을 향해 오고 있었다. 그들과 함께 공산주의자들도 다가오고 있었다. 이슬람 테러리스트들은 미국과 세계 도처에서 폭탄 테러를 일으키고 있다. 주님이 내게 말씀하신 것은, 이제 미국에 있는 유대인들이 이스라엘로 돌아갈 때가 되었다는 것이었다. 주님은 그들에게 경고하여 본국으로 돌아가도록 권면하라고 말씀하셨다.

미국은 600만 명이 넘는 유대인들에게 평안한 곳이다. 그러나 하나님은 이렇게 말씀하지 않으신다. "내가 마이애미와 로스앤젤레스, 뉴욕을 택했노라." 하나님은 파리도 택하지 않으셨다. 많은 유대인은 하나님이 뉴욕을 택하셨기를 바랄 것이다. 대다수의 유대인이 이스라엘보다는 뉴욕에 살고 있기 때문에 이런 추측을 하는 것은 어렵지 않다.

나는 처음에 유대인들이 영적·물리적으로 러시아에 속박되어 있다고 생각했다. 하지만 그들은 자유로운 마음으로 소련을 떠났다. 1987년 소련 여행 중에 나는 주님께 물었다. "왜 미국에 있는 유대인이 이스라엘로 더 많이 돌아가지 않는 것입니까?" 주님은 러시아에 있는 유대인보다 미국의 유대인이 더 많이 속박되어 있다고 말씀해 주셨다. 이것은 주님이 에베소서 6장 12절을 말씀해 주시기 전까지는 믿기 어려운 일이었다.

> 우리의 씨름은 혈과 육을 상대하는 것이 아니요 통치자들과 권세들과 이 어둠의 세상 주관자들과 하늘에 있는 악의 영들을 상대함이라

유대인과 관련해 이 말씀은 분명 진리였다. 거의 백만 명의 유대인들이 1989년 이후 소련을 떠나 이스라엘로 돌아왔다. 그러나 미국에서 돌아온 유대인은 손에 꼽을 정도다.

하나님이 남아프리카를 강력하게 흔드신 이유 중 하나는 유대인을 부르시기 위해서다. 몇 년 전 에티오피아에 심각한 기근이 발생했는데, 이때 많은 유대인이 이스라엘로 돌아왔다. 모로코와 시리아, 인도에서도 귀환하고 있다. 중국에 남아 있는 소수의 유대인도 돌아오게 될 것이다.

하나님은 자신의 말씀에 대해 매우 신실하시다. 몇 년 후에 나는 자신이 유대인이라는 사실을 뒤늦게 깨달은 미국인 몇 명을 만났다. 홀로코스트 때문에 그들의 부모는 이 사실을 자식들에게 감추고 있었다. 그럼에도 불구하고 하나님은 그들의 숨겨진 정체성을 드러내셨다. 하나님의 백성이 이스라엘 땅으로 돌아오는 것이 그분의 뜻이기 때문이다.

나는 주님이 서구에 사는 유대인을 드러내고 계심을 확신한다. 또한 주님은 동양에 있는 잃어버린 종족들을 드러내기 시작하실 것이다. 이슬람 속에 깊이 숨겨져 있는 사람들까지도 말이다. 어떤 사람들은 파키스탄과 인도, 아프가니스탄 무슬림 안에 열 개 종족이 숨겨져 있다고 믿

는다. 인도에서 어떤 무슬림을 만난 사람들의 얘기를 들었는데, 그들은 금요일 밤마다 촛불을 켜고 문간에 메주자(쉐마의 말씀을 넣어둔 작은 원통)를 놓아 두고 있었다고 한다. 인도에 있을 때, 우리는 뭄바이에 사는 베네이-이스라엘(이스라엘의 후손) 유대인들이 이스라엘로 돌아가게 되기를 기도했다. 그리고 열 개의 잃어버린 종족들이 예루살렘으로 돌아갈 수 있도록 대로의 비전과 꿈을 주시기를 기도했다.

**어부와 사냥꾼들**

이스라엘 자손을 북방 땅과 그 쫓겨 났던 모든 나라에서 인도하여 내신 여호와께서 살아 계심을 두고 맹세하리라 내가 그들을 그들의 조상들에게 준 그들의 땅으로 인도하여 들이리라 여호와의 말씀이니라 보라 내가 많은 어부를 불러다가 그들을 낚게 하며 그 후에 많은 포수를 불러다가 그들을 모든 산과 모든 언덕과 바위틈에서 사냥하게 하리니 (렘 16:15-16)

하나님은 모든 믿는 자를 어부로 부르셨다. 예수님은 제자들에게 "나를 따라오면 내가 너희를 사람 낚는 어부가 되게 하겠다"고 말씀하셨다. 수십, 수백만의 백성이 이 부르심을 따랐고, 이를 통해 복음이 전 세계로 퍼져 나갔다.

예레미야 선지자는 특히 마지막 시대에 유대인이 이스라엘로 돌아올 것을 예언했다(렘 16:14-16). 이 부분에서 예레미야는 어부들의 필요성을 역설했다. 예수님 안에서는 보통 사람도 어부가 될 수 있다. 예레미야는 추수 때에 책무를 다한 어부들이 부르심에 응답하지 않으려는 사람들을 사냥하는 사냥꾼이 될 것이라고 말한다. 60년 전 폴란드를 떠나라는 부르심에 응답하지 않았던 다수의 유대인이 겪은 일이 명백한 그 예다.

## 사냥꾼 식별하기

이슬람 근본주의는 이 시대에 하나님이 허락하신 진동의 한 형태다. 파리에서 열린 이슬람 근본주의에 관한 컨퍼런스에 따르면, 유럽의 무슬림에 의해 '새로운 자존심'(new assertiveness)이라는 사상이 펼쳐졌다. 무슬림의 요구는 그들의 자녀들을 위한 코란 학교 설립과 이민 제한 완화였다. 유럽에서 가장 많은 무슬림이 살고 있는 프랑스(500만 명 이상)는 무슬림의 요구를 받아들이지 않고 있다. 프랑스에 있는 이슬람 기구조차 국외 극단주의자들에 의한 조종을 두려워하고 있는데, 그들이 하루아침에 시한폭탄이 될 수 있다고 믿기 때문이다.

이슬람 근본주의는 미국에서도 급속도로 발전했다. 1995년 루이스 파라칸과 다른 이슬람 국가 지도자들이 워싱턴에서 백만인 행진을 조직했다. 많은 흑인 그리스도인은 행진에 참가하지 않으면 자신들의 인종을 배반하는 것 같은 느낌을 받았다. 행진이 끝난 후 파라칸은 미국 땅에 이슬람 국가를 세우겠다고 연설했다. 그리고 국가 창시 기금을 마련하기 위해 리비아의 오마르 카다피, 이라크의 사담 후세인, 이란의 지도자들을 방문했다.

한편, 미국에서 테러리즘은 점차 늘어갔다. 1999년 콜로라도의 리틀톤에서 신나치주의 영향을 받은 두 명의 학생이 히틀러의 생일에 13명의 학생을 살해했다. 이날은 이스라엘의 유월절이기도 했다. 세계 경제의 불안정이 심화될수록 유대인에게는 심각한 문제들이 야기된다. 역사적으로 볼 때, 유대인은 항상 경제 문제에 대해 비난받았다. 이제는 서구의 유대인이 호세아 11장의 부르심에 귀를 기울여야 할 때다.

### 어부들이 도울 수 있는 다섯 가지 방법

하나님 백성들의 귀환을 위해 어부들이 도울 수 있는 다섯 가지 명확한 단계가 있다. 이 단계들은 반드시 여호수아와 갈렙의 영을 가지고 행해야 한다. 다른 나라들보다 서구의 유대인들이 속히 알아야가 되지 않는 주요 원인은 열 명의 정탐꾼과 같이 많은 사람이 나쁜 보고를 내놓기 때문이다. 그들은 이스라엘을 재림의 때 하나님의 아들 예수 그리스도의 희생을 통해 하나님의 모든 선한 것들이 나타나게 될 땅, 젖과 꿀이 흐르는 좋은 땅으로 보지 않는다. 이스라엘을 방문한 사람들은 열 명의 정탐꾼과 같은 말을 한다. 그들은 문제를 극복할 능력이 있다는 사실을 알 것이다. 그러나 그들은 거인들을 보기로 선택했다. 많은 유대인이 열 명의 악한 보고에 귀를 기울이고 땅을 차지하려는 믿음을 갖지 않는다. 지금 필요한 것은 파수꾼, 예배자, 중보자와 어부들이다. 각국의 불신하는 유대인 세력을 쓰러뜨릴 여호수아와 갈렙의 영을 가진 이들이다. 이들은 도시의 열린 문을 부수고, 여호수아와 갈렙이 되어 그 땅에 들어가 땅을 차지하도록 도울 것이다.

**1. 기도** : 주님은 그분의 백성을 거룩한 산에 모으고, 주님의 기도의 집에서 그들을 기쁘게 하겠다고 말씀하신다. 주님은 열방을 위한 기도

의 집을 세우실 것이다(사 56:7). 그리고 이스라엘의 쫓겨난 자들을 모으신다고 선포하신다(사 56:8). 우리는 열방의 유대인이 이스라엘로 돌아오도록 기도해야 한다.

**2. 경고** : 어부로서 유대인에게 경고해야 한다. 내가 알리야에 관해 쓴 《내 백성을 가게 하라》는 현재 24개 언어로 번역되었다. 어떤 이들은 어부들에게 미끼가 필요하다고 믿으며 수만 명의 사람들이 유대인 이웃들에게 이 책을 선물해 주었다. 하나님은 어부들이 유대인에게 진리를 제시해 주기 원하신다. 유대인이 비교적 여건이 좋을 때 그들의 부를 가지고 고국으로 돌아오기를 원하신다.

**3. 재정적 지원** : 이사야 49장 22절은 하나님이 이방인을 부르실 것이며, 그들의 어깨 위에 유대인을 태우고 올 것이라고 예언한다. 1세기에 유대인은 세계 곳곳의 이방인에게 복음을 전해 주었다. 지금은 이방인이 유대인을 도와야 할 때이다.

**4. 재난이 닥치기 전에 돕기** : 과거에 유대인이 이스라엘로 돌아오게 된 것은 대부분 위기가 닥쳤기 때문이다. 지금 떠나려는 계획을 세우는 유대인이라면 자신의 재산을 유지하고 충분한 시간적 여유를 가지고 본국에 새로운 집을 마련할 수 있다. 이스라엘에서의 생활을 준비하고 이스라엘에 공헌하는 여지까지도 마련할 수 있다. 그러나 위기가 닥칠 때까지 기다리는 사람들은 황급히 피난할 수밖에 없다. 그들의 재산을 남겨 놓고 떠나게 된다. 유대인이 서구 세계를 떠나려면 반드시 재난이 닥

쳐야 한다는 고정관념을 버려야 한다. 우리는 믿음을 가지고 예배하고 중보하며, 위기 전에 유대인이 이스라엘로 돌아가는 돌파가 일어나도록 기도해야 한다.

**5. 위기의 때에 도울 수 있도록 준비하기** : 미리 움직이기를 원치 않는 세계 도처에 있는 수백만의 유대인을 위해, 교회는 위기와 재난의 때를 준비해야 한다. 지금도 암암리에 지원방법이 위기 시에 그들을 돕기 위해 준비하고 있다. 또한 미국과 각 나라에 유대인의 피난처를 준비하고 있는 사람들이 수백 명에 달하고 있다.

하나님의 자비 안에서 유대인들을 돕기 위해 어부들이 파송되고 있다. 누가 어부인가? 유대인이 이스라엘로 돌아가도록 돕는 모든 사람이 어부이다. 그들은 사람들에게 경고할 수 있고, 하나님의 계획을 가르칠 수 있다. 그리고 실제로 그들을 도울 수 있다. 아직 이 일에 개입되지 않았어도, 이 책을 읽는 사람들은 잠재적인 어부들이다. 하나님은 지금 하나님 나라 안에서 이때를 위해 사람들을 부르고 계신다.

시편 102편 16절은 주님이 시온을 세우실 때, 주님의 영광 가운데 나타나신다고 말씀한다. 우리가 기도하고 알리야를 위해 일하는 것이 바로 예루살렘의 평화를 위해 기도하는 것이다.

## Stone 4

## 유대계 그리스도인의 이스라엘 귀환

여호와께 구속 받은 자들이 돌아와 노래하며 시온으로 돌아오니 영원한 기쁨이 그들의 머리 위에 있고 즐거움과 기쁨을 얻으리니 슬픔과 탄식이 달아나리이다 (사 51:11)

20세기 이스라엘에 유대계 그리스도인이 살고 있었다. 1967년까지는 그 수가 매우 적었다. 1967년은 무화과나무가 꽃을 피우기 시작한 해이자 예루살렘이 병합된 해다. 1967년 이전에 이스라엘에 메시아를 믿는 신도는 손에 꼽을 정도에 불과했다. 그러나 그 수가 점차 증가해 대략 80개의 모임, 신도 수로는 6,000-10,000명 가까이 된다. 메시아를 믿는 유대인 수천 명이 러시아에서 돌아왔고, 에티오피아에서 수백 명이 돌아왔다. 두 그룹은 메시아의 몸인 교회에 굉장한 축복이 아닐 수 없다. 그리고 지금까지 수백 명의 '사브라'(이스라엘 본토 유대인)가 예수님을 메시아로 영접했다.

700개가 넘는 성경 구절에서 회복의 날에 하나님이 그분의 백성을 이스라엘로 돌아오게 하실 것을 말하고 있다. 그런데 왜 미국에는 메시아를 믿는 유대인이 수십만 명에 달하는 반면, 이스라엘에는 그 수가 더 적을까? 그 이유는 다음과 같다.

**1. 하나님의 때** : 전 세계의 회복이 땅 끝에서부터 예루살렘으로 향한다는 것이 첫 번째 이유다. 우리는 하나님의 완벽한 때 이스라엘에 하나

님의 영이 부어질 것을 믿는다. 1세기 부흥의 불길이 예루살렘에서 시작해서 땅 끝까지 번져 나갔다. 지금 하나님은 땅 끝에서부터 예루살렘을 향해 달려가는 불길 가운데 움직이신다. 이스라엘과 열방을 위한 만국 성회 2000(All Nations Convocation Jerusalem 2000)에서 우리는 각국에서 횃불을 점화해 예루살렘으로 가져와 이스라엘에 있는 유대인과 아랍인에게 전달했다. 이것은 예언적 행동으로, 2천 년 전 예루살렘에서 시작해 각 나라로 퍼져 나간 부흥의 불이 돌아오는 신호였다.

**2. 고국의 평안** : 서구의 평안과 물질주의는 미국과 서부 유럽의 유대인에게 영향을 미친 것과 같이 메시아를 믿는 유대인에게도 영향을 미쳤다. 살던 곳을 떠나 다른 문화권으로 이동한다는 것은 매우 어려운 일이다. 히브리어를 배우고, 분쟁의 한가운데 있는 나라에 적응하고, 본인이 군복무를 하거나 자녀들이 무장한 군대에 소속되어야 하고, 전문 직업을 가져야 하는 것 등은 이스라엘로 돌아가기를 주저하게 만드는 넘기 어려운 장애물이다. 이스라엘로 돌아가는 서구 유대인은 삶의 질 저하를 받아들여야 한다. 이스라엘로 돌아온 사람들 사이에 널리 퍼진 농담 중에 이런 것이 있다. "이스라엘에서 어떻게 먹고 사니?" 이에 대한 대답은 "재산 많이 가지고 와"인데, 믿는 자들이 할 말은 아니다. 그들은 돈을 사랑하는 것에서 구원받은 자들이 아닌가? 그들은 하나님을 사랑하고 자신들의 생명을 이스라엘의 하나님과 그분의 뜻을 위해 내려놓기로 헌신된 사람들이다.

**3. 물질주의의 속박** : 서구에서 알리야가 되기로 작정한 사람은 알리

야에 대한 하나님 말씀에 대해 강력한 헌신의 자세를 가져야 한다. 성경에 언급된 하나님의 부르심을 미국에서의 편안한 삶보다 더 위대한 것으로 받아들여야 한다. 일단 이스라엘에 도착하면, 모국에 대한 강력한 헌신이 요구된다.

미국의 유대인 일부는 자신들이 이스라엘로 부름 받지 않았다고 말한다. 하지만 이 부르심은 성경에 기록된 부르심이다. 미국에서 메시아에 대한 믿음을 갖게 된 유대인 폴 리베르만은 처음에는 이스라엘로 가야 한다는 생각이 없었다. 메시아를 영접한 후에도 그러했다. 그런데 언제부턴가 이것이 하나님의 뜻인지 물으며 기도했다. 성경을 찾아보고 기도를 시작하면서 마음 깊은 곳에서 자신에 대한 부르심을 깨닫게 되었다. 그리고 지금은 이스라엘 네탄야에서 메시아닉 모임의 지도자로 섬기고 있다. 많은 사람들이 《내 백성을 가게 하라》를 읽고 책 뒤편의 기도문을 따라 기도한 후에 알리야에 대한 말씀을 새로운 시각으로 보게 되었다고 말한다. 하나님 말씀이 그들에게 사실이 된 것이다. 그 말씀은 망치와 같고, 불과 같으며, 좌우에 날 선 검보다도 더 강력하다. 말씀은 물질주의의 속박을 무너뜨리며 새로운 시작에 대한 두려움과 불안을 극복하게 한다.

소련에 살고 있던 수많은 메시아닉 유대인이 이스라엘로 돌아올 수 있었던 이유 중 하나는 소련에 남아 있는 것보다 이스라엘에서 새로운 삶을 사는 것이 더욱 매력적으로 보였기 때문이다. 많은 사람이 질문을 받을 때, 미국이 첫 번째 선택지라고 말하지만 미국을 택하는 것이 현실적이지 않음을 인정한다. 이스라엘에서의 생활이 서구에서의 삶보다 더 매력적으로 보이기 전까지, 혹은 이스라엘에서의 영적인 삶과 회복이 매우 깊어서 그들이 불꽃 가운데라도 들어가게 되기 전까지는 서구에서 다수의 알리야가 돌아오기를 기대하기는 어려울 것이다. 자기 자신과 가족의 삶을 접고 외국에서 완전히 새로운 삶을 살고 싶어 하는 사람은 거의 없다. 새로운 언어를 배워야 하고, 낮은 지위를 갖고, 직업적으로 새롭게 시작하는 것을 반길 이는 없다. 새로이 도전하고 귀환하기 위해서는 강력한 시온주의적 성향과 개척자적인 정신이 필요하다. 그러나 강력한 열망이 있더라도 그들 앞에 놓인 도전은 상당히 위압적이다.

**4. 중보로 끊어지지 않은 사슬** : 중보자들은 서구 유대인을 묶고 있는 물질주의 사슬을 끊어야 한다. 하나님은 예레미야에게 말씀하셨다. "내가 내 백성 이스라엘과 유다의 포로를 돌아가게 할 날이 오리니 내가 그들을 그 조상들에게 준 땅으로 돌아오게 할 것이니 그들이 그 땅을 차지하리라"(렘 30:3).

중보자와 파수꾼들은 동일한 일을 해야 한다. 우리는 주님의 힘을 받아 "뽑고 파괴하며 파멸하고 넘어뜨리며 건설하고 심어야"(렘 1:10) 한다. 우리는 신실한 목자이신 예수님을 신뢰해야 한다. 그분은 유대인에 앞서 "길을 여는 분"이 되시며, 유대인은 "길을 열어 성문에 이르러서는 그리로 나갈 것"(미 2:13)이다. 이 사슬이 속히 제거되도록 기도하자.

**5. 법적 문제** : 또 다른 커다란 장애물은 메시아닉 유대인이 이스라엘을 보는 관점이다. 1967년 이스라엘 정부는 다른 종교를 선택한 사람은 더 이상 유대인이 아니라는 법을 통과시켰다. 실제로 이 법은 예수님께 헌신한 유대인에게만 적용되었다. 종교 지도자들은 그리스도인이 된 유

대인을 유대 전통을 배신한 사람으로 여기고 더 이상 유대인으로 간주하지 않는다. 우리는 이 장애물이 제거되기를 기도해야 한다. 왜냐하면 이 법은 부모 혹은 조부모 중 한 사람이라도 유대인이면 이스라엘로 돌아올 자격이 있다는 '귀환법'에 정면으로 모순되기 때문이다. 유대인으로 태어났고, 유대인으로 사셨던 예수님을 믿기로 결정한 유대인이 알리야가 되는 것은 결코 부정해서는 안 되는 일이다.

물론, 이런 일 때문에 메시아닉 유대인이 이스라엘로 돌아오는 것을 멈추지는 않는다. "뱀처럼 지혜롭고 비둘기처럼 순결하라"는 말씀대로 많은 유대인 성도들이 서류 절차에서 큰 어려움 없이 통과해 왔다. 문제는 개인 면접에서 발생해곤 한다. 정부 대표는 숨겨진 배경을 드러낼 수 있을 만한 교묘한 질문을 한다. 유대인 조직은 메시아닉 출간물을 정기적으로 보관하기 때문에, 메시아닉 공동체 지도자들은 잘 알려져 있다. 지도자 중 한 명이 미국에서 왔는데, 그가 먼저 이스라엘의 시민권을 획득한 후에 가족을 데리고 들어왔다. 그런데 얼마 지나지 않아 그가 그리스도인이라는 사실을 알게 된 당국이 가족들에게 시민권을 부여하는 것을 거부할 뿐만 아니라 그의 시민권조차 취소하려고 했다. 그가 법정 투쟁을 하는 동안 그의 아내와 아이들은 신분 보장과 건강보험, 일할 권리도 없이 이스라엘에 체류하고 있었다. 결국 하나님이 승리하셨고, 그의 가족 모두 법적으로 이스라엘의 시민이 되었다. 그러나 기나긴 싸움과 수천 달러의 법정 수수료가 없이는 이런 일을 감당하기가 어렵다.

메시아닉 유대인이 이스라엘로 돌아오기 힘든 가장 큰 영적 이유는 그들이 돌아올 때 사탄이 크게 위협하기 때문이다. 사탄은 예수님이 십자가에 못 박히셨을 때보다 예수님의 재림 때 더 큰 위협을 받게 될 것이다. 왜냐하면 그때까지 사탄이 '이 세상의 왕' 노릇을 할 것이기 때문이다. 예수님이 다시 오실 때, 사탄은 영원히 쫓겨날 것이다. 메시아닉 유대인과 예루살렘과 이스라엘 전역에 있는 모든 유대인이 "주의 이름으로 오시는 분은 복되시다"라고 외칠 때, 사탄은 끝장 날 것이다. 사탄은 유대인이 이스라엘로 돌아오는 것과 메시아 믿는 것을 막으려고 노력하고 있다.

이스라엘에서 메시아를 믿는 사람들은 용기와 보호와 핍박 속에서 큰 기쁨을 위해 기도해야 한다. 유대교 신앙과 멀어지지 않고, 유대인에게 복음을 전하려는 이들은 괴롭힘과 위협, 심지어 폭력의 표적이 되기도 한다. 북부 이스라엘의 한 모임은 1990년대 말에 폭탄 테러를 당하기도 했다. 이 모임은 아웃리치와 소련에서 온 입국자 지원을 주요 사역 목표로 하고 있었다. 테러로 인해 그들이 대여해서 사용하던 장비들은 심각하게 손상되었다. 2년 후 그들은 새로운 차원에서 끈질기고 집요하며 계획적인 괴롭힘을 받았다. 예배가 끝나는 토요일 저녁마다 선교에 반대하는 6-20명의 사람들이 문 밖에 서서 성도들을 겁주고, 전단지를 뿌리거나 시민권을 박탈하겠다는 위협을 가했다. 악한 정부 아래서 살아 온 러시아인에게 이런 위협은 고통스런 과거를 되살리는 것이었다. 최근에는 저녁 예배 중 14대의 자동차 바퀴가 터지는 일이 발생했다. 이 모임을 비롯하여 몇몇 모임의 지도자들은 개인 재산에 대한 폭력을 종종 경험했다. 그들 대부분은 기혼으로 어린 자녀들이 있었다. 이런 메시아닉 유대인 성도들을 위해 우리는 지속적으로 강력하게 기도해야 한다.

나는 메시아닉 유대인 성도들의 귀환을 예루살렘에 되돌아 온 언약궤에 비유한다. 언약궤는 하나님의 임재를 의미한다. 예수님을 메시아로 영접하고 성령을 받아 하나님의 임재를 경험한 사람들은 유대인이었다. 이제는 예루살렘에 이 언약궤가 돌아올 때가 되었다.

예루살렘을 위한 전투는 다른 어느 곳보다 이 대목에서 더욱 선명하게 볼 수 있다. 우리는 돌파의 하나님께서 돌파하심으로 유대인들이 돌아오지 못하게 가로막는 장애물들이 제거되도록 간절히 기도해야 한다.

서구에 있는 대부분의 메시아닉 유대인이 이스라엘로 돌아오지 않는 이유가 그곳의 유대인에게 복음을 전하기 원해서라고 말하는 사람들이 있다. 미국에 있는 유대인 수만큼 이스라엘에도 유대인들이 많다. 그리고 미국에는 이스라엘보다 20배나 많은 수의 메시아닉 유대인 성도들이 알리야에 대한 부르심, 명령과 상관없이 살고 있다. 이것은 하나님이 추수를 위해 추수꾼의 수를 같게 하신다면, 적어도 7만 명의 메시아닉 유대인이 이스라엘로 들어와야 한다는 것을 의미한다.

메시아를 아는 유대인이 이스라엘로 돌아오는 것은 엄청난 축복이다. 우리는 메시아닉 유대인의 이스라엘 귀환을 향한 선포인 이사야 51장 11절을 놓고 기도해야 한다. 북쪽과 서쪽, 열방에서 돌아오는 메시아닉 유대인 성도들의 알리야의 날이 속히 오기를, 이스라엘 사람들과 함께 "주의 이름으로 오시는 분은 복되시다"라고 외칠 수 있게 되기를 기도하자. 그때에 주님의 속량을 받은 자들이 노래하며 시온으로 돌아올 것이고, 영원한 기쁨이 그들 머리 위에 임할 것이다.

이스라엘의 구원이 예루살렘에 평화를 가져다줄 것이다. 이스라엘의 구원과 평화를 위해 계속해서 간절히 기도하자.

# Stone 5

# 교회 안의 대체 신학

대체 신학은 살아 있는 유대인, 즉 사람이나 이스라엘의 물리적 영토의 중요도가 교회로 대체된 교리다.

대체 신학은 수세기에 걸쳐 발전되어 왔는데, AD 70년의 제2성전 파괴, 예루살렘의 화재, 유대인의 흩어짐 이후에 유대적 뿌리에서부터 이방 교회가 떨어져 나옴으로써 생긴 결과다.

예슈아가 죽으시고 1세기가 지나지 않아, 교회는 예루살렘의 사도적이며 성서적인 유대적 뿌리에서 분리되고 있었다. 예수님 자신이 유대인이고, 처음 믿는 자들도 유대인이었는데 말이다. 이러한 분리는 세기를 거듭하며 더욱 현저했다.

예수님이 죽으시고 3세기까지 주님을 믿는 유대인은 그의 신분을 포기해야 했다. 유대인의 전통과 그의 믿음도 버려야 했다. 거의 2000년 동안 이스라엘은 존재하지 않았고, 교회가 세상에서 하나님의 대변인 임무를 떠맡았다. 사실 이스라엘의 소멸에 대한 여러 징조들 때문에 하나님과 이스라엘이 끊어진 것으로 보일 수 있다.

그런데 성경은 다르게 말한다. 우리는 하나님의 계명을 천 대가 지나도록 읽고 있으며, 하나님은 약속을 지키시는 분이다. 그리고 1948년에 하나님은 이스라엘을 다시 한 나라로 세우셨다.

가톨릭교회는 대체 신학의 가르침을 개발시켰다. 심지어 마틴 루터 (16세기 교회의 가르침이 하나님 말씀의 직접적인 계시를 대신하는 것 때문에 가톨릭에서 분리함)는 유대인을 용납하지 않았다. 그들도 구원받게 하려는 열망은 있었으나 그들이 빨리 영접하지 않았다.

"그들의 혀를 찢고, 그들의 여권을 빼앗고, 그들을 독일에서 추방해야 한다." 그는 그들이 복음을 받아들이지 않을 때 이렇게 반응했다. 이방인을 축복하던 마틴 루터도 유대인만큼은 저주하였다. 그리고 그의 태도는 수세기 동안 반유대주의에 힘을 실어 주었다. 아돌프 히틀러는 마틴 루터의 연설과 가톨릭교회에서 수년간 유대인에게 가졌던 '크라이스트킬러'(Christ-killer, 유대인에 대한 경멸적 표현) 정신을 근간으로 그의 많은 정책을 정당화했다.

대체 신학은 15세기부터 교육 수준이 높아지고 이성과 과학이 우세해짐에 따라 서양에 널리 퍼졌다. 이에 따라 하나님의 말씀 연구도 학문적 기준을 엄격히 준수해야 했다. 배움과 지식은 필요하지만, 그것 자체가 우상이 되고 이성이 진리를 아는 것보다 더 중요해질 때, 사람들은 하나님 말씀에 대한 열정을 잃어버린다. 제3세계의 사람들은 교리에 대한 문제가 적다. 왜냐하면 그들은 성경을 기록된 대로 취하기 때문이다. 그들은 성경 말씀보다 우위에 있지 않다. 그들이 하나님께서 아브라함과 그의 자손에게 약속을 주셨다는 말씀을 읽을 때, 그 유산은 실제적이고 물리적인 영토이며 아브라함의 자손이 오늘날 살고 있는 이삭과 이스마엘의 자손들, 즉 유대인과 아랍인임을 믿는다.

오늘날 교회의 다수가 심각한 속임 가운데 살고 있으며, 유대인과 이스라엘 영토의 중요성에 대해 믿지 않는다. 이러한 신학의 위험성은 이것이다. 만일 교회가 유대적 뿌리에서 분리되면, 유대인과 이스라엘을 적대하기 쉬워지기 때문이다. 이 신념은 교회 안에 널리 퍼졌고, 심지어 반유대주의를 확산시키는 근간이 되었다.

대체 신학 교리를 검토하면서, 우리는 한 가지 중요한 말씀의 원리를 기억해야 한다. 사도 바울은 영의 몸 전에 육의 몸이 있다고 말했다.

> 육의 몸으로 심고 신령한 몸으로 다시 살아나나니 육의 몸이 있은즉 또 영의 몸도 있느니라 … 그러나 먼저는 신령한 사람이 아니요 육의 사람이요 그 다음에 신령한 사람이니라 (고전 15:44-46)

이스라엘을 생각할 때, 영의 몸이 있기 전에 육의 몸이 있음을 기억하자. 이 원리로 우리는 하나님께서 왜 이스라엘이라는 물리적인 장소와 유대인이라 불리는 사람들을 세우셨는지 좀 더 바르게 인식할 수 있다. 우리는 말씀을 문자 그대로 취해야 하고, 하나님께서 육으로 시작하여 영으로 마치신다는 것을 알아야 한다. 창조 이래로 하나님은 이렇게 일하고 계셨다. 첫 사람 아담은 살아 숨 쉬는 육적인 사람이었다. 그리고 인류를 구원하신 예수님은 영의 사람이었다. 우리는 육으로 사는 육과 혈로 만들어진 존재다. 그리고 하나님 나라의 영으로 거듭났다. 하나님은 직접 육의 사람을 빚으셨다. 왜냐하면 육의 몸이 창조물의 시작이기 때문이다.

에스겔 37장에서 우리는 육으로 시작되어 영으로 마치는 예를 볼 수 있다. 안타깝게도 많은 교회에서는 이 본문을 영의 몸에 앞서 육의 몸이 있다는 원리에 기초해 가르치지 않는다. 에스겔 37장은 문맥상 이스라엘을 나타낸다. 마른 뼈가 연결되는 것은 이스라엘의 부활과 부흥을 의미한다. 또한 세계 각지에 흩어졌던 유대인들이 귀환될 것을 의미한다. 하나님은 지금도 유대인에게 성령을 부으시고, 그들을 영적으로 살아 있도록 하신다.

이 말씀은 영적인 교회에도 적용된다. 많은 교회가 하나님이 생기를 부어 회생시켜야 할 마른 뼈로 가득한 골짜기와 같다.

국제기도의 지도자인 래리 리 박사는 이 말씀을 붙들고, 세계 동서남북에 있는 믿지 않는 자들에게 주님의 나라와 교회가 확장되도록 기도했다. 이것이 말씀의 영적 적용이다. 그러나 육적 적용은 이스라엘과 유대인에게다. 하나님은 육적·영적 방법을 모두 사용하신다. 또 다른 말씀이 유대인과 관련 있는데, 하나님께서 그분의 자녀를 세상에서 모으시겠다고 선포하신 말씀이다.

> 내가 북쪽에게 이르기를 내놓으라 남쪽에게 이르기를 가두어 두지 말라 내 아들들을 먼 곳에서 이끌며 내 딸들을 땅 끝에서 오게 하며 (사 43:6)

하나님은 유대인들이 동쪽과 서쪽으로부터 돌아오는 조상의 땅으로의 실제적 귀환에 대해 말씀하신다. 오늘날 이스라엘에서는 길거리에서도 여러 언어를 들을 수 있고, 시장이나 가게에서 여러 인종과 문화들을 볼 수 있다.

유대인의 귀환으로 하나님의 약속이 성취되기 때문에, 중보자들은 기도를 통해 이스라엘을 향한 길을 부수고 열 수 있도록 육의 몸인 이스라엘을 이해해야 한다. 다음은 유대인의 귀환을 믿는 사람들을 위한 말씀이다.

> 야곱아 내가 반드시 너희 무리를 다 모으며 내가 반드시 이스라엘의 남은 자를 모

으고 그들을 한 처소에 두기를 보스라의 양 떼 같이 하며 초장의 양 떼 같이 하리니 사람들이 크게 떠들 것이며 길을 여는 자가 그들 앞에 올라가고 그들은 길을 열어 성문에 이르러서는 그리로 나갈 것이며 그들의 왕이 앞서 가며 여호와께서는 선두로 가시리라 (미 2:12-13)

예수님은 위대한 중보자이시며 우리는 그분의 몸이다. 우리는 주님을 바라보고 그분이 하시는 것을 해야 한다. 그럴 때, 주님이 이스라엘을 묶고 있는 견고한 진에서 탈출하도록 길을 여신 것처럼 우리도 주님의 중보를 따르게 된다. 하나님은 돌파의 하나님이시고 우리의 옹호자이시며 최고의 중보자시다. 주님은 우리가 발로 밟는 땅을 주시겠다고 하셨다.

이 말씀은 유대인이 이스라엘로 귀환하는 길을 여는 중보자의 역할을 잘 설명해 준다. 마치 예수님께서 아버지와의 교제의 길을 여신 것처럼 말이다. 중보자들은 이스라엘의 남은 자 앞에 서서 길을 여는 사람들이다. 만약 길이 열려야 된다면, 그것은 장애물이 있거나 닫혔거나 겪어야 할 어려움이 있다는 말이다. 세상의 많은 기독교 지도자들은 예수님이 메시아라는 계시를 받았음에도, 여전히 육의 몸인 이스라엘의 회복과 하나님의 약속이 회복의 구성요소인 교회를 통해 역사하고 있음에 대해서는 눈먼 상태다.

나는 수년간 대체 신학을 믿었다. 서양의 많은 그리스도인이 이스라엘을 향한 하나님의 목적에 대해 몰랐다. 나는 반유대주의는 아니었다. 나는 순수하게 진리를 구했고, 진지하게 질문을 던졌다. "누가 이스라엘인가?" 말씀 연구를 통해 얻은 결론은 교회가 이스라엘을 대체했고, 다른 사람들도 이 가르침을 따르도록 납득시켰다는 것이다.

그러다가 1982년에 이스라엘에 와서 몇 주간 예언을 읽고, 기도하고, 금식하며 하나님을 구했다. 당시 주께서 내 눈에서 베일을 벗기시고, 이스라엘을 향한 뜻을 보여 주셨다. 나는 이스라엘을 향한 수많은 하나님의 약속이 성취된 것과 천사를 통한 중재를 포함한 하나님의 역사하심의 증거들을 통해 하나님의 회복이 이스라엘과 교회 모두를 포함한다는 것을 깨달았다. 또한 고린도전서 15장에 나오는 육의 몸이 먼저 오고, 영의 몸이 그 뒤에 온다는 말씀을 이해하게 되었다. 이 원리를 통해 이스라엘에 관한 이 말씀을 문자 그대로 취해야 함을 이해할 수 있었다. 또한 이 말씀은 영적으로 교회에 적용될 수 있다.

1982년은 이스라엘에서의 내 삶의 가장 중요한 시간이었다. 하나님은 나에게 마지막 때 이스라엘과 열방을 향한 하나님의 계획을 계시하여 주셨을 뿐 아니라, 이스라엘에서 살면서 사역하도록 부르셨다. 그때 이후로 예루살렘, 이스라엘, 유대인, 아랍인은 나의 부르심의 가장 중요한 주제가 되었다. 5년 후인 1987년에 주님은 나를 위대한 왕의 도시에 있는 감람산에서 살도록 하셨다.

### 시온 이해하기

성경에 나오는 창조 이야기는 하늘과 땅의 육적 조화를 제시한다. 에덴동산에는 하늘이 열려 있었다. 아담과 하와는 하나님과 함께 걸었다. 하늘과 땅은 나뉘어 있지 않은 것처럼 보였다. 특히, 예루살렘인 육적 시온과 영적인 시온은 밀접한 관계가 있다. 히브리서 기자는 12장 22절에서 "그러나 너희가 이른 곳은 시온 산과 살아 계신 하나님의 도성인 하늘의 예루살렘과"라고 했다. 이것은 영적 시온과 관계가 있다. 대부분의 대체 신학을 믿는 자들이 시온과 이스라엘 그리고 새 예루살렘을 영적인 용어로 제한하여 생각한다. 반면, 육적 시온주의자들은 단지 물리적이고 육적인 시온만을 말한다. 우리가 문맥으로 말씀을 이해하기 원한다면, 하나님의 구원 계획에 영적 시온과 육적 시온 둘 다 포함된다는 것을 알아야 한다. 육적 이스라엘 영토에서 일어나는 일은 세상의 구원을 향한 계획의 성취에 아주 중요하다.

우리는 하나님 말씀의 예언의 많은 부분이 성취되는 것을 목도하는 회복의 때에 살고 있다. 모든 만물의 회복에는 육의 것과 영의 것이 모두 포함될 것이다. 이 원리를 확인시켜 주는 예가 세계에서 구원받는 수가 현대의 시작 이래로 급증하고 있다는 사실이다. 여러 연구에서 세계의 역사 속에서 구원받은 사람의 95퍼센트가 지난 50년 동안 이스라엘 국가가 다시 생긴 이후에 나타났다고 보고한다. 현재 세계의 유대인 중 절반 이상이 이스라엘에 살고 있다. 우리는 물리적 시온을 영적 시온으로 대체할 수 없다. 왜냐하면 하나님의 구원 계획에는 둘 다 포함되기 때문이다. 지난 50년 동안 우리는 유대 영토의 부활과 이스라엘이 경제적 강국으로 성장하는 것을 목격했다. 하나님의 구원 계획에 물리적 국가가 포함되지 않는다고 말하는 것은, 하나님께서 그분의 계획과 뜻을 이루시는 것에 이의를 제기하는 것이다.

육의 몸이 먼저 나고 그 뒤에 영의 몸이 태어난다는 원리에 담긴 하나님의 또 다른 뜻은 알리야, 즉 유대인의 이스라엘로의 귀환이다. 하나님께서는 세계의 네 모퉁이에서 그분의 백성을 모으시겠다고 말씀하셨다. 지난 10년 동안 100만 명의 유대인이 러시아에서 이스라엘로 귀환하였지만, 아직도 수많은 유대인이 세계 여러 나라에 살고 있다. 유대인의 귀환은 육의 사람이 실제 이스라엘 땅으로 돌아가는 물리적인 방식으로 일어나야만 한다. 그들이 육적 시온에 이르면, 이어서 영적 시온에 이르는 일이 일어날 것이다. 이 진리를 아는 자들은 하나님의 계획에 참여하기 위해 기도와 특별한 노력을 통해 알리야가 일어나도록 일할 것이다.

육의 몸이 먼저이고 그 후 영의 몸이 난다는 원리는 이스라엘과 관계가 깊다. 이것은 19세기 말부터 깨달아지기 시작했다. 유대인은 제정러시아의 가혹한 통치에서 탈출하기 위해 그들의 고향으로 돌아오기 시작했다. 비슷한 시기에 데오도르 헤르츨은 유대 국가가 탄생하는 비전을 보았다. 그는 1898년에 스위스 바젤에서 첫 번째 유대주의 컨퍼런스를 개최했다. 당시 헤르츨은 유대의 영토가 50년 안에 생길 것이라고 말했다. 그리고 정확하게 50년 후인 1948년에 이스라엘이 건국되었다. 그러나 거친 반대가 있었다. 그 당시 팔레스타인이라고 알려진 땅에 대한 논쟁이 있었는데, 많은 사람들이 아프리카 우간다가 유대인의 고국이 되는 것을 옹호했기 때문이다. 그러나 헤르츨을 비롯하여 여러 사람들은 그들의 고국이 족장들과 선지자들이 살던 바로 그 땅이어야 한다고 주장했다.

1년 후인 1899년에 예수님이 감람산에서 몰도비아 키시네브의 유대교 랍비 조셉 라비노비츠에게 나타나셨다. 이 랍비는 더 많은 유대인이 예수님을 메시아로 영접하도록 인도한 메시아닉 유대인 운동에 있어서 데오도르 헤르츨로 알려졌다.

중동 지방의 이스라엘 설립 운동과 함께 성령께서는 또 다른 곳에서 역사하셨다. 20세기의 시작인 1901년이 되기 전날, 성령이 캔사스 터피커에 부어졌다. 이 사건은 세계의 성령운동에 불을 붙였고, 오순절주의 탄생으로 알려졌다. 하나님의 임재는 매우 강력했으며, 사람들은 다른 방언을 말하기 시작했다. 2000년 1월 〈라이프〉지는 터피커의 사건을 지난 2000년 역사상 가장 의미 있는 사건이라고 기록했다. 오늘날 세계에는 5억 명이 넘는 오순절주의자들이 있고, 20세기는 성령의 세기로 알려졌다. 하나님은 이스라엘 국가가 탄생되는 것 같은 육의 세계에서도 역사하셨고, 영의 세계에서도 역사하셔서 성령을 모든 육체에게 부으시기 시작했다.

이스라엘에 일어난 일과 성령운동과의 관계는 세계 속에서 계속되었다. '미스터 오순절'로 알려진 다비드 두 플레시스는 〈타임〉지에서 20세기 가장 영향력 있는 기독교 지도자로 선정했다. 하나님은 그를 통해 가톨릭과 오순절주의 지도자들에게 메시지를 전하셨다. 그리스도의 몸을 연합시키는 촉매제로 쓰임 받은 그에게는 이스라엘에 대한 깊은 이해가 있었다. 요엘 3장을 통해 주께서 다비드에게 하나님께서 그분의 영을 모든 육체에게 부어 주실 것인데, 이스라엘이 한 국가로 회복된 후에 일어날 것이라고 알려 주셨다.

그는 1948년에 이 계시를 받은 후 자동차 사고를 당했다. 병원에 누워 있을 때, 그는 자신이 당한 사고에 대한 주님의 뜻을 구했다. 주님은 그를 사용하시기 전에 그가 깨어져야 할 것에 대해 말씀하셨다. 그리고 머지않아 그가 아직 병원에 있을 때, 라디오를 통해 이스라엘 국가가 탄생했다는 소식을 들었다. 하나님은 즉시 그를 치유하셨고, 그는 세계를 돌아다니며 수백만, 수천 명의 사람들을 성령의 강한 임재로 인도했다. 동시에 많은 강력한 하나님의 사람들(빌리 그래함과 오랄 로버츠가 포함됨)이 나타났다. 늦은 비 운동은 성령 안에서의 자유로운 예배의 회복과 함께 캐나다에서 시작되었다.

또 다른 획기적인 해는 1967년이다. 이스라엘이 독립한 지 거의 20년이 되었지만, 여전히 수도 예루살렘은 아랍인의 손에 있었다. 그러나 1967년 6월, 이스라엘 낙하산 부대원들이 동예루살렘과 구도시를 해방시켜 예루살렘은 다시 연합된 도시가 되었다. 수세기 만에 처음으로 유대인은 두려움 없이 서쪽 장벽에서 자유롭게 기도할 수 있게 되었다. 심지어 성령께서 교회 위에 부어지는 기적적인 사건이 일어났다. 하나님은 1967년 두케인 대학교에서 열린 로마 가톨릭 기도모임에 성령을 부으셨고, 이를 계기로 가톨릭 은사주의 운동이 시작되었다. 심지어 이 사건 이후로, 로마 교황도 새로운 오순절을 위해 기도했다고 전해진다. 1억 이상의 가톨릭 교인들이 성령으로 세례를 받고, 같은 해에 예루살렘 성 전체가 유대인에게 반환되었다는 것은 우연이 아니다.

가톨릭에서는 두 사건의 시기가 매우 상징적이다. 과거에 가톨릭은 언제나 "모든 길은 로마로 통한다"고 믿었다. 그리고 교황이 선포한 견해는 더도 말고 덜도 말고 말씀과 같은 권위를 지녔다. 그런데 성령이 가톨릭교회에 부어진 1967년에 모든 길이 로마로 통하는 것이 아니라 예루살렘으로 통한다는 것을 알게 되었다. 유대인이 예루살렘 서쪽 장벽에서 기도할 때, 하나님의 영이 세상에 운행하셨다.

우리는 하나님의 마지막 때 계획에 강하게 작동되는, 육의 것이 영보다 앞서는 역동의 실체를 알아야 한다.

하나님은 만물을 회복시키시며, 하늘의 시온(히 12장)과 땅의 시온(시 48편)을 회복하신다. 예루살렘과 이스라엘은 메시아의 오심을 준비하는 감람나무(롬 11장)에 접붙임 받을 뿐 아니라 풍부함 속에 세워지고 있다

(시 102편). 메시아가 재림하실 때, 주님은 하늘과 땅의 시온을 하나로 만드실 것이다. 교회와 이스라엘은 예수 그리스도 안에서 만물이 하나인 것처럼 하나가 될 것이다(엡 1:10, 슥 14:12). 그때까지 우리는 대체 신학으로 인해 입은 손해를 알아야 한다. 아돌프 히틀러 체제 아래 대체 신학의 영향으로 그리스도인이 유대인을 죽였다. 이것은 마틴 루터로부터 시작되었다. 스가랴 14장 12절은 여호와께서 예루살렘을 친 모든 백성에게 재앙을 내리셔서 그들의 살이 썩고, 그들의 눈동자가 눈구멍 속에서 썩으며, 그들의 혀가 입 속에서 썩을 것이라고 했다. 세계의 모든 교회가 이런 이론에서 구원받아 유대인과 싸우는 것이 아니라, 유대인이 시기하기까지 예루살렘 성벽 위의 파수꾼으로 서기 위해 기도해야 한다. 회복의 사도적이고 선지자적인 다림줄은 유대인과 이방인이 다시 오실 메시아의 길을 예비하며 하나로 화해하는 것이다.

## Stone 6

### 낙태 - 두 번째 홀로코스트

살인하지 말라 (출 20:13)

하나님이여 침묵하지 마소서 하나님이여 잠잠하지 마시고 조용하지 마소서 무릇 주의 원수들이 떠들며 주를 미워하는 자들이 머리를 들었나이다 그들이 주의 백성을 치려 하여 간계를 꾀하며 주께서 숨기신 자를 치려고 서로 의논하여 말하기를 가서 그들을 멸하여 다시 나라가 되지 못하게 하여 이스라엘의 이름으로 다시

는 기억되지 못하게 하자 하나이다 (시 83:1-4)

낙태는 예루살렘 밖 힌놈 골짜기에서 우상신 '몰렉'에게 어린 아기를 희생제물로 바치던 것에서 그 기원을 찾아볼 수 있다. 놋쇠로 만들어진 몰렉은 두 손을 앞으로 펼치고 있는 모양을 한 가짜 신들을 대표하는 우상이다. 이 우상을 섬기던 고대 사람들은 몰렉의 손에 불을 놓아 빨갛게 달궈지면 그 위에 아기를 올려 태웠다. 제물로 드려진 아기의 고통스러운 울음소리는 예식을 위해 두드리던 북 소리와 함께 널리 울려 퍼졌다.

사탄은 항상 유대 백성에게 위협을 느끼고 있다. 그들이 단지 유대인이기 때문이 아니라, 그들 안에 있는 하나님의 소명과 구원, 영원토록 자유하게 될 그들의 부르심 때문이다. 사탄은 할 수 있는 한 모든 방법을 동원해서 유대인을 이 땅에서 멸절하기 위해 여러모로 시도해 왔는데, 특별히 아기를 죽이는 계략을 취해 왔다.

우리가 성경에서 볼 수 있는 첫 번째 예화는 바로 모세 이야기다. 그는 구원자로 이스라엘 백성을 이집트에서 데리고 나온다. 유대인 가운데 그들의 구원자가 나온다는 것을 알았던 바로는 위협을 느껴 모든 남자 아기를 학살하라는 명령을 내렸던 것이다. 그는 무고한 생명의 대학살을 통해 자신의 왕국을 지키고 보호할 수 있다고 생각했다.

이러한 대학살은 예수님이 탄생하셨을 때도 비슷하게 일어났다. 헤롯은 유대인의 왕이 태어났다는 소문을 듣고, 자신의 자리에 위협을 느낀 나머지 바로처럼 모든 남자 아기를 죽일 것을 명령한다. 그는 유대인의 왕을 죽였다고 생각했지만, 예수님은 가족과 함께 이집트로 피신하셨다.

역사 속에서 사탄은 파괴적인 계획을 끊임없이 펼쳐왔다. 20세기 초에 유대인은 이스라엘로 돌아가기 시작했고, 이 땅이 자신들에게 주어진 약속의 땅이라고 다시 선포했다. 이후 시대가 흐를수록 유대인이 자신들이 소유할 땅과 하나의 독립된 나라로 점점 가까이 움직여 간 것은 분명한 일이었다. 사탄은 다시금 이 역사의 흐름에 개입하려고 시도했고, 이것은 '마지막 해결책'이라고 불리는 사탄적인 음모를 집행한 '아돌프 히틀러'를 통해 실현되었다. 이는 전 세계에서 모든 유대인을 말살하려는 계획이었다. 당시 약 1500만의 유대인 어린이들이 홀로코스트에서 학살당했다. 이는 사탄이 이스라엘이 다시 국가로 세워지는 것과 유대 백성을 구원하기 원하시는 하나님의 목적을 낙태시키고자 시도한 것이다. 그러나 그의 계획은 실패했다.

사탄은 홀로코스트를 통해 유대 백성을 멸할 수 없다는 것을 깨닫고 다시 악마적인 전략을 세웠다. 이것이 바로 '낙태'다. 홀로코스트가 다시 일어날 수 없다고 말하는 유대인은 또 다른 형태의 홀로코스트가 지금 실제로 유대인들 가운데 횡행하고 있다고 말한다. 이것이 내가 유대인의 두 번째 홀로코스트라고 부르는 낙태다. 히틀러의 홀로코스트 이후 지난 반세기 동안 전 세계에 있는 대략 600만의 유대인 아기들이 낙태를 당했다. 이렇게 높은 수치는 다른 민족들과 비교했을 때 가장 높다는 것을 알 수 있다. 나는 이것이 우연히 일어나는 일이라고 생각하지 않는다. 왜냐하면 유대인을 죽이고자 하는 사탄의 사악한 전략이 낙태이기 때문이다.

히틀러에 의해 죽임을 당한 유대인의 숫자와 과거 반세기에 걸친 홀로코스트와 유사한 낙태로 죽은 아기들의 숫자를 모두 합쳐 보면, 거의 1200만의 유대인들이 죽임당한 것을 알 수 있다. 이것은 오늘날 전 세계에 살고 있는 유대인의 인구와 대략 비슷하다. 과거 히틀러의 홀로코스트에 대해 우리가 할 수 있는 것은 없다. 이것은 이미 지나간 역사가 되었다. 그러나 두 번째 홀로코스트인 낙태가 오늘도 여전히 하나님 앞에 악을 행하며 유대인들 가운데 범해지고 있다.

유대인은 홀로코스트가 역사에서 다시는 반복되지 않을 것이라고 말하지만, 사실상 그들 가운데 다시 일어나고 있다. 낙태는 1976년에 이스라엘에서 합법화되었다. 이는 미국에서 합법화된 지 3년 후의 일이다. 미국은 이런 방법으로 이스라엘에게 강한 영향을 주고 있다. 나는 합법적인 낙태가 특별히 미국과 러시아, 프랑스, 이스라엘에서 금지되어 두 번째 홀로코스트가 멈추기를 간절히 기도한다.

### 이스라엘의 낙태

한 해에 약 6-8만 명의 태아가 이스라엘에서 낙태되고 있는데, 이는 합법적인 낙태로 인정받는 수치이다. 이스라엘은 가장 일반적인 사유로 미혼모의 임신이나 40세가 넘은 여자의 임신, 그리고 산모의 생명이 위험할 때, 또는 태아가 의학적인 문제를 가진 경우에 낙태를 허용한다.

이스라엘에서 낙태는 출생률을 조정하는 가장 쉬운 방법으로 사용되고 있다. 결혼하지 않은 어린 소녀가 아스피린을 얻기 위해서는 부모의 동의가 필요하지만, 낙태는 비밀리에 할 수 있다. 이스라엘 의료위원회는 낙태 사실을 태어나지 않은 아기들의 아버지나 임신모의 남편이나 부모에게 공개하도록 요구하지 않는다.

35세가 넘어 결혼한 여자는 약 50퍼센트 이상의 낙태 책임을 가진다.

이들은 일반적으로 자녀가 있고, 자녀 양육의 의무에서 독립하기 원하며, 더 이상 임신을 기대하지 않기 때문이다. 또한 아이를 양육할 가정의 재정적인 이유로 낙태를 하기도 한다.

이스라엘에서는 18세 이상의 모든 남자와 여자가 의무적으로 군복무를 해야 한다. 젊은 여인이 군대에서 임신을 하면 군복무 동안 두 번 무료로 낙태할 수 있도록 정부에서 허용하고 있다. 하지만 임신과 자녀 양육을 선택하면, 그녀는 군복무에서 면제된다. 이스라엘에서 행해지는 모든 낙태 중 약 1퍼센트 미만의 비율이 성폭행이나 근친상간을 통해 임신한 경우이다.

**전 세계 유대인의 낙태**

흥미로운 것은 낙태 비율이 유대인 공동체가 가장 많이 살고 있는 러시아, 프랑스, 미국, 영국의 유대인 가운데 높게 나타난다는 사실이다. 러시아에서는 많은 유대인 여성들이 출산율을 조정한다는 이유로 5-10번의 낙태를 경험한다고 한다. 낙태 약물이 발달한 프랑스에서도 유대인의 낙태는 매우 높은 비율을 차지한다. 미국과 영국에서도 많은 여성 인권 운동가들과 인권을 주장하는 단체들이 세속적인 유대인들에 의해 운영되고 있다.

**낙태의 걸림돌 제거하기**

1. 여호수아 세대를 위해 기도하자.

우리는 앞으로 여호수아의 세대가 일어나 하나님의 공의와 도덕적 기준에 대한 계시와 부흥이 일어나도록 기도해야 한다. 우리는 중보기도로 두 번째 홀로코스트에 대적해야 한다. 이스라엘에 불의와 죄악된 행동의 흐름에 대항하여 윤리와 도덕의 수호자로서 여호수아 세대가 일어나도록 기도하자.

2. 유대인 의사와 의학 전문가들을 위해 기도하자.

우리는 유대인 의사와 의학 전문가들을 위해 중보기도 해야 한다. 한 예로 '낙태의 왕'으로 불리는 버나드 나단슨이라는 유대인 의사는 약 75,000회 낙태 시술을 했다고 인정했다. 그랬던 그가 어느 날 태아가 잉태될 때부터 사람의 생명이 신성하게 시작된다는 거룩한 계시를 받아 이제는 미국에서 임신 중절 합법화에 반대하는 운동의 핵심 리더로 활동하고 있다. 우리는 또 다른 유대인 의사들이 버나드 박사의 경우가 되지 않도록 중보기도 해야 한다.

3. 유대인이 생명의 중요성을 인식하도록 기도하자.

우리는 끔찍한 낙태의 실상이 전 세계의 유대인에게 인식되고, 태아가 잉태되었을 때부터 생명이 주어진다는 진리가 계시되길 반드시 기도해야 한다. 우리는 그들이 다음 세대를 위해 죽음이 아닌 생명을 선택하도록 기도해야 한다.

4. 유대인 지도자를 위해 기도하자.

우리는 이스라엘의 정치, 사회, 법률 시스템에 영향을 주는 유대인 지도자와 정치인들, 랍비들을 위해 반드시 기도해야 한다. 두 번째 홀로코스트가 유대인 가운데 횡행하여 수백 만의 아기들이 낙태를 당하기 전에 반드시 끝나길 기도해야 한다. 우리는 유대인 지도자가 바벨론 제국 시대의 미사나 20에 있는 탈무드 산헤드린 37번 항목을 유대인에게 경고하도록 기도해야 한다.

"이러한 이유로 사람이 홀로 창조되었는데, 이것은 이스라엘의 영혼 한 명을 파괴하는 사람들에게는 누구라도 가르쳐야 한다. 탈무드의 가르침은 말하기를 한 명을 죽인 것은 이미 완벽한 세계를 파괴한 것과 같은 동일한 죄를 범한 것이다. 그리고 이스라엘의 한 영혼을 보호하고 구원해 주는 사람은 누구든지 전 세계를 구한 것과 동일한 상급을 받게 된다."

낙태는 전 세계에 있는 이방인 중에서도 가장 심각한 죄로 행해지고 있다. 낙태 비율과 부흥이 일어나는 국가를 잘 살펴보면, 그 가운데 중요한 연결고리가 있음을 알 수 있다. 라틴 아메리카 대부분의 나라는 낙태를 법으로 금지하고 있는데, 이 나라들의 여러 도시에서 강력한 부흥을 경험하고 있음을 볼 수 있다. 한편 낙태가 합법적으로 허용되는 서유럽 국가에서의 영적 부흥은 매우 저조하다. 이스라엘 밖에 살고 있는 유대인은 낙태 비율이 매우 높은 국가들에서 살고 있다. 이스라엘의 낙태 정책은 유대인 인구의 낙태 비율이 매우 낮은 아랍 국가들이 아닌 유럽과 미국에 의해 상당한 영향을 받고 있다.

우리는 하나님이 무죄한 피를 흘리는 것을 미워하신다고 알고 있다. 우리는 하나님께서 그분의 눈과 같은 백성인 유대인 가운데 자행되고 있는 낙태에 직접 개입하셔서 전 세계에 남아 있는 유대인의 반이 멸망하기 전에 낙태가 금지되도록 기도해야 한다. 우리는 하나님의 자비하심 가운데 생명의 생수가 이스라엘과 전 세계에 있는 유대인에게 흐르도록 기도해야 한다. 그리고 선지자들이 예언한 부흥이 이스라엘과 유대인에게 임하도록 중보해야 한다. 두 번째 홀로코스트의 종말과 아울러 앞으로 태어날 유대인 아기들과 주님을 모르는 유대인들이 구원받도록 간절히 기도해야 한다. 그 결과 하나님의 평화가 예루살렘에 임하게 될 것이다.

## Stone 7
### 이방인의 충만한 수가 차기까지

형제들아 너희가 스스로 지혜 있다 하면서 이 신비를 너희가 모르기를 내가 원하지 아니하노니 이 신비는 이방인의 충만한 수가 들어오기까지 이스라엘의 더러는 우둔하게 된 것이라 그리하여 온 이스라엘이 구원을 받으리라 기록된 바 구원자가 시온에서 오사 야곱에게서 경건하지 않은 것을 돌이키시겠고 내가 그들의 죄를 없이 할 때에 그들에게 이루어질 내 언약이 이것이라 함과 같으니라
(롬 11:25-27)

**아브라함의 후손**

인류의 창조에는 하나님의 의도하심이 있었다. 그것은 피조물인 사

람이 하나님을 깊이 알고 그분과 영원 가운데 즐겁게 교제하는 것이다. 그러나 불행하게도 첫 사람 아담은 하나님의 근본적인 의도를 충족하는 데 실패했고, 그의 후손들도 비슷한 길을 따르게 되었다. 창세기에 기록된 "여호와 보시기에 의롭고 모든 행사에 준행하던 자"라고 칭함을 받던 노아도 하나님께서 사람과 함께하고자 하셨던 태초의 관계를 회복할 수 없었다.

하나님은 한 사람 '아브라함'을 불러 선택하셨는데, 그가 부름 받았을 때 그의 이름은 '아브람'이었다. 하나님은 아브라함이 하나님의 이름을 부르도록 하시고 그를 다른 사람들과 구별되게 하셔서 인류 구원 계획을 시작하셨다. 아브라함은 오늘날 이라크 지역에 있는 최고의 문명과 우상을 섬겼던 이방 도시 '우르'에서 왔다. 그는 하나님에 대한 믿음과 순종 때문에 하나님께 의롭다 하심을 얻는 자가 되었고, 하나님의 친구라는 칭호를 받았다. 하나님은 그가 태어난 나라에서 지명하여 불러 내어 이방 나라로 데려 오셔서 열국의 아비로 만드시기 위해 약속을 주신다.

그러나 아브라함의 육체의 아들인 이스마엘과 이삭 그리고 그의 후손들은 하나님을 알고 그분을 영원히 즐거워하는 거룩한 부르심을 성취하는 데 실패하였다. 이스라엘은 열방의 빛으로 부름 받았다. 그러나 예수님께서는 유대인이 그분이 이 땅에 오셨던 시기를 알지 못했고 하나님이 그들의 눈을 가리워 알아보지 못하게 하셨다고 말씀하셨다. 그들은 예수님이 그들과 동행하셨을 때, 메시아를 알아보지 못했다. 이러한 유대인의 넘어짐으로 인해 복음이 예루살렘에서 전 세계로 퍼져 나갔다. 초대교회 때는 수천 명의 유대인이 예수님을 영접했다. 그리고 예루살렘에서 메시아를 믿는 유대인이 증가할수록 복음이 전 세계를 돌아 수백 만의 이방인에게 전해지게 되었다.

## 이방인의 시대

제자들이 세상의 종말을 물었을 때, 예수님은 비유로 설명해 주셨다.

> 이에 비유로 이르시되 무화과나무와 모든 나무를 보라 싹이 나면 너희가 보고 여름이 가까운 줄을 자연히 아나니 이와 같이 너희가 이런 일이 일어나는 것을 보거든 하나님의 나라가 가까이 온 줄을 알라 … 예루살렘은 이방인의 때가 차기까지 이방인들에게 밟히리라 (눅 21:29-31, 24)

성경에서 무화과나무는 이스라엘을 상징한다. 주님은 무화과나무와 모든 나무가 싹을 내기 시작하면, 세상의 끝이 가까이 온 것이라고 말씀하셨다. 나무에 싹이 나는 것은 동면기가 끝나고 곧 열매와 꽃이 만발하게 될 것이라는 의미다. 봄은 약속의 성취를 상징한다.

1967년에 시대의 종말에 접근하는 세 가지 일들이 일어났다. 하나님은 유대인에게 생명수의 근원을 여셨고, 유대인은 예수님을 영접하는 믿음 가운데 들어오기 시작했다. 또한 역사상 처음으로 예루살렘이 유대인의 통치 구역이 되고, 이스라엘의 수도가 되었다. 마치 베를린 장벽이 붕괴된 것처럼, 6일 전쟁 동안 요르단에 속했던 예루살렘의 구도시의 성벽이 무너졌다. 6일 전쟁 이후 예루살렘 구도시의 일부를 되찾은 유대인은 기도하기 위해 통곡의 벽으로 무리지어 모여들었고, 하나님은 그분의 영을 이들에게 부어 주시기 시작하셨다. 그리고 메시아를 유대인에게 직접 계시해 주셨다. 또한 하나님은 이 시기에 가톨릭교회에 강력한 성령을 풀어 주셨고, 이로 인해 가톨릭 은사주의 운동이 시작되었다.

이 시기에 이스라엘에는 약 100명의 예수 믿는 본토 유대인들이 태어났고, 전 세계에서 수천의 메시아닉 유대인들이 주님께 돌아왔다. 2000년경에는 이스라엘과 전 세계에 흩어져 있는 유대인을 합쳐 약 30만 명의 메시아닉 유대인이 생겨났다. 예수님을 믿는 유대인의 숫자는 아마도 더 증가할 것이다. 무화과나무에 싹이 나기 시작한 것으로 하나님의 약속이 성취된 것을 증명하고 있다. 이처럼 작은 미풍이 불기 시작하여 매우 강한 바람으로 커져 이스라엘을 보지 못하게 가리운 베일을 완전히 제거시킬 것이고, 이들이 주님께 돌아오게 될 때 자신들이 찌른 예수님을 보고 통곡하게 될 것이다(슥 12:10). 예수님이 탄생하신 이후 어떤 시대보다 1967년 이래로 가장 많은 이방인이 예수님을 메시아로 영접하기 시작했다. 이방인을 향한 구원의 물결이 정점에 이르고, 돌감람나무의 가지가 참감람나무에 온전히 접붙임 받을수록 원 가지인 유대인도 참감람나무로 돌아와 다시 접붙임 받게 될 것이다. 누가복음 21장 32절에 따르면, 이 세대(1967년 이후 태어난 세대)가 지나가기 전에 이 약속의 말씀들이 성취될 것이다. 또한 예수님은 이렇게 말씀하셨다.

> 이 천국 복음이 모든 민족에게 증언되기 위하여 온 세상에 전파되리니 그제야 끝이 오리라 (마 24:14)

우리는 하나님 나라의 복음이 땅 끝에 있는 모든 민족에게 전파되면, 예수님이 재림하실 것이라고 알고 있다. 역사적인 시대를 살고 있는 지금, 복음을 듣지 못한 민족과 나라들은 거의 없는 것으로 보인다. 1967년경 표면상으로 믿는 사람이 한 명도 없을 것 같은 나라에도 하나님의 말씀이 흥왕하여 계속 전파되었다. 이 나라들은 몽골, 리비아, 아프가니스탄, 카자흐스탄, 키르기스스탄, 타지키스탄, 투르크메니스탄, 우즈베키스탄, 몰디브, 코모로 섬 국가들, 튀니지, 카타르, 예멘, 알바니아, 모로코, 소말리아, 사우디아라비아 그리고 여러 아랍 국가들과 이스라엘도 포함된다.

종족이라는 의미의 '에드노스'(ethnos)라는 헬라어는 세계의 가장 큰 나라들만 언급하지 않는다. 이는 다른 언어, 문화와 종족들까지 범주에 넣고 있다. 전 세계적으로 지역교회가 세워지지 않은 곳에 대략 10,000개의 다양한 종족이 있다고 한다. 이 종족들 가운데 복음의 증인들이 각각의 나라에서 세워질 때 끝이 올 것이다. 로마서 11장에 의하면, 이방인의 충만한 수가 차면, 유대인을 보지 못하게 했던 모든 걸림돌이 제거되어 온 이스라엘이 구원받게 될 것이다.

그리스도인이 가는 곳마다 복음을 전하는 것도 매우 중요하지만, 우리는 특별히 예루살렘의 평화를 위해 기도해야 한다. 그 이유는 이방인의 충만한 수가 돌아올 때까지 예루살렘에 평화가 임하지 않을 것이기 때문이다. 이방인이 예수님을 메시아로 영접할 때마다, 우리는 하나님 나라와 예수님의 재림에 한 걸음 더 전진하게 될 것이다.

이사야서 전체 내용은 모두 메시아를 설명하고 있다. 나는 사해문서가 이방인 베두인 양치기 소년에 의해 발견되었다는 사실이 매우 흥미롭다. 하나님은 성경의 전면을 그대로 보존하고 있는 이사야서를 우리에게 주시기 위해 이방인을 사용하셨다. 이사야서는 구원자, 구속자, 메시아(히브리어로 '기름부음 받은 자'를 의미)에 대한 생각이 새 언약의 개념이 아니라는 것과 그리스도인들이 새 언약을 신중하게 생각하는 첫 번째 사람이 아니었음을 보여 준다. 유대인과 이방인들은 메시아의 약속이 히브리어로 된 경전《타나크》(tanach)에 뿌리를 두고 있다는 것을 이해해야 할 필요가 있다. 그리고 새 언약에 기록되어 있는 예수님의 삶과 가르침, 죽음과 부활이 온전히《타나크》의 이사야서에 성취되어 있음을 발견해야 한다. 내가 이 글을 쓰고 있는 동안에도 전 세계의 많은 그리스도인이 성경적 유대인의 뿌리인《타나크》를 연구하면서 재발견하고 있다. 또한 성경의 절기를 지키며, 하나님의 목적이 더 위대하게 계시되기를 주님께 간구하고 있다.

예루살렘에 평화가 임하는 최고의 절정은 바로 메시아 예수님의 재림의 순간이 될 것이다. 그때 주님의 두 발은 감람산 위에 서실 것이고, 그분에게 합당한 장소인 다윗의 보좌에 좌정하실 것이다. 선지자 에스겔은 이 순간을 선명하게 묘사해 놓았다.

> 그가 내게 이르시되 인자야 이는 내 보좌의 처소, 내 발을 두는 처소, 내가 이스라엘 족속 가운데에 영원히 있을 곳이라 이스라엘 족속 곧 그들과 그들의 왕들이 음행하며 그 죽은 왕들의 시체로 다시는 내 거룩한 이름을 더럽히지 아니하리라 (겔 43:7)

예수님은 이스라엘의 왕일 뿐만 아니라 열방의 왕으로 오신다. 의심의 여지없이 이 순간은 인류 전 역사를 통틀어 가장 위대하고 경이로운 순간이 될 것이다. 세계적인 혼란과 지옥 같은 상황이 하나님의 통치 아래로 떨어지는 모습을 상상해 보라. 하나님은 그분의 통치권을 행사하실 것이며, 이 땅을 다시 회복할 명령을 내리며 다스리실 것이다.

이것이 바로 그리스도인이 어디에 있더라도 예루살렘의 평화를 위해 기도해야 하는 긴급한 이유다. 예루살렘은 국제적인 도시이며, 영원토록 중요한 의미를 가지는 곳이다. 이사야는 마지막 시대에 여호와의 성전이 산 가운데 가장 높은 꼭대기로 솟아올라 굳게 설 것이라고 했다. 그리고 모든 산 위에 뛰어나고, 모든 나라가 이곳으로 모여들 것이라고 하였다. 율법이 시온에서부터 나오고, 여호와의 말씀이 예루살렘에서부터 나올 것이다(사 2:2-3).

### 모든 나라의 성회들

예수님은 유대인으로 태어나셔서 유대인으로 죽으셨다. 그리고 예슈아께서 "내 집은 만민이 기도하는 집이라"(마 21:13, 사 56:7-8)고 말씀하셨을 때도 히브리어로 된 구절을 인용하셨다. 1987년에 주님께서 나를 예루살렘으로 부르셔서 유대인을 위한 중보기도의 소명을 주셨다. 주님은 '열방을 위한 예루살렘 국제 기도의 집'(Jerusalem House of Prayer for all nations)이라는 사역 단체의 이름을 주셔서 이스라엘과 열방을 위한 24시간 중보기도와 예배를 시작하게 하셨다. 우리는 예수님께서 유대인의 왕으로 하나님 나라가 이곳 이스라엘뿐만 아니라 "하늘에서 이루어진 것같이 이 땅에서도 이루소서"라고 기도하셨던 바로 이곳 감람산 위에 기도의 집을 세웠다. 예수님은 하나님의 왕국이 모든 나라 위에 임할 것이라고 선포하셨다. 우리는 이스라엘의 구원과 알리야를 위해, 전 세계의 나라를 위해, 모든 나라의 영혼들이 구원을 얻도록 기도하고 있다. 우리가 알게 된 것은 구원의 소식을 가족과 친구, 이웃들에게 선포하고 그들을 위해 기도하는 사람일수록 예루살렘의 평화를 위해 적극적으로 기도한다는 사실이다. 모든 나라에서 예수님께로 나아온 이방인의 충만한 수가 찰 때까지 진정한 평화는 오지 않을 것이다.

하나님은 세상 모든 영혼이 구원을 받도록 우리를 부르셔서 세계를 다니며 사역하게 하셨다. 우리는 1994년에 처음으로 예루살렘에서 열방을 위한 성회를 개최했다. 이는 예루살렘의 평화를 위해 기도하기 위한 목적으로 시작되었다. 알리야를 위해 메시아 안에서 유대인과 아랍인, 모든 나라가 화해하도록 기도했다. 이런 거룩한 성회 중 우리는 전 세계 열방에서 전해 온 기도 제목을 함께 나눴다. 우리 기도의 핵심은 하나님 나라에 들어와 참감람나무로 접붙임을 받고자 하는 이방인의 충만한 수가 차는 것을 방해하는 장애물을 제거하는 것이었다. 140개국에서 온 약 200명의 사람들이 각 나라를 대표하였다. 1990년부터는 2년에 한 번씩 성회를 개최하여 1996년에 180개국에서 400명이 참가하였고, 1998년에는 약 200개국에서 800명이 참가했다. 2000년에는 200개 국가에서 약 2000명이 넘는 사절단이 성회에 참석했다.

우리가 가장 중점을 두는 기도 중 하나는 모든 나라와 민족(종족)을 막고 있는 돌이 제거되어 더 많은 이들이 복음을 듣고 이방인의 구원의 충만한 수가 차는 것이다. 2000년 예루살렘 국제 성회에서 루이스 부시 박사는 복음을 전하기 위한 지역교회를 세우는 사역팀이 없는 전 세계의 약 500개의 미전도 종족을 위해 기도하도록 도왔다. 또한 우리는 이 지역에 교회를 세우는 사역팀들이 파송되도록 기도했고, 복음이 미전도 종족과 모든 영혼의 심령을 관통하도록 계속 중보했다. 우리는 이방인의 구원이 충만하게 이르게 될 때, 온 이스라엘이 구원을 받게 될 것이라고 배웠다. 우리에게 용기를 주는 사실은 2000년 교회 역사와 비교해 볼 때, 지난 몇 십 년 동안 가장 많은 이방인이 복음을 받아들였다는 것이다. 하나님 돌파의 역사는 그분의 나라를 세우기 위해 모든 나라를 복음으로 부수어 압도적으로 변화시키셨다.

모든 나라와 종족이 예수님께 나아와 그 구원이 충만해지도록 함께 기도하자. 이는 이스라엘의 충만한 구원을 위한 길을 준비하는 것이다.

## Stone 8

### 유대인의 구원

내가 복음을 부끄러워하지 아니하노니 이 복음은 모든 믿는 자에게 구원을 주시는 하나님의 능력이 됨이라 먼저는 유대인에게요 그리고 헬라인에게로다 (롬 1:16)

이스라엘의 구원이 시온에서 나오기를 원하도다 여호와께서 그의 백성을 포로된 곳에서 돌이키실 때에 야곱이 즐거워하고 이스라엘이 기뻐하리로다 (시 14:7)

초대교회 때 메시아닉 유대인 운동은 예수님과 함께 사회에 커다란 파장을 일으키며 시작되었다. 누가를 제외한 모든 사도들이 유대인이었다. 그들은 예루살렘과 전 세계를 뒤흔들어 놓을 만큼 강력했고, 예수님께서 예언하신 대로 열방으로 나아가 빛이 되었다. 오늘날 그리스도인이라고 고백하는 약 20억 명의 가지들이 참감람나무로 접붙임을 받았다. 2세기에 유대인과 이방인 성도들 간에 분열이 생긴 이후로, 메시아닉 유대인 운동은 1600년간 소극적인 방법으로 그 명목을 유지해 왔다. 1842년 마이클 솔로몬 알렉산더가 예루살렘의 첫 번째 주교(감독)가 되었는데, 이는 교회사에 있어 1700년 만에 일어난 일이다. 이후 다시 메시아를 받아들인 유대인이 점진적으로 증가하였다. 데오도르 헤르츨이 1898년 스위스 바젤에서 시온주의자 총회를 개최한 다음 해에 이스라엘이 정확하게 50년 만에 다시 건국될 것을 예언하였다. 이후 몰도비아 키쉐네브 출신의 랍비 조셉 라비노비츠가 감람산을 방문하였고, 그곳에서 예슈아께서 자신이 메시아임을 그에게 계시하셨다. 이러한 메시아닉 유대인 운동은 1900년경에 이르면서 다시 회복되기 시작한다. 라비노비츠는 메시아닉 유대인 운동의 아버지로 널리 알려진 인물이다.

유대인의 구원은 가장 중요한 주제인데, 특별히 메시아가 재림하실 것을 알려야 하는 우리에게 마지막 시대의 징조와 표적은 이들의 구원과도 매우 밀접하게 연관되어 있다. 전 세계적인 거대한 추수는 이미 시작되었고, 이것은 유대인이 메시아께 돌아올 때 절정을 이룰 것이다. 역사의 시작부터 종말에 이르기까지, 모든 것이 예수님을 중심으로 통일될 것이다. 하나님은 아벨의 희생을 받으셨다. 이는 그의 보혈이 메시아를 예표하였기 때문이다. 그리고 아브라함이 이삭을 희생제물로 드렸던 것도 동일한 의미였다. 많은 선지자들이 예수님께서 보혈을 흘려 인류를 구원하실 때가 올 것이라고 예언하였다. 어린 양의 피는 이집트에서 죽음의 신으로부터 아들을 보호하기 위해 히브리 백성의 집 문설주에 발랐던 것으로, 예수 그리스도의 보혈을 상징한다. 이 보혈은 마지막 희생의 어린 양 되시며, 영원한 죽음에서 우리를 구원하신 예슈아의 보혈이다.

전 세계의 그리스도인은 예수님이 다윗의 자손이고, 유대인이라고 믿는다. 또한 유대인은 앞으로 올 메시아가 다윗의 자손이라고 믿고 있다. 현재 예수님을 영접하는 이방인 그리스도인의 숫자는 빠르게 증가하고 있다. 그런데 예수님을 메시아로 받아들인 유대인은 '기독교'로 개종하지 않고, 자신을 '그리스도인'이라고 하지 않는다. 이들은 계속 유대인의 정체성을 가지고 있기를 원하는 것이다. 예수님도 전 생애를 유대인으로서 유대 문화와 절기를 지키며 고유한 정체성을 준수하셨다. 그런데 3세기에 이르러서는 그 명맥을 이어갈 수가 없었다. 왜냐하면 기독교가 로마제국의 공식 종교로 채택되면서 예수님을 메시아로 받아들인 유대인은 사실상 그들의 유대적 뿌리와 연관된 것을 지키는 것이 법으로 금지되었기 때문이다. 흥미로운 것은 돌감람나무였던 이방인은 원 감람나무에 접붙임되어 이스라엘의 연방 국민이 되었다는 것이다. 예수를 메시아로 믿는 유대인은 이방인과 같은 방법으로 그들의 믿음을 바꿀 필요가 없다. 유대인과 이방인, 모든 하나님의 사람을 위한 공통된 정체성의 뿌리는 바로 다윗 자손의 뿌리다.

다가올 수년, 수십 년 안에 메시아가 재림하실 때에는 수백만의 유대인이 그들의 메시아를 받아들이게 될 것이다. 그리고 "찬송하리로다 주의 이름으로 오시는 이여"라고 고백하며 예수님의 재림을 준비하게 될 것이다. 이 구절을 근거로 예루살렘의 평화와 하나님의 목적 성취를 위해 마지막 걸림돌인 유대인의 구원이 충분히 이르지 못하게 하는 돌이 제거되도록 기도해야 한다.

예수님의 부활을 위해 동굴을 막고 있던 돌을 치우는 것처럼, 메시아의 재림이 속히 오기 위해 천국에서부터 이 땅의 걸림돌이 제거될 것이다. 이 일이 언제 완수될지는 아무도 모른다. 예수님조차도 그 시기와 때를 모르신다. 유대인의 구원을 방해하는 걸림돌은 하나님께서 그들을 덮고 있는 눈의 비늘에 역사하실 때 제거될 것이고, 이로써 확장되어 온 열방에 있는 그리스도인의 찬송과 기도, 복음 선포에 대한 하나님의 응답이 있을 것이다. 열방의 중보기도는 유대인을 억누르고 있는 어둠의 세력을 관통하게 될 것이다. 중보기도의 강력한 돌파력은 하늘을 가르고, 유대인에게 성령의 폭포수가 부어지게 할 것이다. 유대인이 핍박받을 때, 그들을 위로하고 빛과 소금의 역할을 하게 될 이방인 성도들이 증가하게 될 것이다.

새 언약의 대부분의 증거는 유대인이나 이방인 구분 없이 모든 사람의 구원을 위해 죽으신 예수님에 대한 말씀이다. 이스라엘은 열방의 빛으로 창조되었다. 예수님은 세상의 빛이시다. 구원은 진실로 유대인에게 있다. 그리고 열방에 복음을 처음 전했던 사람들이 유대인이었다. 2000년 말에 이르면, 전 세계의 그리스도인 인구가 거의 20억을 넘게 될 것으로 추정한다.

다음 구절이 유대인들에 대해 말해 준다. "자기 땅에 오매 자기 백성이 영접하지 아니하였으나"(요 1:11). 예수님은 유대인이 그분을 받아들이지 않았기 때문에, 그들이 하나님의 방문 시기를 놓쳤다고 말씀하셨다. 예슈아는 예루살렘을 바라보시며 우셨다(눅 19:41-44).

가까이 오사 성을 보시고 우시며 이르시되 너도 오늘 평화에 관한 일을 알았더라면 좋을 뻔하였거니와 지금 네 눈에 숨겨졌도다 날이 이를지라 네 원수들이 토둔을 쌓고 너를 둘러 사면으로 가두고 또 너와 및 그 가운데 있는 네 자식들을 땅에 메어치며 돌 하나도 돌 위에 남기지 아니하리니 이는 네가 보살핌 받는 날을 알지 못함을 인함이니라 하시니라

예슈아께서 예언하신 것처럼 예루살렘 성은 후에 파괴되어 무너졌다. 이로 유대인은 전 세계로 뿔뿔이 흩어지게 되었고, 복음은 이방인에게 들어갔다. 3세기 말까지 극소수의 유대인 성도들이 남아 있었고, 이것은 20세기까지 지속되었다. 그리고 역사 속에서 많은 유대인이 형식적으로 기독교로 개종했는데, 이는 예수님을 영접한 유대인이 유대 전통을 지키는 것이 법으로 금지되었기 때문이다.

20세기에 이르러 팔레스타인(이후 이스라엘이 되는 땅)으로 귀환하기 시작하면서, 유대 백성의 구원도 서서히 그 전조가 보이기 시작했다. 1948년에 이스라엘이 나라로 다시 세워졌을 때, 전 세계의 메시아닉 유대인은 수천 명에 불과했다. 그러나 오늘날에는 대략 30만 명의 메시아닉 공동체로 부흥하였다. 이를 통해 무화과나무에 이미 싹이 난 것을 알 수 있다. 특별히 1967년에 예루살렘을 되찾은 이후 하나님은 유대인의 구원을 위한 생수의 우물을 열기 시작하셨다. 우리는 2000년 이후 초기 몇 년 혹은 수십 년 동안 모든 열방과 이스라엘, 그리고 예루살렘의 백성을 위해 하나님이 비교할 수 없는 생수의 샘들을 열어 주실 것이라고 믿는다. 이러한 하나님 약속의 말씀은 선지자 스가랴를 통해 기록되었다.

내가 다윗의 집과 예루살렘 주민에게 은총과 간구하는 심령을 부어 주리니 그들이 그 찌른 바 그를 바라보고 그를 위하여 애통하기를 독자를 위하여 애통하듯 하며 그를 위하여 통곡하기를 장자를 위하여 통곡하듯 하리로다 그 날에 예루살렘에 큰 애통이 있으리니 므깃도 골짜기 하다드림몬에 있던 애통과 같을 것이라 … 그 날에 죄와 더러움을 씻는 샘이 다윗의 족속과 예루살렘 주민을 위하여 열리리라 (슥 12:10-11, 13:1)

무화과나무가 싹을 내기 시작하면 여름이 가까웠다는 증거다. 무화과나무가 만개할 때, 예수님이 재림하실 것이며 이는 종말이 가까웠다는 것을 말해 준다.

**이스라엘의 구원을 위한 열쇠**

1. 이방인 교회의 회개와 용서

오늘날 예수님을 받아들인 유대인과 아랍인의 절반 이상은 하나님이 직접 방문하신 환상이나 꿈, 또는 초자연적인 계시를 통해 영접하게 되었다고 고백한다. 이러한 이유는 대부분의 중동 지역에 있는 유대인이나 아랍인에게 교회가 과거에 범했던 심각한 죄와 오류로 예수님의 얼굴을 통렬할 정도로 잘못 대표하고 있었기 때문이다. 이것은 이단을 조사하는 가톨릭 종교 재판부의 결정이나 유대인과 아랍인 모두를 죽였던 십자군 전쟁, 그리고 홀로코스트의 잔악성을 통해서 발견할 수 있다. 이들을 향해 무죄를 주장하기 위해 자신의 권리를 옹호했던 이방인 교회의 부끄러운 행동이 있었다.

유대인을 구원하기 위한 가장 주요한 핵심 열쇠는 역사 속에서 이방인 교회가 범했던 잔혹한 죄를 회개하고 용서를 구하는 것이다. 회개와 용서의 기도는 열방에서 온 여러 나라의 그리스도인들이 그들의 속임을 거절하고 끊기 시작하면서 열방을 위한 성회와 화해의 행진 가운데 이루어지고 있다. 그리고 이들은 자신의 믿음의 히브리적 뿌리를 찾아 재발견하고 있으며, 성경적 유대 절기들인 로쉬 하샤나(나팔절/새해), 욤키푸르(대속죄일), 샤부오트(성령강림절), 패삭(유월절), 수콧(장막절)을 지키며 송축하고 있다. 우리는 회복의 시대에 살고 있다. 나는 이방인 교회가 원 가지인 유대인 성도들과 함께 원 감람나무 안에서 하나로 연합될 것이라고 확실히 믿는다.

### 2. 중보기도

그리스도인은 유대인의 구원을 위해 기도하며, 그 무너진 틈에 서서 중보하는 파수꾼의 역할을 반드시 수행해야 한다. 요셉의 형제들은 노예로 팔려간 요셉이 수년 후 이집트의 총리가 된 후에 동생 요셉을 알아보았다. 그리스도인은 이러한 역사가 다시 예수님의 형제인 유대인에게 일어나 그들이 메시아 예수 그리스도를 형제이자 주님으로 알아보도록 기도해야 한다. 이스라엘 80개 이상의 도시마다 메시아를 믿는 공동체가 세워져 이들이 메시아의 재림을 위해 준비하도록 기도해야 한다. 인자가 오시기 전에 모든 이스라엘을 구원하려는 하나님의 계획은 멈추지 않을 것이다.

### 3. 유대인 위로하기

하나님은 이사야 40장 1절 말씀을 통해 성도들에게 "내 백성을 위로하라"고 권고하신다. 그리스도인은 유대인을 향한 하나님의 목적이 성취되도록 함께 지속적으로 서야 한다. 이들을 위로하는 것은 마음에서 우러나오는 축복과 용기가 되는 말들, 그리고 친절한 행동과 친밀한 우정을 통해 하나님의 사랑과 구원을 공유하는 것이다. 알리야를 생각하고 있는 유대인 친구들에게 용기를 주어 이스라엘로 귀환할 수 있도록 지원할 수도 있고, 그들을 향한 평화의 길을 알려 주고 유대인과 아랍인이 살고 있는 땅에 대해 나누는 것도 도움이 된다. 하나님의 선하심을 맛본 우리의 선한 행동은 메시아 안에서 유대인과 이방인이 하나가 되어 재림의 터를 닦는 데 기여하게 될 것이다.

### 4. 유대인 성도들의 동일시 회개

다니엘 9장에서 선지자 다니엘은 자기 백성의 죄악을 동일시하며 회개하고 용서를 구했다. 이처럼 유대인 성도들은 다니엘의 회개를 따라 이스라엘 백성이 행한 죄악을 대신하여 회개하는 자리에 서야 할 필요가 있다. 로마인들이 예수님을 죽인 것이 유죄였던 것처럼, 유대인이 예수님을 못 박아야 한다고 말함으로 그들도 죄를 범한 것이다. 그들은 예수님의 죽음 앞에서 "그 피를 우리와 우리 자손에게 돌리지어다"라고 하였다. 민족의 죄를 동일시하여 회개하는 것은 이스라엘의 구원에 핵심이 되는 열쇠 중 하나다.

유대인 성도들은 그들의 민족의 죄를 깨달았을 때, "우리가 죄를 범했도다", "우리가 거역했도다", "우리가 악한 행위를 저질렀도다"라고 시인했다(단 9장, 시 14:7). 시편 80편에서 시편 기자는 세 번이나 이렇게 고백한다. "만군의 하나님 여호와여 우리를 돌이켜 주시고 주의 얼굴의 광채를 우리에게 비추소서 우리가 구원을 얻으리이다." 이러한 고백은 이스라엘에서 놀랄만큼 많은 곳에서 시작되고 있으며, 유대인 현지 성도들이 하나님 앞에서 동일시 회개를 이끌고 있다.

## 5. 가려진 베일 치우기

만군의 주 여호와 하나님의 섭리 가운데 그분의 정하신 시간대에 예슈아가 이스라엘을 방문하셨다. 그러나 유대인들이 그분을 예슈아로 보지 못하고 깨닫지 못한 것처럼, 지금 유대인의 두 눈을 가리고 있는 덮개가 제거되도록 하나님께 기도해야 한다. 그리고 하나님이 유대인을 직접 방문하셔서 이들에게 천국의 거룩한 계시가 임하도록 기도해야 한다. 늦은 비가 이른 비보다 더 위대할 것이다. 우리는 모든 이스라엘이 구원받도록 기도해야 한다. 이스라엘이 열방에 빛이 되는 소명과 부르심, 이 나라를 향한 하나님의 목적이 모두 성취되도록 간구해야 하며, 최종적으로 메시아가 재림하셔서 예수 그리스도 안에서 하늘에 있는 것이나 땅에 있는 것이 모두 통일되고 회복되도록 기도해야 한다.

우리는 이스라엘이 하루 만에 재건되었으며, 오순절 성령이 예루살렘에 강림하셨을 때 하루에 3천 명이 예수님을 영접한 것을 알고 있다. 또한 하나님께서 이스라엘의 두 눈을 덮고 있는 베일을 지속적으로 벗기고 계심을 보고 있다. 우리가 계속 기도할 것은 유대인이 구원받아 한마음으로 우리 주님께 고백하는 것이다. "찬송하리로다 주의 이름으로 오시는 이여." 이 고백은 불신의 걸림돌을 무너뜨리고, 메시아가 천국에서 예루살렘에 있는 왕의 보좌에 좌정하시기 위해 내려오시는 길이 풀어지게 할 것이다.

## Stone 9
## 신부를 아름답게 단장시키기

> 천사가 내게 말하기를 기록하라 어린 양의 혼인 잔치에 청함을 받은 자들은 복이 있도다 하고 또 내게 말하되 이것은 하나님의 참되신 말씀이라 하기로 (계 19:9)

예루살렘의 평화를 위해 기도하는 것은 사실상 우리의 생각에 중심을 두고 하는 기도나 중동 지역의 복잡한 상황을 보며 예루살렘과 유대인의 귀환을 위해 중보하는 것 이상으로 하나님 나라와 깊이 연관되어 있다. 또한 우리 각 개인을 집중적이고 열정적으로 준비시키는 시간이기도 하다. 우리는 예슈아가 그분의 신부를 기다리신다는 것을 알고 있다. 신랑이신 예슈아는 신부가 준비되었을 때 재림하실 것이다.

예슈아 우리 주님은 왕이자 신랑으로서 오랫동안 신부가 준비되길 기다리셨다. 나는 예수님이 2000년 전에 가나에서 물로 포도주를 만드셨을 때, 하나님의 영원한 혼인 잔치를 이미 생각하셨을 것이라고 믿는다. 미혼인 당신이 신랑을 몹시 기다리고 있다면, 예수님께 나아와 물어보라. 예수님은 그분의 혼인 잔치를 2000년간 기다리셨다. 당신이 미혼이거나 기혼이거나 상관없이, 영원 속에서 지속될 이 존귀한 어린 양의 혼인 잔치로의 청함을 놓치지 마라!

어떤 사람들은 말하기를 자신이 준비되기 전에 예수님이 오시기를 기다리고 있다고 한다. 그러나 그분은 이미 준비되셨고, 모든 시간을 기다려 오신 신랑이시다. 혼인 잔치는 신부가 아름답게 단장되어 준비되자마자 열릴 것이다.

요한계시록 19장에 따르면, 하나님이 음행으로 땅을 더럽게 한 큰 음녀를 심판하시고 나서 혼인 잔치가 열리게 된다. 진리와 공의는 하나님이 심판하시는 분이라는 뜻이다. 혼인 잔치는 큰 즐거움과 기쁨이 임하는 시간으로 오직 왕이신 하나님께만 영광을 돌리는 때다.

하나님은 매우 다양한 방법을 사용해서 우리가 예슈아와 함께 등장할 혼인 잔치에 참가할 수 있도록 우리를 준비시키고 계신다. 하나님은 이미 우리에게 성령을 주셨고, 성령의 불과 이 땅에서 경험하는 시험과 핍박도 허락하셨다. 우리가 어린 양의 혼인 잔치에 들어갈 수 있는 단계의 정도는 살면서 겪은 시험들에 대한 우리의 응답에 따라 종종 결정된다. 우리는 하나님과 그분의 인도하심에 순복할 준비가 되어야 한다. 우리는 날마다 우리의 죄를 고백하고, 아침마다 성령으로 새롭게 채워지도록 등불에 기름을 준비해야 한다. 우리는 미련한 처녀가 아니라, 슬기로운 처녀와 같이 기름을 준비하여 졸지 말고 깨어 기다려야 한다.

밤중에 소리가 나되 보라 신랑이로다 맞으러 나오라 하매 이에 그 처녀들이 다 일어나 등을 준비할새 미련한 자들이 슬기 있는 자들에게 이르되 우리 등불이 꺼져 가니 너희 기름을 좀 나눠 달라 하거늘 슬기 있는 자들이 대답하여 이르되 우리와 너희가 쓰기에 다 부족할까 하노니 차라리 파는 자들에게 가서 너희 쓸 것을 사라 하니 그들이 사러 간 사이에 신랑이 오므로 준비하였던 자들은 함께 혼인 잔치에 들어가고 문은 닫힌지라 그 후에 남은 처녀들이 와서 이르되 주여 주여 우리에게 열어 주소서 대답하여 이르되 진실로 너희에게 이르노니 내가 너희를 알지 못하노라 하였느니라 (마 25:6-12)

그때에 빛나고 깨끗한 세마포가 신부의 예복으로 허락될 것이며, 이 세마포는 성도들의 옳은 행실을 나타낸다(계 19:8). 그러나 마지막 때에는 궁극적으로 그분을 위해 단순히 일만 한 것이 아닌, 예수님과의 깊은 친밀함이 가장 중요한 요소가 될 것이다. 예수님을 위한 선한 행동들도 주님과의 친밀함을 대체할 수는 없다. 예수님과 친밀해도록 당신의 마음을 잘 살피고, 하나님께서 당신을 통해 그분의 선한 일을 행하시도록 내어 드리라.

**예수님을 향한 열정**

마지막 시대에는 예수님을 향한 우리의 사랑이 차갑게 식지 않도록 하는 것이 중요하다. 마태복은 24장 12절은 불법이 성하여 사람들의 사랑이 식어질 것이라고 경고한다. 주님은 하나님을 향한 우리의 사랑의 불이 영원히 타오르길 원하신다. 그리고 우리가 예수님을 향한 열정으로 소멸되어 그분을 위해 살고 죽기를 원하신다. 우리가 예수님과 열정적인 사랑에 빠진다면, 그 사랑은 결코 차갑게 식지 않을 것이다. 우리는 빨갛게 타오르는 불이 되어 우리에게 다가오는 차가운 사람들을 오히려 따뜻하게 만들어 줄 것이다.

우리는 삶의 모든 것이 하나님을 경배하고 영적이라는 사실과 하나님의 목적을 반드시 알아야 한다. 우리를 세속적인 것과 영적인 것으로 분리해서는 안 된다. 우리가 할 수 있는 모든 것에 예수님을 향한 열정이 담겨 있어야 한다. 로렌스 형제는 날마다 빵을 만들고 지푸라기를 줍던 일상 속에서 이 모든 것이 하나님의 영광을 위함이라고 고백했다.

우리가 살고 있는 사회는 날마다 우리의 주의를 끌고 혼란 속으로 몰아간다. 매일 겪는 어려움에도 불구하고 예수님을 향한 열정을 놓지 않기 위해서는, 단순히 우리 내면에 불을 타오르게 해주시는 성령님을 통해 예수님과 연합하는 구별된 시간을 가져야 한다. 바쁜 일상 중에도 반드시 구별된 시간에 하나님과 동행함으로 우리의 마음을 지켜야 한다. 주님은 우리를 향한 교제를 질투하기까지 갈망하시며, 우리에게 그 신실하심과 사랑을 보여 주신다.

> 간음한 여인들아 세상과 벗된 것이 하나님과 원수 됨을 알지 못하느냐 그런즉 누구든지 세상과 벗이 되고자 하는 자는 스스로 하나님과 원수 되는 것이니라 너희는 하나님이 우리 속에 거하게 하신 성령이 시기하기까지 사모한다 하신 말씀을 헛된 줄로 생각하느냐 (약 4:4-5)

우리의 마음을 차갑게 만드는 악한 원수는 바로 우상이다. 또한 우리 삶에서 하나님보다 우선 순위에 있는 모든 것이 우상이다. 우리가 예수님을 향한 열정적인 사랑을 소유하면, 우리 안에 내주하시는 진리의 성령님으로 인해 거짓에 속거나 기만당하지 않게 될 것이다.

### 주님과 결혼한 땅

다시는 너를 버림 받은 자라 부르지 아니하며 다시는 네 땅을 황무지라 부르지 아니하고 오직 너를 헵시바라 하며 네 땅을 쁄라라 하리니 이는 여호와께서 너를 기뻐하실 것이며 네 땅이 결혼한 것처럼 될 것임이라 (사 62:4)

전통적으로 어린 양과 혼인 잔치는 하나님의 창조물을 향한 목적들이 온전히 성취된 것으로 간주한다. 우리는 하나님의 신부이고 그분의 교회이다. 예슈아를 믿는 모든 사람이 마지막에 있을 영원한 혼인 잔치의 한 부분이 될 것임을 알고 있다. 선지자 이사야는 땅이 실제로 결혼했다고 고백했다. 그렇다면 주님이 아니라면 누가 이 땅과 결혼하겠는가? 예슈아께서 이스라엘의 땅과 결혼하시게 될 것이다. 다음 말씀은 하나님 소유의 땅들을 주님이 취하실 때의 기쁨을 말해 준다.

이방 나라들이 네 공의를, 뭇 왕이 다 네 영광을 볼 것이요 너는 여호와의 입으로 정하실 새 이름으로 일컬음이 될 것이며 너는 또 여호와의 손의 아름다운 관, 네 하나님의 손의 왕관이 될 것이라 (사 62:2-3)

이 말씀은 진실로 영광스러운 신랑은 그의 신부를 자랑할 것이라는 말씀이다.

하나님의 사람, 하나님의 교회는 주님과 결혼하게 될 것이다. 그분의 땅, 곧 나일 강과 유프라테스에 이르는 지역을 대표하는 모든 예루살렘은 하나님께서 아브라함의 자손에게 약속으로 주신 땅이다. 이 약속의 땅은 주님과 결혼하게 될 것이다. 자연 현상들은 종종 영적 세계의 일들을 나타내는 거울이다. 이는 마치 생명이 두 개로 분리된 평지에서 나타나는 것과 같다. 그러나 종말에 하나님의 모든 목적이 성취될 때, 영적인 것과 자연적인 것 사이에 위대한 하모니가 탄생할 것이다. 예슈아가 그분의 땅과 그분의 백성 유대인 그리고 그분의 교회와 혼인하실 때, 이 두 개가 하나로 연합될 것이다.

> 예루살렘이여 내가 너의 성벽 위에 파수꾼을 세우고 그들로 하여금 주야로 계속 잠잠하지 않게 하였느니라 너희 여호와로 기억하시게 하는 자들아 너희는 쉬지 말며 또 여호와께서 예루살렘을 세워 세상에서 찬송을 받게 하시기까지 그로 쉬지 못하시게 하라 (사 62:6-7)

이 구절은 예루살렘 성벽 위의 파수꾼들에 관한 말씀으로 우리가 전 세계에 파수기도자들을 세우는 데 있어서 가장 기초가 되는 구절이다. 이 구절은 하나님의 마음을 계시하고 있다. 주의 깊게 볼 것은 위의 구절이 주님과 결혼한 땅에 대해 언급하신 다음에 나오는 구절이라는 것이다. 5절 말씀은 두 개를 연결하고 있다. "마치 청년이 처녀와 결혼함 같이 네 아들들이 너를 취하겠고 신랑이 신부를 기뻐함 같이 네 하나님이 너를 기뻐하시리라."

예슈아는 자신을 위해 신부를 찾으신다. 이것은 하나님께서 쉬지 않으시는 이유이기도 하다. 하나님은 쉬지 않으시며, 광채 나고 빛나는 그분의 신부를 찾기 위해 갈망하신다는 것이다. 신부가 아름답게 단장되어 존귀한 신랑을 볼 때까지 우리 자신을 드려 하나님이 쉬지 못하시도록 간구해야 한다.

**주님을 주시하기**

어떤 것을 주시하며 파수하는 것은 집중해서 관심을 갖는 것이다. 우리는 관심 있는 것이나 우리와 관련된 일을 주시한다. 단어 '파수하다'(Watch)라는 동사는 '집중적으로 관찰하다', '기대하다', '기다리며 지키다'와 동의어이고, 집중하며 조심하는 행동을 내포한다. 이것은 수동적인 행동이 아니다. 주님을 주시하는 것은 우리 삶의 모든 것과 연결되어 있다.

주님을 주시하는 것은 하나님께 집중하고, 잠잠히 그분만을 기다리며, 그분의 음성을 듣는 것이다. 이는 진실로 우리에게 커다란 즐거움과 기쁨을 준다. 하나님은 우리가 그분을 주시하며 파수하시도록 창조하셨다. 계시록 1장 14, 16절에는 그분의 얼굴이 해같이 빛나고 두 눈은 타오르는 불꽃 같다고 묘사되어 있다. 하나님은 우리가 그분의 얼굴을 바라보기 원하시며, 하나님만 온전하게 주시하기 원하신다. 우리가 영으로 그분을 주시할 때, 영광에서 영광으로 하나님의 선하신 형상으로 변화되는 것이다. 주님을 주시하는 것은 우리가 할 수 있는 가장 중요한 일 가운데 하나다.

주님은 놀랍고 사랑스럽게 우리를 파수하시는 분이다. 바울은 다음 말씀을 통해 우리가 집중하고 생각하며 바라보아야 하는 것에 대해 이야기하며 하나님 안에 거해야 함을 강조한다.

끝으로 형제들아 무엇에든지 참되며 무엇에든지 경건하며 무엇에든지 옳으며 무엇에든지 정결하며 무엇에든지 사랑 받을 만하며 무엇에든지 칭찬 받을 만하며 무슨 덕이 있든지 무슨 기림이 있든지 이것들을 생각하라 (빌 4:8)

우리가 예수님의 재림의 때에 근접할수록, 우리의 모든 중심은 이전보다 더욱 하나님에게만 맞추어질 것이다. 하나님은 우리가 하나님과의 첫사랑을 굳게 지키길 원하신다. 우리가 하나님과의 첫사랑의 일부라도 잃어버리면, 하나님은 우리를 위해 회복시키신다. 하나님은 우리가 신실하게 그분만을 주시하기를 원하신다. 그리고 우리가 가야 할 길을 가르쳐 보이시며 우리를 주목하여 훈계하신다(시 32:8).

### 파수하기, 염려하지 않기

누가복음 12장 22-40절은 '걱정하는 것'과 '파수하는 것' 사이에 흥미로운 관계가 있음을 보여 준다. 주님은 제자들에게 "염려하지 말라"고 하셨다. 그리고 하나님이 그들을 어떻게 주시하시며 돌보시는지 말씀하셨다. 생각해 보면, 파수하는 것과 염려하는 것은 공통점이 없는 평행선과 같은 상태다. 우리가 진실로 주님의 재림을 기다린다면, 하나님의 목적 안에서 믿음이 있기 때문에 염려하지 않게 된다. 반대로 우리에게 일어난 나쁜 일들을 주시하고 걱정하면, 우리는 정말로 주님을 바라보며 파수할 수 없게 된다.

또 제자들에게 이르시되 그러므로 내가 너희에게 이르노니 너희 목숨을 위하여 무엇을 먹을까 몸을 위하여 무엇을 입을까 염려하지 말라 목숨이 음식보다 중하고 몸이 의복보다 중하니라 까마귀를 생각하라 심지도 아니하고 거두지도 아니하며 골방도 없고 창고도 없으되 하나님이 기르시나니 너희는 새보다 얼마나 더 귀하냐 또 너희 중에 누가 염려함으로 그 키를 한 자라도 더할 수 있느냐 그런즉 가장 작은 일도 하지 못하면서 어찌 다른 일들을 염려하느냐 백합화를 생각하여 보라 실도 만들지 않고 짜지도 아니하느니라 그러나 내가 너희에게 말하노니 솔로몬의 모든 영광으로도 입은 것이 이 꽃 하나만큼 훌륭하지 못하였느니라 오늘 있다가 내일 아궁이에 던져지는 들풀도 하나님이 이렇게 입히시거든 하물며 너희일까보냐 믿음이 작은 자들아 너희는 무엇을 먹을까 무엇을 마실까 하여 구하지 말며 근심하지도 말라 이 모든 것은 세상 백성들이 구하는 것이라 너희 아버지께서는 이런 것이 너희에게 있어야 할 것을 아시느니라 다만 너희는 그의 나라를 구하라 그리하면 이런 것들을 너희에게 더하시리라 적은 무리여 무서워 말라 너희 아버지께서 그 나라를 너희에게 주시기를 기뻐하시느니라 너희 소유를 팔아 구제하여 낡아지지 아니하는 배낭을 만들라 곧 하늘에 둔 바 다함이 없는 보물이니 거기는 도둑도 가까이 하는 일이 없고 좀도 먹는 일이 없느니라 너희 보물 있는 곳에는 너희 마음도 있으리라 (눅 12:22-34)

이 구절에서 여러 번 발견되는 말씀으로 예수님이 제자들에게 가르치셨던 것은 "염려하지 말라"이다. 하나님께서 공중에 나는 새와 들풀과 백합화도 돌보시는 분이라는 것을 알고 감사하면, 우리는 하나님이 얼마나 커다란 범위에서 우리를 돌보시고 공급하시는 분인지 이해할 수 있다. 이런 종류의 염려에 대해 하나님을 온전히 의지하고 신뢰할 때, 우리는 예수님의 재림를 준비하는 것이다. 여기서 주목할 것은 예수님이 제자들에게 걱정하지 말라고 권고하신 후에 주님의 재림을 준비하고 파수하는 것에 대해 직접적으로 말씀하신다는 것이다.

> 허리에 띠를 띠고 등불을 켜고 서 있으라 너희는 마치 그 주인이 혼인 집에서 돌아와 문을 두드리면 곧 열어 주려고 기다리는 사람과 같이 되라 주인이 와서 깨어 있는 것을 보면 그 종들은 복이 있으로다 내가 진실로 너희에게 이르노니 주인이 띠를 띠고 그 종들을 자리에 앉히고 나아와 수종들리라 주인이 혹 이경에나 혹 삼경에 이르러서도 종들이 그같이 하고 있는 것을 보면 그 종들은 복이 있으리로다 너희도 아는 바니 집 주인이 만일 도둑이 어느 때에 이를 줄 알았더라면 그 집을 뚫지 못하게 하였으리라 그러므로 너희도 준비하고 있으라 생각하지 않은 때에 인자가 오리라 하시니라 (눅 12:35-40)

예수님은 제자들에게 옷을 입고 주인을 기다리고 있으라고 말씀하신다. 우리도 시간 제한 없이 여름이나 겨울이나, 낮이나 한밤중이라도 항상 주님이 오실 것을 마음으로 기다리며 준비하고 있어야 한다. 해가 진 후에도 마음에 분을 품고 불필요한 분쟁들로 계속 싸우고 있다면, 우리는 주님이 오실 때에 준비되지 않은 것이다. 주님은 재림의 때를 선택하신다. 그리고 예수님께서 생각하지 않은 때 인자가 오리라고 말씀하신 것을 기억해야 한다. 따라서 우리는 항상 그분이 오실 것을 준비해야 한다.

우리는 날마다 하나님의 전신갑주를 입어야 하며, 예수 그리스도의 성품으로 옷 입어야 한다. 주인이 올 때 그를 맞이하기 위해 예비해야 한다. 그리고 그분이 나타나시자마자 문을 열 준비를 해야 한다. 예수님이 주인이 오실 때를 기다리며 파수하는 자에게 복이 있다고 말씀하신 것에 주목하기를 바란다.

당신도 주님이 오실 때 문 앞에서 기다리며 파수하는 자가 되기를 원하는가? 당신이 염려하고 있다면, 진실로 주님을 바라보는 자가 아닐 수 있다. 이 세상에서 중요하다고 생각되는 것들에 이미 온 마음이 사로잡힌 것이다. 그러나 당신이 염려하지 않는다면, 하늘에 나는 새와 들의 백합화와 같이 하나님을 신뢰하며 그분의 공급하심을 온전히 신뢰하는 자이다. 물론 주인이 언제 오실지 기다리며 파수하는 자이기도 하다. 신랑이 오실 때, 예수님이 주인 되셔서 신부들을 직접 섬기며 수종 드실 것이다. "내가 진실로 너희에게 이르노니 주인이 띠를 띠고 그 종들을 자리에 앉히고 수종하리라."

왕의 신부로서 자신을 단장하고 예루살렘의 평화를 위해 기도하라. 혼인 잔치가 열려 신부가 왕과 결혼할 때, 하나님의 선하심과 영광, 평강이 하나님의 온전하신 임재와 함께 이 도시에 가득할 것이다.

# Stone 10
## 주님의 다시 오심

볼지어다 그가 구름을 타고 오시리라 각 사람의 눈이 그를 보겠고 그를 찌른 자들도 볼 것이요 땅에 있는 모든 족속이 그로 말미암아 애곡하리니 그러하리라 아멘 주 하나님이 이르시되 나는 알파와 오메가라 이제도 있고 전에도 있었고 장차 올 자요 전능한 자라 하시더라 (계 1:7-8)

앞에서 나는 이스라엘의 구원이 영광의 왕이 오시는 길을 준비하는 데 매우 중요한 이유를 강조했다. 이는 메시아가 예루살렘 보좌로 좌정하시기 위해 천국이 열리는 핵심 열쇠다. 예슈아가 죽음에서 부활하시기 전에 천사들이 그 무덤을 닫고 있던 돌을 치웠고, 예슈아의 부활의 길이 준비되었다. 우리가 주님의 다시 오심을 방해하는 모든 걸림돌을 제거하기 위해 기도하고 사역할 때, 세례 요한과 안나와 시므온이 주님의 초림을 준비했던 것처럼 그분의 다시 오시는 길을 돕게 되는 것이다. 우리가 하나님이 정하신 전권적인 카이로스 시간에 들어가면, 구약에서 사도적 교회로 변화된 것처럼 패러다임의 전환이 급진적으로 일어날 것이다. 나는 우리가 신실하게 주님의 길을 준비하는 자들이 되길 소망한다. 하나님은 우리를 하나님의 파수꾼으로 부르셨다. 낮이나 밤이나 쉬지 않으시고 우리를 돌보시는 그분은 예루살렘 성벽에 서서 갈망하신다. 천국에서 파송된 천사가 돌을 치워 아버지를 위한 길이 준비될 때까지, 예수님이 이 땅으로 다시 오시는 길이 예비될 때까지 쉬지 않으신다. 예수님은 만유를 회복하실 때까지 천국에 머물러 계셔야 한다(행 3:21).

이러한 걸림돌을 제거하는 것은 새롭게 하시는 성령의 바람이 마지막으로 이스라엘에 불어오는 것이며, 열린 천국에서 다시 이 땅과 열방을 창조하시는 것이다. 그리고 이것은 만유를 회복하시는 표징이며, 이스라엘의 온전한 회복을 선포하는 것이다. 종국적으로 이스라엘과 중동 지역에 평화가 임할 것이다. 이 걸림돌이 제거될 때, 주님은 다시 오셔서 다윗 왕의 보좌를 취하실 것이다.

우리는 이제 새로운 세기로 옮겨가고 있다. 1988년과 1989년에는 예수님의 재림이 급격하게 다가왔다고 알리는 책들이 많이 출간되었다. 그러나 예수님이 오시지 않자, 그들이 주장했던 이론을 수정해서 새롭게 발간하였다.

20세기의 마지막 날, 나는 중보기도자 그룹과 감람산에 서서 성전산과 동문(골든게이트)을 바라보았다. 우리는 모두 예수님이 이때 오시길 바랐다. 그러난 성경은 "그날과 그때는 아무도 알 수 없으나 오직 아버지만 아신다"고 기록한다. 나는 주님이 이 세대에 재림하실 것이라고 확신한다. 왜냐하면 어느 곳에서나 예수님 재림의 표적을 보고 있기 때문이다.

내가 예수님이 곧 오실 것이라고 믿는 이유 중 하나는 이 세대가 바로 누가복음 21장 29-33절에서 말씀하신 '무화과나무'이기 때문이다. 예수님은 그분의 재림의 표적들을 보라고 말씀하셨고, 우리는 말씀을 통해 무화과나무가 싹을 내기 시작하면 여름이 가까워졌다는 것을 안다. 하늘과 땅은 없어져도 주의 말씀은 영원히 변치 않는다.

우리는 예수님과 제자들 시대 이후 처음으로 무화과나무에 싹이 나기 시작한 것을 볼 수 있다. 이전에 없었던 거대한 추수들이 세계 곳곳에서 이방인 가운데 일어나고 있으며, 이스라엘이 예수님을 메시아로 받아들이기 시작했다. 예수님은 시대를 분별하고 재림의 표적들을 주의하라고 말씀하셨다. "이런 일이 되기를 시작하거든 일어나 머리를 들라 너희 속량이 가까웠느니라"(눅 21:28).

다시 오시는 주님을 기다리는 진정한 파수꾼들은 그분의 재림에 준비되어야 한다. 누가복음 21장에서 예수님은 우리의 마음이 "방탕함과 술취함과 생활의 염려로 둔해지지 않도록 스스로 조심하여 깨어 있으라"고 말씀하셨다. 우리의 가장 우선되고 처음 되는 일은 바로 예수님께 집중하는 것이어야 한다. 우리는 마르다가 아닌 마리아처럼 그분 앞에서 잠잠히 기다려야 한다. 예수님과의 친밀함은 이 마지막 시대에 이전보다 더 중요한 주제로 다루어질 것이다. 우리는 그분만을 바라보며 심령의 가난함을 지키고, 우리의 마음은 전심으로 예수님의 재림을 갈망해야 한다. 우리의 영혼은 목마른 사슴이 시냇물을 찾는 것처럼 그분만 추구해야 한다. 그리고 우리의 마음을 온전하게 지켜서 유물론적인 평안함이나 돈, 쾌락의 즐거움, 알코올 중독 또는 어떤 종류의 과도한 행위로부터 자신을 지켜야 한다. 우리의 마음이 진실로 하나님만 바라보고 간구한다면, 우리는 이 땅에 보물을 저장하는 대신 누구도 빼앗아갈 수 없는 저 천국에 쌓게 되는 것이다. 우리는 말씀을 알고 말씀대로 살아가야 한다.

예수님은 "네 보물 있는 곳에 네 마음도 있다"(마 6:21)고 말씀하셨다. 우리는 걱정이나 삶의 어려움 때문에 염려하지 않도록 중심을 잘 감찰해야 한다. 예수님께서 제자들에게 아무것도 염려하지 말고 오직 주님이 우리의 모든 필요를 공급하심을 신뢰하라고 말씀하신 것을 기억하자.

> 이러므로 너희는 장차 올 이 모든 일을 능히 피하고 인자 앞에서 서도록 항상 기도하며 깨어 있으라 (눅 21:36)

주님의 다시 오심을 파수하는 것은 주님의 재림에 준비되는 것이다. 주님은 이 모든 일을 능히 피하도록 기도하며 깨어 있으라고 하셨다. 그리고 인자 앞에서 공의의 옷을 입고 서 있으라고 명하신다.

세상은 많은 내전과 피 흘림으로 가득 차 있다. 예수님이 재림하실 때까지 예루살렘이나 세계 여러 나라 가운데 참된 평화는 없을 것이다. 그 다음에 온전한 평화가 중동의 이스라엘과 아랍 국가 간에, 유럽의 보스니아와 세르비아 간에, 아일랜드 안에 그리고 모든 종족과 분쟁 가운에 임하게 될 것이다.

오늘날 첫 열매로 이집트에서 이스라엘, 앗시리아에 이르는 구원의 대로를 따라 유대인과 아랍인이 메시아 안에서 화해하고 있다. 오직 메시아가 오실 때 나일 강과 유프라테스에 이르는 지역에 완전한 평화가 올 것이고, 예루살렘에도 평화가 임할 것이다. 그리고 에덴동산이 이집트, 이스라엘, 앗시리아에 회복될 것이다. 이 세 곳이 열방 중에 복이 될 것이다. 이것이 모든 성도가 반드시 예루살렘의 평화를 위해 기도하며, 이를 방해하는 열 개의 걸림돌이 제거되도록 중보해야 하는 이유이다. 시편 122편 6절은 예루살렘을 위해 기도하고 그곳을 사랑하는 자는 형통할 것이라고 권고한다.

예루살렘의 평화를 위해 기도하며, 당신의 나라에서 깃발을 들고 천국으로 향하는 문들이 열려 커다란 대로가 생기도록 준비할 수 있는가? 이 구원의 대로가 이집트와 이스라엘, 앗시리아에 활짝 열리도록 기도로 승리의 깃발을 올릴 수 있는가? 그리고 예루살렘의 왕과 결혼할 모든 나라의 신부들을 위해 중보할 수 있는가?

이 모든 기도는 예루살렘에 평화가 도래했음을 말한다. 왜냐하면 하나님이 예루살렘과 이 땅과 그분의 신부들과 영원히 결혼하시게 될 것이기 때문이다.

## 8장

# 예루살렘의
# 바로 그날

이스라엘에 관한 여호와의 경고의 말씀이라 여호와 곧 하늘을 펴시며 땅의 터를 세우시며 사람 안에 심령을 지으신 이가 이르시되 보라 내가 예루살렘으로 그 사면 모든 민족에게 취하게 하는 잔이 되게 할 것이라 예루살렘이 에워싸일 때에 유다에까지 이르리라 그 날에는 내가 예루살렘을 모든 민족에게 무거운 돌이 되게 하리니 그것을 드는 모든 자는 크게 상할 것이라 천하 만국이 그것을 치려고 모이리라 여호와가 말하노라 그 날에 내가 모든 말을 쳐서 놀라게 하며 그 탄 자를 쳐서 미치게 하되 유다 족속은 내가 돌보고 모든 민족의 말을 쳐서 눈이 멀게 하리니 유다의 우두머리들이 마음속에 이르기를 예루살렘 주민이 그들의 하나님 만군의 여호와로 말미암아 힘을 얻었다 할지라 (슥 12:1-5)

## 예루살렘을 향한 하나님의 약속들

스가랴 선지자는 예루살렘의 역사에 관한 자신의 소명과 부르심 가운데 살아간 하나님의 사람이다. 감람산에서 성전 주변을 자주 바라보았던 스가랴는 사로잡혔던 유대인이 바벨론에서 예루살렘으로 돌아온 후 시작된 성전 재건의 주요한 증인 중 한 명이다. 스가랴는 눈이 가려져 제한적인 이해와 사고로 성전 재건을 바라보는 유대인들에게 선포했다. 이때는 두 번째 성전을 재건하던 시기로 사람들이 매우 낙담해 있었다. 이스라엘은 솔로몬 성전과 자신들의 현재 상황을 비교했을 때 부족하고 미숙한 모습에 좌절했다. 그들은 성전 건축에 대한 비전과 관점, 마음의 중심을 잃어버리고 있었다. 이때 스가랴 선지자가 그들을 불 일 듯이 일으키는 하나님의 말씀을 선포한다. 선지자는 이스라엘이 성전을 재건하여 완수해야 하는 소명적 위임을 불러 일으켰다. 그리고 이스라엘의 미흡한 노력에도 불구하고 하나님께서 함께하심을 확신했고, 그들이 하나님의 신실하심을 다시금 기억하도록 말씀을 전했다. 스가랴 선지자는 감람산에 서서 예루살렘 도시 전체를 바라보며 먼 미래에 있을 비전에 대해 깨닫기 시작했다. 스가랴가 서 있던 감람산의 장소는 이후 예슈아가 예루살렘을 바라보며 슬피 우셨던 그곳이다.

　스가랴는 진실로 사랑했던 도시, 예루살렘이 파괴된 것에 대해 가슴에서 우러나오는 말로 이스라엘에게 선포했다. 우리는 이 땅의 회복이 일어나는 세대에 살고 있다. 스가랴 선지자의 예언적인 선포들은 우리에게도 적용되고 있다.

　선지자들의 이름은 하나님의 신실하심을 나타내며 고백하는 뜻을 가진다. 스가랴의 뜻은 '주님이 기억하신다'이다. 스가랴는 이스라엘에게 하나님의 약속을 굳게 붙잡고 역사를 통해 보여 주셨던 하나님의 신실하심을 기억하라고 권고한 선지자다. 스가랴서의 서두가 어떻게 시작되는지 보라. "너희는 내게로 돌아오라 만군의 여호와의 말이니라 그리하면 내가 너희에게로 돌아가리라"(슥 1:3).

이 구절은 하나님께서 영원히 우리를 포기하지 않으신다는 말씀을 기억하게 한다. 스가랴는 타국에서 유수와 방황과 흩어짐을 멈추지 않을 것이라고 생각했던 예루살렘 거민에게 말하고 있다. 또한 하나님이 이스라엘과 약속하신 것이 무엇인지 기억나게 했고, 이러한 약속들을 온전히 이루실 하나님의 역사에 대해 전했다.

스가랴의 이름은 중보기도자인 우리에게 커다란 용기와 도전을 준다. 중보기도자의 정의 중 하나는 하나님의 백성에게 그분의 약속을 상기시키는 역할을 하는 사람이다. 우리 중보자들에게는 충성스러운 증인 된 삶을 사는 것으로 하나님이 우리에게 약속하신 것들을 기억하도록 하는 특권이 있다. 국제정세의 커다란 변화와 세계 경제의 불확실성이 증가되는 시기에, 우리를 향한 하나님의 약속들을 그분께 상기시켜 드리는 것은 매우 중요한 과업이다.

스가랴서의 대부분의 말씀은 예루살렘에 대한 언급으로 이루어져 있다. 나에게 스가랴서가 매우 특별한 이유가 한 가지 있다. 1987년 이후 나는 줄곧 감람산에 살고 있으며, 우리 집은 성전산이 정면으로 보이는 곳에 있다. 겟세마네 동산도 매우 가깝다. 주님이 '열방을 위한 예루살렘 국제 기도의 집'을 세우라고 부르셨을 때, 우리가 예상했던 예루살렘에 새롭게 건설된 지역이 아닌 이곳으로 인도하셨다. 우리가 있는 감람산은 예슈아가 재림하실 바로 그곳이다. 우리의 사역은 파수기도자가 되는 것으로, 메시아의 재림을 기다리며 기도하는 것이다. 그리고 전 세계에 있는 성도들에게 동일한 비전을 품도록 용기를 주는 것이다. 우리 공동체에서는 유대인, 아랍인을 비롯한 여러 나라에서 온 성도들이 함께 메시아의 재림을 준비하기 위해 기도한다.

이 세상이 종결되는 마지막 시대에 이르면, 즉 하나님의 목적이 모두 완성되어 성취될 때가 되면 열방의 나라들이 마지막 전쟁을 하기 위해 예루살렘을 치러 올라올 것이다. 그날은 가장 무서운 날이 될 것이다. 성경은 그날을 '여호와의 크고 두려운 날'이라고 부른다. 그날이 되면, 우리가 어느 편에 서야 하는지 확실히 알게 될 것이고, 인류를 치는 불행과 재난들이 심각하게 일어날 것이다.

## 스가랴서에 소개된 그날의 16가지 사건

### 1st event: 스가랴 12장 3절

그 날에는 내가 예루살렘을 모든 민족에게 무거운 돌이 되게 하리니 그것을 드는 모든 자는 크게 상할 것이라 천하 만국이 그것을 치려고 모이리라

하나님의 목적을 바꾸는 것은 불가능하다. 이 사건들의 과정을 바꾸려고 시도하는 자들은 자신이 다칠 수 있음을 알게 될 것이다. 왜냐하면 무언가를 바꾸기에는 너무 늦었기 때문이다. 사탄이 어떤 일을 시도해도 하나님의 목적이 우세하여 승리할 것이다. 사람들에게 경고를 전한 후에, 하나님은 그분의 목적이 피할 수 없이 성취됨으로 인류가 막다른 지경에 몰리게 하실 것이다. 열방과 이스라엘에 거주하는 믿는 성도들이 기억해야 할 것은, 우리가 예루살렘을 향한 하나님의 목적을 위해 지금 무거운 돌 위에 서 있다는 것이다. 그 돌은 예루살렘의 왕이신 예수 그리스도이시다.

### 2nd event: 스가랴 12장 4절

여호와가 말하노라 그 날에 내가 모든 말을 쳐서 놀라게 하며 그 탄 자를 쳐서 미치게 하되 유다 족속은 내가 돌보고 모든 민족의 말을 쳐서 눈이 멀게 하리니

이 구절에서 공포와 미치게 됨, 눈이 멀게 되는 것은 이스라엘을 치기 위해 몰려온 자들에 대한 하나님의 저주다. 역사의 마지막 시대를 살고 있는 지금, 하나님은 유대인을 대적하는 자들에게 이러한 저주를 돌리실 것이다. 전쟁을 하기 위해 말을 타고 온 자들은 눈이 멀게 될 것이다. 그들은 자신이 나갈 길을 발견하지 못할 것이다. 비록 적군이 예루살렘 주변을 포위하여 파괴하려고 기다리고 있어도 그들은 자신들의 목적을 성공시킬 방법을 찾을 수 없을 것이다.

확대해서 적용해 보면, 이스라엘에 대한 하나님의 목적을 이해하지 못하는 자들은 이미 눈이 먼 나라들이다. 그리고 적국은 자신의 악한 계획을 이 나라들의 비운에 겹쳐 놓으려 할 것이다. 그러나 교회는 눈먼 자들이 되어서는 안 되며, 반드시 예루살렘과 함께 서야 한다. 왜냐하면 하나님이 볼 수 있는 눈과 들을 수 있는 귀를 하나님의 교회에 주셨기 때문이다. 하나님은 교회가 예루살렘과 이스라엘 땅을 위해 파수하는 자들이 되길 진정으로 원하신다.

### 3rd event: 스가랴 12장 6-7절

그 날에 내가 유다 지도자들을 나무 가운데에 화로 같게 하며 곡식단 사이에 횃불 같게 하리니 그들이 그 좌우에 에워싼 모든 민족들을 불사를 것이요 예루살렘 사람들은 다시 그 본 곳 예루살렘에 살게 되리라 여호와가 먼저 유다 장막을 구원하

리니 이는 다윗의 집의 영광과 예루살렘 주민의 영광이 유다보다 더하지 못하게 하려 함이니라

예루살렘을 둘러싼 황폐와 파괴에도 불구하고, 주님은 먼저 유다의 장막을 구원하시고 다윗의 집과 예루살렘 거민의 영광이 그곳에 사는 사람들을 호위하게 하실 것이다.

### 4th evnet: 스가랴 12장 8절
그 날에 여호와가 예루살렘 주민을 보호하리니 그 중에 약한 자가 그 날에는 다윗 같겠고 다윗의 족속은 하나님 같고 무리 앞에 있는 여호와의 사자 같을 것이라

예루살렘을 위해 지속적으로 함께 서 있을 때, 우리가 살고 있는 세상이 어떠하더라도 우리를 보호하시는 방패 안에 거할 것이다. 초자연적인 강한 힘이 예루살렘 거민들에게 주어질 것이고, 가장 약하고 작은 자도 그날에는 다윗이 전쟁에 나갈 때처럼 강건함으로 일어서게 될 것이다.

주님은 예루살렘을 보호하시는 경배의 방패를 세우시고, 이는 예루살렘에서 땅 끝까지 퍼져 나갈 것이다.

### 5th event: 스가랴 12장 9절
예루살렘을 치러 오는 이방 나라들을 그 날에 내가 멸하기를 힘쓰리라

예루살렘을 치러 올라오는 자들은 최후의 순간에 파멸되는 비운을 보게 될 것이다. 이 나라들은 예루살렘을 치기 위해 도시 주변을 에워싸지

만, 하나님이 그들을 심판하시기 위해 오실 것이다. 하나님은 예루살렘에서 열국을 향한 심판을 계시하시고, 주님은 예루살렘으로부터 열방을 위한 평강의 왕으로 자신을 계시하실 것이다.

### 6th event: 스가랴 12장 11절

그 날에 예루살렘에 큰 애통이 있으리니 므깃도 골짜기 하다드림몬에 있던 애통과 같을 것이라

스가랴는 이렇게 예언한다. "그들(유대인 민족)이 그 찌른 바 그를 바라보고 그를 위하여 애통하기를 독자를 위하여 애통하듯 하며 그를 위하여 통곡하기를 장자를 위하여 통곡하듯 하리로다"(슥 12:10).

유대인들이 메시아를 거절했던 자신의 모습을 깨닫는 순간 슬픔으로 애통하며, 그들의 통곡소리가 너무 커서 마치 이스라엘의 죽은 왕을 위해 통곡하는 소리 같다고 예언한다. 주님이 재림하실 마지막 날에 가까이 갈수록 예루살렘을 치러 오는 나라들을 보게 될 것이며, 유대인은 그토록 염원하며 기다려 온 메시아를 깨닫고 만나게 될 것이다. 홀로코스트와 유대인이 겪었던 모든 고통을 바라볼 때, 그들은 깨어진 마음으로 슬피 애통하게 될 것이다. 왜냐하면 그들이 메시아를 거절했기 때문이다. 그날에 유대인을 덮고 있던 수건이 벗겨져 그들은 메시아를 애통하며 바라보게 될 것이다.

### 7th event: 스가랴 13장 1절

그 날에 죄와 더러움을 씻는 샘이 다윗의 족속과 예루살렘 주민을 위하여 열리리라

다윗의 족속은 유대 민족이다. 예루살렘 주민에는 아랍 사람도 포함된다. 하나님은 그들을 죄에서 정결하게 하실 것이고, 그들은 우상을 버릴 것이다. 오직 예루살렘의 위대한 왕이 영원토록 예배를 받으실 것이다. 오직 한 분의 메시아, 오직 한 분의 하나님이 경배를 받으시고, 모든 거짓 신과 거짓 종교들은 무너져 끊어질 것이다. 아브라함, 이삭, 야곱의 하나님이 오직 한 분의 참된 하나님으로 높임을 받을 것이다.

### 8th event: 스가랴 13장 2절

만군의 여호와가 말하노라 그 날에 내가 우상의 이름을 이 땅에서 끊어서 기억도 되지 못하게 할 것이며 거짓 선지자와 더러운 귀신을 이 땅에서 떠나게 할 것이라

그날에 주님은 세상의 인본주의와 우상을 나타내는 형상들, 프리메이슨, 카발라, 이슬람 그리고 하나님을 아는 지식을 대적하기 위해 세워진 모든 종류의 우상을 이 땅에서 끊어지게 하실 것이다.

### 9th event: 스가랴 13장 4절

그 날에 선지자들이 예언할 때에 그 환상을 각기 부끄러워할 것이며 사람을 속이려고 털옷도 입지 아니할 것이며

성경은 우리가 부분적으로 알고 부분적으로 예언한다고 말한다. 하나님은 주님의 크고 놀라운 재림의 날이 오고 있기 때문에 그날에 선지자들이 예언할 때 자신들을 부끄러워할 것이라고 하신다. 하나님은 우리가 마지막 날에 예언적인 하나님의 말씀을 선포하는 정결한 자들로 나

아가기 원하신다. 성경은 하나님이 과거에 선지자들을 통해 말씀하셨지만, 훗날에는 그분의 아들을 통해 우리에게 말씀하신다고 한다. 우리는 진정한 선지자이자 왕이며 제사장인 예수님, 하나님의 아들 예수님과 한마음으로 다가올 주의 날을 향해 예언적 선포의 말씀을 전해야 한다. 하나님은 우리가 그분의 예언적 말씀을 선포하는 하나님의 목소리가 되기 원하신다.

### 10th event: 스가랴 14장 4절

그 날에 그의 발이 예루살렘 앞 곧 동쪽 감람 산에 서실 것이요 감람 산은 그 한 가운데가 동서로 갈라져 매우 큰 골짜기가 되어서 산 절반은 북으로, 절반은 남으로 옮기고

예슈아는 감람산으로 다시 오실 것이다. 예수님은 매우 조용히 예상치 않은 시기에 오시는 것이 아니다. 그때에 재림을 공포하는 나팔들이 울려 퍼질 것이고, 그분의 두 발이 감람산에 섰을 때 갈라진 것처럼 이 땅은 둘로 나누어질 것이다. 스가랴 14장 2절 말씀은 예루살렘이 어떻게 함락될 것인지 묘사하고 있다. "성읍이 함락되며 가옥이 약탈되며 부녀가 욕을 당하며 성읍 백성이 절반이나 사로잡혀 가려니와 남은 백성은 성읍에서 끊어지지 아니하리라."

수많은 여호수아와 갈렙이 예수님 재림의 때에 남겨져 성읍에서 굳건히 설 것이다. 그들은 예수님의 재림을 보기 위해 그 성읍에 남을 것이다. 어떤 사람들은 도망가고 쫓겨나기도 하겠지만, 성읍의 반은 남은 자들이 될 것이다. 이 남은 자들이 끝까지 그곳을 지키는 것을 상상해 보

라. 그들은 감람산으로 내려오실 예슈아의 재림을 실제로 목도하는 증인이 될 것이다. 예슈아가 재림하실 때, 우리는 이 땅이 나누어져 남북으로 움직이고 커다란 굉음 소리가 나는 가운데 말로 표현할 수 없는 영광스러운 모습을 보게 될 것이다. 예슈아는 우리 주님이시며, 예루살렘에서 영원히 통치하실 우리의 위대한 왕으로 오시는 것이다.

### 11th event: 스가랴 14장 6-7절
그 날에는 빛이 없겠고 광명한 것들이 떠날 것이라 여호와께서 아시는 한 날이 있으리니 낮도 아니요 밤도 아니라 어두워 갈 때에 빛이 있으리로다

### 12th event: 스가랴 14장 8절
그 날에 생수가 예루살렘에서 솟아나서 절반은 동해로, 절반은 서해로 흐를 것이라 여름에도 겨울에도 그러하리라

예루살렘 남쪽에 있는 사해는 물의 흐름이 없어 움직이지 않는 바다다. 그러나 이곳에 다시 생수가 흘러 들어와 물고기와 바다 식물이 가득 차서 갈릴리 호수보다 훨씬 좋은 곳으로 변할 것이다. 사해는 갈릴리 호수의 약 50배 정도로 커질 것이며, 수영할 수 있는 놀라운 장소로 바뀔 것이다. 예루살렘으로부터 솟아난 생수가 사해뿐만 아니라 서해 지중해로 흘러갈 것이다.

### 13th event: 스가랴 14장 9절
여호와께서 천하의 왕이 되시리니 그 날에는 여호와께서 홀로 한 분이실 것이요

그의 이름이 홀로 하나이실 것이라

모든 거짓 신과 우상들이 땅에서 쫓겨나고 오직 홀로 하나이신 하나님만 높임을 받을 것이다.

### 14th event: 스가랴 14장 13절

그 날에 여호와께서 그들을 크게 요란하게 하시리니 피차 손으로 붙잡으며 피차 손을 들어 칠 것이며

이 일들에 앞서 스가랴 선지자는 이스라엘을 치러온 열국의 운명에 대해 다음과 같이 묘사하고 있다. "예루살렘을 친 모든 백성에게 여호와께서 내리실 재앙이 이러하니 곧 섰을 때에 그들의 살이 썩으며 그들의 눈동자가 눈구멍 속에서 썩으며 그들의 혀가 입 속에서 썩을 것이요"(슥 14:12).

그들은 예루살렘을 치려고 했던 계획이 돌이켜 자신들을 치게 되는 것을 깨닫고, 오히려 자신들이 파멸당하는 것을 보며 서로 적대하게 될 것이다. 예루살렘을 공격하기 위해 올라온 적국 가운데 더 이상 연합은 없으며, 이러한 공포와 테러 가운데 서로가 서로를 적대하게 될 것이다.

### 15th event: 스가랴 14장 20절

그 날에는 말 방울에까지 여호와께 성결이라 기록될 것이라 여호와의 전에 있는 모든 솥이 제단 앞 주발과 다름이 없을 것이니

그날에 여호와의 전에 있는 모든 그릇이 하나님의 임재 앞에 거룩하고 성결하게 될 것이다. 그리고 하나님 앞에 성결하게 구별되지 않은 것들은 더 이상 없을 것이다.

### 16th event: 스가랴 14장 21절
그 날에는 만군의 여호와의 전에 가나안 사람이 다시 있지 아니하리라

이날은 실로 예슈아가 그분의 도시 안으로 들어오실 때처럼, 예루살렘의 왕을 경축하는 '예루살렘의 날'로 새겨질 것이다. 이때는 하나님의 목적이 온전히 성취되는 때로, 이 땅의 모든 것이 하나님의 통치와 발아래 다스림을 받게 될 것이다. 그리고 예슈아를 믿는 모든 성도가 중요하게 여기는 성만찬이 더 이상 필요하지 않게 될 것이다. 왜냐하면, 성경은 예슈아가 재림하실 때까지 메시아와 만찬을 나누게 될 것이라고 말하기 때문이다. 그분이 재림하시면, 우리는 더 이상 예수님의 죽음과 부활을 되새기지 않아도 된다. 대신에 우리는 예수님의 손과 발에 뚫린 못 자국을 보고, 승리하시고 부활하셔서 우리 중에 영광 가운데 계시는 주님과 함께하기 때문이다. 예수님이 감람산으로 다시 돌아오셔서 두 발로 이 땅에 서실 때, 주님의 십자가로 완수된 과업과 성만찬이 갖는 중요한 의미가 영광의 순간 가운데 하나로 집중되어 모여질 것이다.

메시아이신 예슈아의 마지막 통치는 16가지 일련의 상황과 사건들 위로 두드러지게 나타날 것이다. 아브라함은 주님의 그날을 학수고대하며 나아갔다. 그는 멜기세덱에게 드린 희생제물이 나타내는 십자가에 못 박힌 예슈아의 대속의 의미를 넘어 그 이상의 것을 찾고 있었다. 그

는 그 마지막의 종결부, 예슈아가 두 발로 감람산 위에 다시 서실 때를 고대하며 기다렸던 것이다. 또한 사도 요한이 보았던 최종적인 하나님 나라가 궁극적으로 성취되는 것을 바라보고 있었다.

> 성령으로 나를 데리고 크고 높은 산으로 올라가 하나님께로부터 하늘에서 내려오는 거룩한 성 예루살렘을 보이니 하나님의 영광이 있어 그 성의 빛이 지극히 귀한 보석 같고 벽옥과 수정 같이 맑더라 (계 21:10-11)

이 구절 이후에 성경은 계속해서 예루살렘의 성벽의 기초가 되는 열두 문을 묘사하고, 그 문들 위에 어린 양의 열두 사도(지파)의 이름이 있다고 말한다.

아브라함은 예슈아가 이 계시를 온전하게 성취하시는 것을 전심으로 고대하고 있었다. 그러나 창세기에서 아브라함이 보고자 그토록 학수고대했던 하나님의 목적이 온전하게 완성되는 것을 보기 전에 많은 계시가 성취되어야 했고, 이 계시들이 계속 충만히 이루어져야 한다. 예루살렘을 향한 하나님의 모든 약속은 반드시 성취될 것이다.

요한계시록 21장 22절에서 요한은 새 예루살렘에 대해 이렇게 묘사하고 있다. "성 안에서 내가 성전을 보지 못하였으니 이는 주 하나님 곧 전능하신 이와 및 어린 양이 그 성전이심이라."

예슈아는 다시 한 번 다스리시기 위해 재림하시고, 예루살렘의 왕으로 통치하실 것이다. 예슈아는 멜기세덱으로 나타나신 이후로 계속 이 도시의 왕으로 계셨다. 구약을 통틀어 보면, 그분은 예루살렘을 통치하는 왕이시며, 예루살렘의 왕으로 죽으셨다. 이 도시에 사는 대부분의 거민들은 그분이 십자가에 쓰여진 대로 예루살렘에서 유대인의 왕으로 돌아가셨음에도 불구하고 메시아인 그분을 보지 못하고 있다. 예슈아는 십자가를 통해 모든 적을 밟으셨고, 사탄을 무장해제 시키셨다. 그리고 예루살렘의 왕으로 다시 부활하셨고, 감람산 위에 두 발을 두시며 재림하실 것이다. 예수님은 예루살렘의 속박을 영적으로 풀어주실 뿐만 아니라 자유하게 하실 것이다. 새 예루살렘이 천국에서 내려올 때, 어린 양이 친히 성전이 되시고, 우리가 그분의 돌들이 되기 때문에 더 이상 돌과 바위로 건축된 성전이 필요 없을 것이다. 가장 중요한 것은 예루살렘이 하늘의 높고 지극히 위대한 왕이 예루살렘을 통해 자신을 직접 나타내시고 계시하기 위해 선택한 도시라는 것이다. 예루살렘은 영원한 왕이신 그분의 임재만을 나타내는 곳이다.

우리는 하나님의 도시, 예루살렘을 위해 주님의 언약과 함께 서야 한다. 왜냐하면 하나님께서 이곳에서 당신 자신을 계시하시기로 약속하시고, 그것을 행하시는 분이기 때문이다. 우리가 하나님과 함께 서기 원한다면, 하나님의 목적에 동의하고 그분의 계획에 참예하기 원한다면, 예루살렘을 위해서도 주님과 함께 서야 한다. 오늘날 예수님은 무슬림들을 직접 방문하셔서 자신을 계시하신다. 그리고 열국에 흩어졌던 하나님의 백성들을 모으시는 것처럼 유대인에게도 직접 자신을 계시하신다. 동일하게 그분의 몸 된 교회에도 예수님은 계속 자신을 계시하신다. 이 모든 것이 하나의 왕이신 예수 그리스도 아래 연합되고 있는 것이다. 많은 복음전도자가 이곳 예루살렘에서 하나님의 말씀을 가지고 세계 방방곡곡으로 나아가게 될 것이다. 그리고 나라들이 예루살렘에서 심판을 받게 될 것이다. 예슈아는 천국에서 새 예루살렘이 내려오는 것처럼 영원히 이 땅을 통치하시기 위해 곧 재림하실 것이다.

스가랴서의 16가지 예언적 약속들이 천국에서 이루어진 것 같이 이곳 예루살렘에서도 성취되어 이 땅이 준비되도록 기도하자. 예루살렘의 평화를 위해 기도하는 것은 하나님의 목적과 마지막 시대의 일들이 온전히 완수되도록 기도하는 것과 같다. 예루살렘을 위해 신실한 파수꾼으로 주님과 함께 동역하는 당신을 주님께서 축복하시길 기도한다.

# 내가 불로 둘러싼 성곽이 되며
# 그 가운데에서 영광이 되리라

## 땅 끝에서 예루살렘까지

이르되 너는 달려가서 그 소년에게 말하여 이르기를 예루살렘은 그 가운데 사람과 가축이 많으므로 성곽 없는 성읍이 될 것이라 하라 여호와의 말씀에 내가 불로 둘러싼 성곽이 되며 그 가운데에서 영광이 되리라 (슥 2:4-5)

우리가 살고 있는 마지막 시대는 스가랴 선지자를 통해 말씀하신 시대다. 이러한 일들이 이미 많이 일어났고, 미래에는 더 많은 일이 일어날 것이다. 우리가 할 수 있는 것은 주님의 재림의 길을 준비하는 것이다.

초대교회 때 유대인 성도들은 예루살렘에서 시작하여 유대와 사마리아, 그리고 땅 끝까지 복음을 가지고 열방으로 들어갔다. 오순절 성령강림 후 베드로는 로마로 갔고, 마가는 이집트와 아프리카로, 요한은 유럽과 터키로, 도마는 인도로, 바울은 아시아와 유럽으로 생명의 복음을 가지고 나아갔다. 이후 기독교는 전 세계에서 가장 우세한 종교로 성장했다(약 20억 인구로 추산됨).

1998년 예수전도단은 2000년 말까지 마지막 지상 명령을 완수하실 하나님을 믿으며, 처음 지상명령이 주어졌던 예루살렘의 감람산에서 횃불을 들고 행진했다.

2000년 2월에 나는 호주에서 컨퍼런스 사역을 하고 있었는데, 그곳은 후에 시드니 올림픽의 성화가 장소가 되었다. 주님은 새벽 3시에 깨우셔서 말씀하셨다. "이제는 땅 끝에서 예루살렘으로 횃불들이 다시 돌아와야 하는 시간이다." 나는 사사기 6장을 펼 때까지 이 음성을 정확하게 이해하지 못했다. 나는 횃불을 든 기드온과 300명의 용사를 보았고, 동시에 그들이 나팔을 불었다는 것을 깨달았다. 1998년 예루살렘 국제기도의 집 컨퍼런스에서 우리는 300개의 나팔을 불었고, 2000년에 주님은 우리에게 300개의 횃불을 높이 들고 밝히라고 하셨다. 주님은 직접 땅 끝에서 온 사람들을 통해 예루살렘을 둘러싸는 부흥의 불의 성곽을 지으셨다는 것을 우리에게 보여 주셨다. 그리고 이 불의 성곽은 부흥이 열방의 국가들을 돌파하여 이곳 예루살렘으로 돌아올 시기라는 것을 알려 주셨다. 우리는 땅 끝에서 온 여러 나라의 횃불을 이곳 예루살렘으로 가져왔고, 예언적으로 모든 나라에 부흥의 횃불이 타오르게 하실 하나님을 믿게 되었다. 그리고 이 부흥의 불은 이미 여러 나라에서 일어나고 있다.

라틴 아메리카의 부흥은 북아메리카와 유럽으로 이 불이 옮겨가게 했다. 부흥의 횃불은 넓게 퍼져 이곳 예루살렘으로 오게 될 것이다. 스페인어를 사용하는 나라들은 스페인에 약 1000개의 교회를 세우기로 한 계획을 실천으로 옮기고 있다. 엘살바도르와 코스타리카는 국가의 대사

관을 예루살렘에 세운 유일한 나라다. 이들은 위대한 왕의 도시로서 예루살렘의 진정한 뜻을 깨달은 것이다. 브라질의 부흥은 지금 포르투갈에 거대한 영향을 미치는 중이다.

이사야 19장 22-23절은 애굽(아프리카)에서 이스라엘로 통하는 커다란 대로(불)가 있을 것이라고 말한다. 이 말씀의 성취는 이미 아프리카의 나이지리아, 우간다, 탄자니아, 남아프리카 공화국, 케냐에서 시작되고 있다. 나는 나이지리아에서 열린 약 500만 성도가 모인 11시간 철야기도에 참가했었다. 그들은 이스라엘을 위해 기도했고, 북아프리카에서 예루살렘 방향으로 나팔을 불었다. 집회 이후 하나님은 나이지리아에 예수님을 믿는 그리스도인 대통령을 주셨고, 이 부흥은 지금도 진행 중이다. 많은 돌파가 나이지리아, 북아프리카 그리고 이스라엘에서 일어나고 있다.

또한 하나님은 인도에서도 강력한 방법으로 역사하고 계신다. 도마 사도를 포함하여 수천 명의 순교자들이 피를 흘렸던 인도 남쪽 지역에서 많은 영혼이 주님께로 돌아오고 있다. 네팔은 30년 전에는 그리스도인이 한 명도 없는 척박한 곳이었다. 그러나 지금은 불교와 힌두교가 탄생한 네팔에서 예수 그리스도를 왕으로 고백하는 믿음의 성도들이 100만 명가량 되는 것으로 추산되고 있다. 세계의 가장 높은 영적 고지들이 예수 그리스도를 왕으로 고백하는 땅으로 변화되고 있는 것이다!

오늘날 중국에는 약 100만 명의 그리스도인이 있는데 세계에서 가장 많은 그리스도인이 있는 두 나라 중 하나가 되었다. 특별히 중국 본토의 남쪽 지역에 성도들이 많다.

성령의 불의 소용돌이는 계속해서 아시아를 통하여 인도네시아로 전진하고 있으며, 인도네시아에서 가장 큰 부흥이 일어나고 있다. 누군가는 약 5천만의 성도들이 있다고 한다. 이처음 복음에 대한 담대함과 핍박과 고난 가운데에도 하나님을 예배하며 올려 드리는 승리의 기도는 전 세계에 있는 사람들에게 위대한 증인 된 삶으로 증거되고 있다. 한 목사가 2만 명의 성도를 위해 교회를 세우고, 약 10만 명이 모이는 교회들도 생겨났다.

또한 하나님은 필리핀에서도 역사하고 계신다. 내가 대략 100만 명의 성도가 모이는 교회에서 설교했을 때, 많은 사람이 예수님을 알기 위해 강대상 앞으로 나왔다. 필리핀의 많은 성도들도 이 부흥의 불을 예루살렘으로 가져오기 위한 계획을 세우고 있다.

한국은 중앙아시아를 통해 예루살렘까지 이 불을 옮기는 데 있어서 가장 커다란 영향을 미치고 지속적으로 선교하는 나라다. 또한 러시아와 우크라이나, 구소련 연방 국가였던 나라들이 놀라운 부흥을 경험하고 있다. 100만 명이 넘는 유대인이 지난 12년 동안 북쪽 국가에서 이스라엘로 귀환했고, 예수님을 믿는 수천 명의 러시아계 유대인이 이스라엘로 돌아왔다. 이들은 오늘날 이스라엘 내에서 강력한 믿음의 군단이 되고 있다.

또한 펜사콜라 브라운스빌에 거대한 부흥이 일어나 유럽에서 이스라엘까지 커다란 영향을 주었던 것을 알고 있다. 우리는 부흥의 소용돌이가 모든 나라를 통해 지구 끝에서부터 예루살렘으로 다시 돌아온 것을 볼 수 있었다.

2000년 10월 12일 텔아비브에서 이스라엘 내의 유대인과 아랍인 성도들 그리고 열방에서 모인 사람들이 300개의 횃불을 들고 예루살렘과 이스라엘을 구원하실 하나님을 믿음으로 고백하며 행진했다. 하나님은 이스라엘과 예루살렘의 구원이 횃불같이 불타오를 것이라고 약속하셨다(사 62:1). 창세기 15장에서 아브라함은 하나님께서 횃불처럼 나타나 쪼갠 고기 사이로 지나가신 것을 보았다. 이것은 하나님이 이스마엘(이방인)과 이삭(유대인) 가운데 분열된 틈을 직접 걸어 다니신 것을 상징한다.

오늘날 우리는 회복과 화해의 날을 살고 있다. 하나님은 이집트와 이스라엘, 앗시리아를 열방 가운데 복이 되는 나라로 만들겠다고 약속하셨다. 이스마엘과 이삭의 아들들은 하나로 연합하여 함께 하나님을 경배하고 예배하게 될 것이다. 하나님은 스가랴 12장 말씀처럼 유대의 우두머리들로 하여금 나무 가운데 화로 같게 만들 것이며, 곡식단 사이에 횃불 같게 하실 것이다.

## 천국에서 예루살렘까지

9장의 주제는 스가랴 2장 5절에서 나왔다. 이는 주님이 예루살렘 사면에서 불로 둘러싼 성곽이 되며, 그 가운데서 영광이 되실 것이라는 말씀이다. 그리고 천국으로부터 하나님의 불을 이 땅에 부어 주사 하나님의 백성을 통해 땅 끝까지 이를 것이며, 하나님의 회복이 열방에서 예루살렘으로 이동하게 하실 것이다.

"물이 바다를 덮음 같이 여호와의 영광을 인정하는 것이 세상에 가득함이니라"(합 2:14). 하나님의 불과 영광의 임재가 궁극적으로 최고조에 이를 때, 이 불과 영광이 천국에서 예루살렘으로 풀어지게 될 것이다. 주님은 직접 예루살렘 성곽 사면에 불이 되시고 그 안에 영광으로 임하실 것이다. 이스라엘은 불이고, 예루살렘은 불의 용광로이다(사 31:9). 하나님은 마지막 시대에 예루살렘에 사는 거민을 위하여 격렬한 풀무불에 들어갔던 사드락과 메삭과 아벳느고와 같은 방법으로 생명을 증가시키실 것이다.

> 그가 임하시는 날을 누가 능히 당하며 그가 나타나는 때에 누가 능히 서리요 그는 금을 연단하는 자의 불과 표백하는 자의 잿물과 같을 것이라 그가 은을 연단하여 깨끗하게 하는 자 같이 앉아서 레위 자손을 깨끗하게 하되 금, 은 같이 그들을 연단하리니 그들이 공의로운 제물을 나 여호와께 바칠 것이라 그 때에 유다와 예루살렘의 봉헌물이 옛날과 고대와 같이 나 여호와께 기쁨이 되려니와 (말 3:2-4)

하나님은 구약성경(타나크)의 마지막에 이렇게 말씀하셨다.

> 만군의 여호와가 이르노라 보라 용광로 불 같은 날이 이르리니 교만한 자와 악을 행하는 자는 다 지푸라기 같을 것이라 그 이르는 날에 그들을 살라 그 뿌리와 가지를 남기지 아니할 것이로되 내 이름을 경외하는 너희에게는 공의로운 해가 떠올라서 치료하는 광선을 비추리니 너희가 나가서 외양간에서 나온 송아지 같이 뛰리라 (말 4:1-2)

말라기 4장 5절에서 하나님은 크고 두려운 심판의 날이 이르기 전에 선지자 엘리야를 보내주시겠다고 약속하셨고, 그가 아비의 마음을 자녀에게 자녀의 마음을 아비에게 돌이키게 할 것이라고 하셨다. 열왕기상 18장 24절에서 엘리야는 하나님의 불로 응답을 받은 후, 불이 하나님의 임재를 상징한다고 고백한다. 엘리야는 하늘로부터 불을 내렸고, 바알의 선지자 수백 명을 죽인 선지자다. 엘리야가 하나님 아버지의 마음을 자녀에게, 자녀의 마음을 아버지에게 서로 돌이키게 한다면, 하나님의 불이 천국에서 이 땅으로 내려와 하나님으로부터 떠나간 분리된 자녀와의 결렬된 틈을 태워 버릴 것이다.

### 24시간 중보기도와 예배

우리가 이스라엘과 중동 지역에 있는 사람들의 분열된 틈에 설 수 있는 또 다른 방법은 바로 24시간 중보기도와 예배를 통해서다. 주님은 실제로 천국에 있는 것처럼 예루살렘의 12개의 문에서 24시간 파수기도를 일으키시고 계신다.

우리는 다윗의 장막과 솔로몬의 성전이 회복되고 있는 시대에 살고 있다. 그리고 주님의 보좌를 원형으로 둘러싸고 있는 예배로, 천국에 있는 모습대로 건축되고 있는 시간대다. 유대인은 그들이 이 세상 어디에 있더라도, 항상 예루살렘을 대면하고 있는 것처럼 예배를 드렸다. 이것은 영광의 왕이 들어오시는 길을 준비하는 예루살렘의 문들을 활짝 여는 길이다. 이제는 예루살렘의 왕을 만나기 위해 들어오는 열방의 백성이 진실로 위대한 왕을 송축하며 환영하도록 각 나라를 위한 문들을 열어야 하는 시간이다. 따라서 모든 나라의 성도들은 땅 끝에서부터 이곳 예루살렘을 보호하며 덮기 위해 성곽을 둘러싸는 불의 한부분으로서 24시간 중보기도와 예배에 동참해야 한다. 열방의 성도가 이렇게 예배드릴 때, 지구의 12개 지역의 대로로부터 예루살렘의 12개의 문을 향해 경배의 기둥을 만들고 하나님께 예배의 제단을 올려 드리게 되는 것이다. 이것은 예루살렘 사람들이 주의 재림의 길을 준비하도록 돕는 것이며, 하나님을 아는 지식이 물이 바다를 덮음 같이 여호와의 영광으로 이 땅을 덮는 것이다. 말씀의 성취를 통해 영광의 왕이 온전히 우리에게 계시될 것이고, 예슈아는 그분이 소유하신 도시에 있는 왕의 보좌로 좌정하시기 위해 오실 것이다.

천국의 새 예루살렘이 내려올 때, 그곳에 12개의 문이 있을 것이다. 오늘날 하나님은 예언적인 첫 열매로 12개의 문에 24시간 중보기도와 예배의 집들을 세우고 계신다. 이처럼 하늘과 땅에 있는 모든 것이 메시아 안에서 하나로 연합될 때, 주님이 오시는 길을 예비하는 것이 될 것이다. 그리고 주님은 성전산 위 영원토록 그분의 두 발을 두실 보좌에 좌정하실 것이다.

이 책의 뒷부분에 예배와 기도로 땅 끝에서부터 이곳 예루살렘을 둘러싸기 위한 전 세계의 중보기도 전략을 설명한 두 개의 지도가 소개되어 있다. 당신이 이스라엘의 현지 시간을 기준으로 예루살렘과 열방을 위한 기도를 하고자 한다면, 예루살렘의 문들에서 예배할 수 있는 시간대를 참고하라. 우리는 당신이 속한 대로에서 열방을 향하여 우리와 함께 중보하며 예배하기를 바란다. 보다 자세한 정보는 예루살렘 국제 기도의 집에 문의하기 바란다.

우리는 이스라엘과 중동 국가들 그리고 열방의 많은 나라에서 온 수많은 파수기도자가 우리와 같이 중보하며 서도록 권고한다. 하나님이 우리에게 그분의 불을 내려주셔서 응답해 주실 것을 믿는다. 불로 임하셨던 하나님은 거짓 선지자들과 우상들을 태워 버릴 불을 천국에서 내리셔서 최종적으로 예루살렘의 구원을 허락하실 것이다. 우리가 해야 할 일은 충만한 부흥의 불이 예루살렘에 극렬한 풀무불 같이 부어지도록 하나님만을 신뢰하는 것이다.

히브리서는 시온산에 이르게 될 많은 믿음의 사람들에 대해 이야기한다. 시온산은 바로 하늘의 예루살렘이며, 살아 계신 하나님의 성이고, 수많은 천사가 기뻐하며 함께 모여 있는 곳이다. 그리고 천국에 이름이 기록된 장자들의 총회(교회)가 있는 곳이다(히 12:22-23). 이 땅의 예루살렘 사람들이 천국의 예루살렘을 받아들일 때, 예슈아 안에서 하늘에 있는 것과 땅에 있는 모든 것이 연합되어 풍성함에 이르는 것을 경험하게 될 것이다. 이때 예슈아는 성전산에 있는 다윗의 보좌에서 통치하실 것이다. 히브리서 12장은 우리에게 "너희는 삼가 말씀하신 이를 거역하지 말라"고 경고한다. 하나님께서 이 땅의 흔들릴 수 있는 것은 모두 흔드실 것이라고 말씀하셨다. 그러나 우리에게 흔들리지 않는 하나님 나라를 약속하셨다.

요한계시록 1장 14-16절에서 메시아 예슈아가 요한에게 자신을 계시하셨을 때, 두 눈은 불꽃처럼 빛나고, 얼굴은 마치 강렬하게 타오르는 태양을 보는 것 같았다고 한다. 요한계시록 4장에서 요한이 하늘의 보좌 위로 올라갔을 때, 번개와 천둥소리가 보좌에서 울려 퍼지고 있었다고 전한다. 하나님의 보좌 앞에는 횃불 같이 타오르는 일곱 개의 등불이 켜져 있었는데, 이 등불은 바로 하나님의 일곱 영이다. 보좌의 중앙에는 네 생물이 서 있었고, 그들은 밤낮으로 쉬지 않고 이렇게 외치고 있었다. "거룩하다 거룩하다 거룩하다 주 하나님 곧 전능하신 주여 전에도 계셨고 이제도 계시고 장차 오실 이시라"(계 4:8).

우리가 천년왕국에서 다른 시기로 들어갈수록, 하나님은 24시간 불을 밝힐 천국의 등불이 결코 꺼지지 않길 원하신다. 그리고 하나님이 예루살렘과 모든 나라에서 탄생시키는 24시간 파수기도의 불은 결코 꺼지지 않을 것이다.

> 여호와께서 모세에게 말씀하여 이르시되 아론과 그의 자손에게 명령하여 이르라 번제의 규례는 이러하니라 번제물은 아침까지 제단 위에 있는 석쇠 위에 두고 제단의 불이 그 위에서 꺼지지 않게 할 것이요 … 제단 위의 불은 항상 피워 꺼지지 않게 할지니 제사장은 아침마다 나무를 그 위에서 태우고 번제물을 그 위에 벌여 놓고 화목제의 기름을 그 위에서 불사르며 불은 끊임이 없이 제단 위에 피워 꺼지지 않게 할지니라 (레 6:8-9, 12-13)

천국에 있는 제단과 등불에서 타고 있는 불이 결코 꺼지지 않는 것처럼, 하나님의 마음과 목적은 천국과 같이 동일하게 이 땅의 파수기도의 제단과 등불에 계속 불타오르고 있다. 하나님은 여러 나라에 파수기도자들을 세우시고, 유대인들이 예루살렘으로 다시 돌아오도록 역사하신다. 하나님이 아브라함과 언약을 맺으셨을 때, 제사로 드린 희생 고기를 반으로 자르게 하셨다. 그리고 연기 나는 풀무 가운데 불타는 횃불이 쪼개진 고기 사이로 지나갔다(창 15:17). 이 사건 후에 이스마엘과 이삭이 태어났다.

## 예루살렘의 평화를 위해 기도하는 것은
## 예루살렘의 백성을 위해 기도하는 것이다

예루살렘의 평화를 위해 기도하려면 두 개의 쪼개진 조각인 두 백성, 바로 유대인과 아랍인을 위해 기도해야 한다. 하나님이 타는 화로와 불타는 횃불로 그들에게 나타나셔서 불순물을 전부 태워 버리고 그들이 용광로 같은 불을 통과하여 모두가 정결하게 되어 마침내 서로가 한 형제로 용서하고 화해하도록 기도하는 것이다. 하나님께서 소명하신 대로 유대인과 아랍인이 열방 가운데 복이 되도록 기도하자.

스가랴 12장에서 주님은 예루살렘과 유다가 나뭇단을 태우는 불과 짚을 태우는 불이 될 것이라고 말씀하셨다. 이사야 62장 1절에서는 예루살렘의 구원이 횃불같이 타오를 것이라고 하셨다. 예루살렘의 평화를 위해 이집트와 이스라엘, 앗시리아에 있는 아랍과 유대인 성도들을 포함한 우리 모두가 천국으로부터 구원의 횃불을 받을 수 있도록 지속적으로 기도해야 한다. 그리고 24시간 파수기도가 아랍 국가들과 이스라엘, 각 나라에서 시작되도록 기도해야 한다. 또한 파수기도를 통해 하나님의 제단 위의 불들이 꺼지지 않고 밤낮으로 타도록 중보해야 한다. 이것은 이스라엘의 구원이 충만해지도록 횃불같이 타오르는 길을 준비하는 것이다. 예수님이 예루살렘 성전 안으로 입성하실 때, 직접 예루살렘을 둘러싼 성곽의 불이 되어 영광으로 임재하실 것이다. 그리고 천국과 전 세계에 있는 예배의 제단에 타고 있는 불들은 예루살렘에서 하나의 불꽃으로 연합할 것이다.

이집트와 이스라엘, 앗시리아 지역에 있는 사람들이 구원받고 성령과 불로 폭발적인 부흥을 경험하게 해 달라고 기도하자.

우리가 예루살렘의 평화를 위해 기도할 때, 우리의 기도는 단순하게 정치적인 사안들이 아닌 그 사람들을 위해 기도하는 것이다. 이는 유대인과 아랍인이 연합하도록 기도하는 것이며, 그들 위에 성령과 불이 부어지도록 중보하는 것이다. 또한 현대화된 예루살렘 전 지역과 구도시의 성벽 안에 살고 있는 유대인과 아랍인 성도들과 목사들을 위해서도 기도해야 한다. 이러한 기도는 모든 이스라엘 땅에 있는 사람들을 위해 기도하는 것과 연결되며, 예루살렘은 이 모든 땅의 수도가 될 것이다.

무엇보다도 하나님은 나일에서 유프라테스에 이르는 땅을 하나님의 백성에게 주실 것을 약속하셨다. 그리고 최종적으로 예루살렘은 이 전체 지역을 아우르는 수도이며, 대표가 되는 중심 도시가 될 것이다.

> 해가 져서 어두울 때에 연기 나는 화로가 보이며 타는 횃불이 쪼갠 고기 사이로 지나더라 그 날에 여호와께서 아브람과 더불어 언약을 세워 이르시되 내가 이 땅을 애굽 강에서부터 그 큰 강 유브라데까지 네 자손에게 주노니 (창 15:17-18)

우리는 하나님이 열방 가운데 이집트와 이스라엘, 앗시리아를 만민의 복이 되게 하시고, 예슈아 재림의 날을 앞당기시도록 기도해야 한다.

우리는 마지막 시대에 예루살렘과 이스라엘 그리고 아랍 국가들에서 모든 것이 격변하며 흔들리는 것을 볼 것이다. 주님은 자신을 예루살렘 사면 성곽의 불로, 그 안에 임재하시는 영광으로 계시하기 시작하실 것이다. 나는 하나님께서 마지막 시대에 중동 지역에 무엇을 행하실지에 대한 이해를 돕기 위해 이사야 11-19장을 읽을 것을 추천한다. 그러나 급변하고 격동하는 세계정세는 최고의 정점에서 우리가 이사야 19장 23-25장에서 본 것처럼 열방을 구속하는 축복이 될 것이다.

또한 곡과 마곡의 전쟁 이전에 이 일들이 있을 것이다. 그리고 격변하는 지진과 흔들림을 가져올 또 다른 전쟁이 있을 것이며, 이것은 오늘날 이스라엘과 중동의 아랍 국가들을 대적하고 있는 수많은 어둠의 정사와 권세의 군단들의 붕괴를 가져오게 될 수 있다. 에스겔 38장은 곡과 마곡의 전쟁 이전에 일어나게 될 또 다른 전쟁에 대해 암시하고 있다.

> 여러 날 후 곧 말년에 네가 명령을 받고 그 땅 곧 오래 황폐하였던 이스라엘 산에 이르리니 그 땅 백성은 칼을 벗어나서 여러 나라에서 모여 들어오며 이방에서 나와 다 평안히 거주하는 중이라 … 말하기를 내가 평원의 고을들로 올라 가리라 성벽도 없고 문이나 빗장이 없어도 염려 없이 다 평안히 거주하는 백성에게 나아가서 (겔 38:8,11)

이 구절에서 전하는 것이 오늘날 중동 지역에 일어날 사건이라고 확실하게 말하는 것은 아니다. 이 구절들이 의미하는 것과 이사야 19장 23-25절을 보면, 이집트와 이스라엘, 앗시리아가 열방 가운데 축복으로 나타나기 시작할 때, 적어도 부분적으로 주님의 재림과 곡과 마곡의 전쟁이 일어날 시기에 이르렀다는 것이다. 성경은 침략자들이 평화롭고 안전한 사람들을 공격하러 온다고 한다. 평화로운 시기는 이사야 19장 23-25절에 있는 대로가 관통하는 지역의 사람들이 열방 가운데 복이 될 시기를 말한다.

피터 와그너 박사의 책 《방패기도》는 스가랴 12장을 중심으로 교회와 성도들을 위해 영적으로 해석되었다. 그러나 이 구절이 말하는 문자적 의미는 마지막 시대에 예루살렘에 사는 거민들에게 주님이 방패가 되실 것이라는 뜻이다.

당신의 기도를 통해 하나님 나라가 천국에서 이루어진 것처럼 이 땅 위로 오는 그 길을 준비하게 될 것이다. 도시의 문들은 열려 위로 올라갈 것이며, 영광의 왕은 예루살렘에 있는 하나님 백성의 마음으로 들어오실 것이다. 하나님이 거하시는 처소가 거룩한 성령의 비둘기로 준비되고, 그분의 영광이 예루살렘을 가득 채우도록 기도하자. 그래서 하나님 영광의 구름이 이곳에 가득하게 나타날 것을 바라보자.

하나님은 이때에 중동 지역에 있는 흔들릴 수 있는 모든 것을 흔들고 계신다. 거짓 신을 섬겼던 모든 바벨론의 영향들과 거짓 종교, 죽음의 맹약, 거짓 메시아, 거짓의 아비가 만들어 놓은 모든 견고한 진들이 파쇄되도록 기도하자. 그리고 이들이 하나님의 날개 안에서 예루살렘 구원의 왕을 통하여 거짓의 속박에서 자유케 되고, 치유 받고, 구원을 얻도록 기도하자. 이들이 정의와 공의의 아들이신 예수님과 함께 일어나 위로부터 다시 태어나도록 기도하자.

예루살렘 사람들이 영적 자유자가 되도록 중보하자. 이들을 속박하고 묶고 있는 것들이 그들의 온몸과 영혼으로부터 꺾이고 파쇄되는 것이다. 이들이 마지막 전쟁의 날에 예수 그리스도를 온전히 신뢰하여 강건해짐으로 믿음의 방패를 들고, 기도와 하나님 말씀의 선포, 경배와 예배 가운데 일어서도록 기도하자. 이날에 주님은 그들이 믿음으로 일어설 때, 가장 작고 연약한 자들도 다윗 왕 같이 되게 하시고, 다윗의 집이 하나님과 같이 되게 하시며, 친히 예루살렘을 보호하는 방패가 되실 것이다. 그리고 주님은 다윗의 집과 예루살렘의 모든 거민을 위해 생수의 문이 열려 흘러넘치게 하실 것이다(슥 12장).

예루살렘의 모든 거민(유대인, 아랍인, 다국가적 민족들)이 예수를 믿고 구원받아 다시 태어나도록 기도하고, 예수 그리스도가 그들 안에 풍성히 거하여 하나님을 아는 지식이 충만히 자라나도록 기도하자. 이 세상의 처음부터 모든 사람에게 감추어진 신비는 바로 우리 안에 계신 메시아가 영광스런 소망이 되신다는 말씀이다(골 1:27). 에베소서 5장은 남자가 한 여자와 결혼하여 한 몸이 되는 것이 바로 심오한 비밀인데, 이는 예수 그리스도가 교회와 결혼하는 것과 같다고 말한다. 나는 이 책을 통해 당신이 숨겨진 비밀과 계시의 말씀을 이해하기 원한다. 그것은 왕되신 예슈아와 예루살렘과의 결혼이다. 깊고 놀라운 신비의 마지막은 예슈아 안에서 하늘에 있는 것이나 땅에 있는 모든 것이 하나로 연합되기 위해 오실 메시아의 재림과 함께 온전히 계시될 것이다. 그때까지 우리는 메시아의 재림을 기다리고, 그분을 예배하며, 예루살렘이 횃불 같이 타올라 열방에 빛을 비추도록 이 도시의 평화를 위해 기도할 것이다. 아름다운 도시, 예루살렘에 살아 있는 돌들로 성전을 가득 채울 하나님의 영광을 위해 기도하라. 하나님은 약속하신 대로 친히 예루살렘을 둘러싼 사면 성곽의 불이 되셔서 그 안에 영광으로 임하실 것이다.

**예루살렘의 평화와 관련된 사람들을 위해 어떻게 기도해야 하는가?**

1. 예루살렘의 12개의 문(유대인, 아랍, 전 세계 사람들)의 모든 장로들이 연합하여 함께 설 수 있도록 기도하자. 그리스도의 선물인 사도,

선지자, 목사, 교사, 복음전도자들이 예루살렘에서 하나 되어 그리스도의 몸을 세울 수 있도록 기도하자(엡 4:7-13).

2. 예루살렘에 있는 성도들이 하나 되는 은사를 받아 회개하고 화목하여 이 땅에 회복과 부흥을 일으키도록 기도하자.

3. 하나님께서 기도의 영을 유대인과 이스라엘 땅에 부어 주셔서, 그들이 찌른 예슈아를 보고 통곡하며 돌아오도록 기도하자.

4. 이 땅의 추수는 무르익어 가는데, 추수할 자들은 매우 적다. 영혼의 추수를 위해 예수님을 믿는 유대인 추수꾼들을 이스라엘 내에서 일으켜 달라고 기도하자.

5. 이스라엘과 유대인 가운데 궁핍하여 부족함이 없도록 기도하자.

6. 주님이 예루살렘 거민들에게 보호의 방패가 되시길 기도하자.

7. 다윗의 집이 하나님의 집처럼 이들 중 가장 연약하고 작은 자도 다윗과 같이 되도록 기도하자.

8. 예루살렘의 구원이 횃불 같이 타오르도록 기도하자.

9. 유대인의 마음에 있는 모든 문이 열려서 영광의 왕이 이스라엘과 예루살렘에 온전히 입성하시도록 기도하자.

10. 하나님께서 예루살렘의 문마다 24시간 기도의 집들을 세우시도록 기도하자. 예루살렘에 있는 사도적 문지기들과 예배자들, 중보자들이 주님의 온전한 몸을 이루어 연합하고 강건해지도록 기도하자.

11. 하나님이 열방을 위한 국제 기도의 집을 사용하셔서 해마다 예루살렘과 모든 중동 지역 국가에서 성회를 개최하는 것을 도우시고, 하나님 나라가 예루살렘과 열방에 속히 임하기를 기도하자.

12. 재림하실 주님의 길을 예비하기 위해 예루살렘의 모든 성도와 열

방의 주님의 신부들이 예루살렘의 왕이신 예수 그리스도와의 혼인 잔치를 위해 단장하고 준비하도록 기도하자.

앞으로 예루살렘에 사는 사람들과 관련하여 생겨날 문제들에 대해 기도하자. 당신이 우리 기도의 집을 방문하거나 연락할 수 있다면, 우리는 당신이 예루살렘 12개의 문을 지키고 예배하는 장로들과 이 도시에 있는 여러 믿음의 공동체와 연결되어 예루살렘에 있는 사람들과 교제할 수 있도록 돕고 싶다. 그러면 예루살렘의 평화를 위해 보다 효과적으로 기도할 수 있게 될 것이다.

예루살렘의 평화를 위한 기도는 메시아에 관한 모든 것과 연결된다. 그리고 하나님께서는 예루살렘에 구원의 횃불이 타오르도록 그분의 백성인 중동 지역의 유대인과 아랍인, 모든 나라의 성도에게 자신을 계시하신다. 우리는 하나님의 열방의 파수기도자들이 예루살렘의 성벽과 문들, 갈라진 틈 위에 서서 우리와 함께 중보하길 기도하며 요청한다. 마지막 시대에 당신이 예루살렘의 승리를 위한 싸움과 전쟁에 우리와 함께 서서 동역한다면, 진실로 중대한 부르심을 행하는 것이다.

예수 그리스도가 점진적으로 하나님의 백성에게 계시되고, 예루살렘의 열 개의 돌이 온전히 제거되도록 중보를 부탁한다. 유대인과 아랍인에게 예루살렘의 왕이 다시 오시는 길을 준비하는 계시가 온전히 임하도록 기도하며 이들을 돕기를 권한다. 이것은 예루살렘에 다윗의 보좌를 취하사 메시아가 두 발을 영원토록 이 땅에 두실 거룩한 곳으로, 횃불 같이 타오르는 불이신 메시아의 재림 때 절정에 이를 것이다. 하늘의 불이 이 땅에 떨어질 것이다. 또한 횃불들이 천국에서 이 땅으로 풀어질 것이고, 땅 끝에서 온 중보자와 경배자들이 횃불을 들고 주님이 오시는 길을 준비하게 될 것이다. 우리 주님은 친히 예루살렘을 둘러싸는 성벽 사면에 불이 되시고, 그 안에 영광으로 임재할 것이다.

　부록에 있는 지도와 그림은 하나님 나라의 점진적인 목적들이 에덴동산이 있었던 예루살렘에서 인간의 타락부터 새 예루살렘이 천국에서 신랑을 위해 아름답게 단장한 신부의 모습으로 내려와서 어떻게 온전한 회복을 이루게 될 것인지 이해하는 데 큰 도움이 될 것이다.

부록

## 예루살렘의 역사와 미래

　당신이 부록과 참고 그림들을 학습하지 않았다면, 아직 이 책을 다 읽었다고 할 수 없다. 부록에서는 에덴동산에서 새 예루살렘까지 예루살렘이 어떻게 변천되었는지에 관한 일곱 개의 지도와 설명을 통해 각각의 중요한 일곱 개의 역사와 시기를 알려 준다.
　이 지도와 그림은 하나님이 태초에 인류를 위해 계획하시고 목적하셨던 기원과 우리를 구원하시기 위한 점진적 회복의 과정, 그리고 예루살렘의 역사에 관한 최종적인 목적을 계시하신 내용을 보여 준다. 나는 부록의 내용이 예루살렘에 대한 하나님의 소명을 보다 깊이 이해하도록 도와주고, 책의 전반적인 메시지를 더욱 분명하게 보여 주는 데 기여하길 바란다.

## 1. 과연 에덴동산은 어디에 있었을까?(창 2:8-14)

해가 져서 어두울 때에 연기 나는 화로가 보이며 타는 횃불이 쪼갠 고기 사이로 지나더라 그 날에 여호와께서 아브람과 더불어 언약을 세워 이르시되 내가 이 땅을 애굽 강에서부터 그 큰 강 유브라데까지 네 자손에게 주노니 (창 15:17-18)

그림에서 보는 것같이 창세기 2장 말씀을 근거로 에덴동산 경계를 흐르던 네 개의 강을 연결해 보면, 지금의 이라크와 아라비아 반도와 터키 지역 일부, 이스라엘, 이집트, 레바논, 요르단, 시리아, 수단과 에티오피아 지역 가운데 어떤 곳은 전체 또는 일부였던 것으로 보인다.

아래 지도는 에덴동산이 있었던 땅들의 경계를 나타내며, 사각형으로 그려진 지역은 요한계시록 21장에 나온 천국에서 내려오는 새 예루살렘의 크기(일만이천 스다디온)라고 생각된다.

그리고 에덴동산의 중심이 이스라엘이고, 그 중앙에 바로 예루살렘이 있다. 예루살렘은 에덴동산의 중심이었고, 생명나무와 선악과가 있었던 장소다.

이사야 19장 23-25절을 보면 하나님은 다시금 이집트와 이스라엘 그리고 앗시리아가 세계 중에 복이 될 것이라고 말씀하셨다. 또한 새 예루살렘의 크기를 현재의 단위로 환산해 보면 약 1,400마일(높이, 너비, 길이가 모두 동일하게 12000, 스타디아)의 규모로 아래쪽 나일 강에서 위쪽 유프라테스 강까지 이르는 중동 지역의 일부 땅들을 덮는 지역이라고 보여진다.

여호와 하나님이 동방의 에덴에 동산을 창설하시고 그 지으신 사람을 거기 두시니라 여호와 하나님이 그 땅에서 보기에 아름답고 먹기에 좋은 나무가 나게 하시니 동산 가운데에는 생명나무와 선악을 알게 하는 나무도 있더라 강이 에덴에서

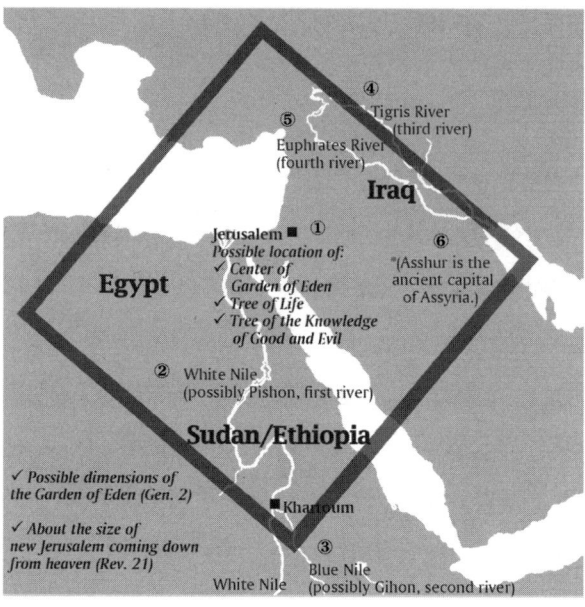

① 예루살렘 도시  ② 비손 – 첫 번째 강  ③ 기혼 – 두 번째 강
④/⑤ 티그리스와 유프라테스 강으로 세 번째, 네 번째 강
⑥ 고대 앗시리아의 수도 앗수르

흘러 나와 동산을 적시고 거기서부터 갈라져 네 근원이 되었으니 첫째의 이름은 비손이라 금이 있는 하윌라 온 땅을 둘렀으며 그 땅의 금은 순금이요 그 곳에는 베델리엄과 호마노도 있으며 둘째 강의 이름은 기혼이라 구스 온 땅을 둘렀고 셋째 강의 이름은 힛데겔이라 앗수르 동쪽으로 흘렀으며 넷째 강은 유브라데더라 (창 2:8-14)

2. 에덴동산의 첫 열매들의 기초를 다시 재건하기 위해 기도의 여정을 떠났던 아브라함이 세운 제단들은 어디인가?

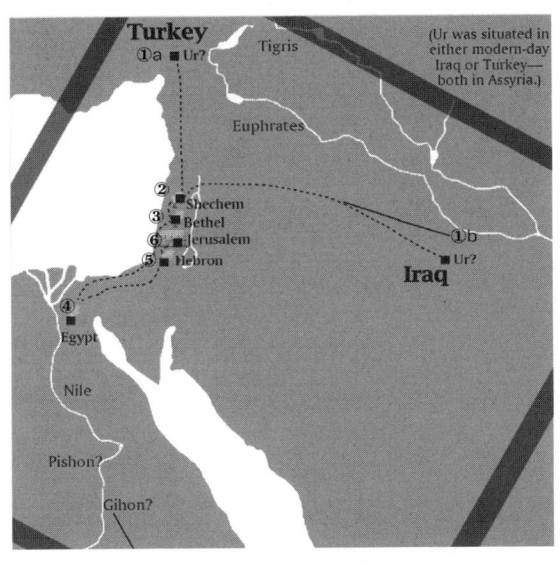

① 우르
② 세겜
③ 벧엘
④ 이집트
⑤ 헤브론
⑥ 예루살렘

아브라함은 앗시리아에 있던 우르를 떠나 약속의 땅인 이스라엘에서 이집트까지 가로질러 순례의 여정을 떠났다. 그리고 이 땅들을 기도로 밟고 순례하면서 세겜과 벧엘에 제단을 쌓는다. 그다음에 기근이 와서 이집트로 내려갔다가 다시 이스라엘로 돌아오는 길에 헤브론과 예루살렘에 제단을 쌓았다. 예루살렘에서 하나님은 아브라함이 에덴동산 중앙에 있는 장소(모리아산)에서 아들 이삭을 희생제물로 바치도록 잠시 멈추게 하셨다. 아브라함은 유대인과 아랍인 그리고 믿음으로 아브라함의 자녀가 된 열방의 모든 자손의 아비가 되었다. 예수님은 아브라함이 예슈아의 때 볼 것을 기다리다가 보고 기뻐했다고 하셨다. 이는 아브라함이 예수 그리스도의 십자가를 미리 보았던 것이며, 또한 새 예루살렘이 천국에서 내려오는 것을 본 것이다. 이는 하나님이 친히 지으시고 경영하시는 터를 갈망하며 바라본 것이었다(히 11:8-10).

## 3. 다윗과 솔로몬 왕국 시대

솔로몬이 기도를 마치매 불이 하늘에서부터 내려와서 그 번제물과 제물들을 사르고 여호와의 영광이 그 성전에 가득하니 여호와의 영광이 여호와의 전에 가득하므로 제사장들이 여호와의 전으로 능히 들어가지 못하였고 (대하 7:1-2)

솔로몬이 유브라데 강에서부터 블레셋 땅과 애굽 지경까지의 모든 왕을 다스렸으며 (대하 9:26)

솔로몬이 주님을 위해 성전을 지어 24시간 경배를 시작한 후에, 왕국의 지경이 아래 그림처럼 확장 되었다.

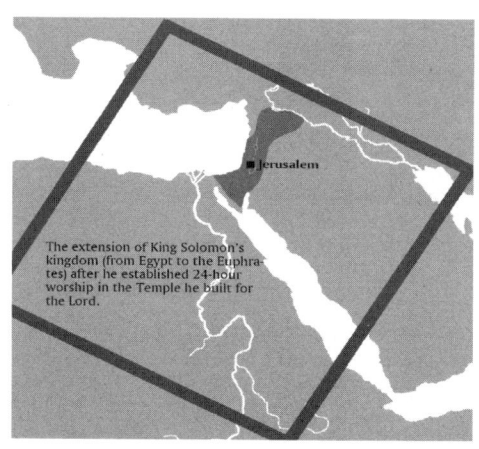

흥미로운 것은 하나님께서 예루살렘 성전에서의 24시간 예배가 회복된 후에 애굽 지역과 위쪽에 있는 큰 강 유프라테스에 이르기까지 솔로몬 왕국의 경계를 확장시키신 것이다. 우리가 천국에 속하여 하루 24시간 예배하고 경배할 때, 하나님은 유대인과 아랍인이 실제로 이 땅에서 얻게 되는 모든 유업을 주실 것이고, 우리 모두에게도 예수 그리스도 안에서 얻게 되는 기업을 허락하실 것이다.

## 4. 에덴동산 중앙의 십자가

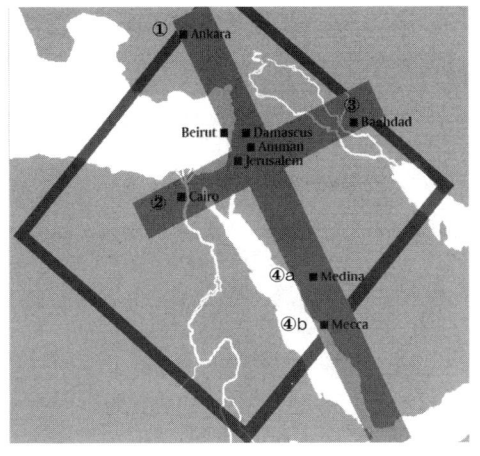

① 앙카라(터키)
② 카이로(이집트)
③ 바그다드(이라크)
④ 메디나와 메카(사우디아라비아)

예수님은 하나님이 아브라함에게 약속하신 땅들(창 15장)의 중앙에서 십자가를 지셨다. 또한 이 땅들에 있는 9개의 도시를 주시하여 선으로 이어보면 십자가 형태가 그려지고, 그곳 중앙에 예루살렘이 있고, 좌우로 카이로와 바그다드가 있으며, 십자가 아래에는 이슬람 성지로 불리는 메디나와 메카가 있다.

그 날에 여호와께서 아브람과 더불어 언약을 세워 이르시되 내가 이 땅을 애굽 강에서부터 그 큰 강 유브라데까지 네 자손에게 주노니 (창 15:18)

통치자들과 권세들을 무력화하여 드러내어 구경거리로 삼으시고 십자가로 그들을 이기셨느니라 (골 2:15)

하나님의 위대한 구원과 화목이 이집트와 이스라엘, 앗시리아가 이 땅의 축복이 됨으로 회복될 것이다. 나는 지난 10년간 예루살렘의 평화를 위한 기도로 이 도시들을 방문하여 기도했다. 우리 사역팀은 이집트의 국경(나일 강 주변)에서 이스라엘을 관통하여 앗시리아(유프라테스 강)까지 중보기도로 이 땅들을 밟으며 축복하였다.

5. a) 예루살렘이 회복되는 첫 열매의 상징은 무엇인가?

**이집트, 이스라엘, 앗시리아가 만민 중에 축복이 되리라**(사 19:23-25)

내가 또 눈을 들어 본즉 한 사람이 측량줄을 그의 손에 잡았기로 네가 어디로 가느냐 물은즉 그가 내게 대답하되 예루살렘을 측량하여 그 너비와 길이를 보고자 하노라 하고 말할 때에 내게 말하는 천사가 나가고 다른 천사가 나와서 그를 맞으며 이르되 너는 달려가서 그 소년에게 말하여 이르기를 예루살렘은 그 가운데 사람과 가축이 많으므로 성곽 없는 성읍이 될 것이라 하라 여호와의 말씀에 내가 불로 둘러싼 성곽이 되며 그 가운데에서 영광이 되리라 (슥 2:1-5)

여러 날 후 곧 말년에 네가 명령을 받고 그 땅 곧 오래 황폐하였던 이스라엘 산에 이르리니 그 땅 백성은 칼을 벗어나서 여러 나라에서 모여 들어오며 이방에서 나와 다 평안히 거주하는 중이라 … 말하기를 내가 평원의 고을들로 올라 가리라 성

벽도 없고 문이나 빗장이 없어도 염려 없이 다 평안히 거주하는 백성에게 나아가서 (겔 38:8,11)

이 말씀들은 곡과 마곡의 전쟁이 있기 전에, 중동 지역이 평화롭게 있는 가운데 어느 날 전쟁이 있을 것이라는 의미다.

그 날에 애굽에서 앗수르로 통하는 대로가 있어 앗수르 사람은 애굽으로 가겠고 애굽 사람은 앗수르로 갈 것이며 애굽 사람이 앗수르 사람과 함께 경배하리라 그 날에 이스라엘이 애굽 및 앗수르와 더불어 셋이 세계 중에 복이 되리니 (사 19:23-24)

**b) 예루살렘의 회복과 유대인과 아랍인이 한 새 사람으로 화목되기 위해 하나님께서 아브라함에게 약속으로 주셨던 땅 나일 강에서 유프라테스까지 이르는 지역을 기도로 순례한 여정**

1991년 우리는 아브라함이 순례했던 발자취를 따라서 이 지역이 하나님께서 약속하신 대로 열방 중에 복이 되는 나라로 회복되길 기도하며 행진했다. 우리는 아래 지도에 보이는 열두 장소에서 제단을 쌓고, 그곳에서 기도하며 예배했다. 또한 1995년에 이집트 카이로에서 시작하여 이스라엘을 지나 이라크(바그다드)와 우르(앗시리아)를 기도로 행진하며, 하나님이 이 지역들을 온전히 회복해 주실 것을 믿으며 순례했다.

우리는 1990년 중동 정세가 어려울 때, 중동을 위한 성회를 개최하기 위해 4일간 총 10회에 걸쳐 중동 지역의 지도자들을 만났다. 우리는 하나님께서 이 지역에서 첫 열매를 얻게 하시고 곧 충만한 열매를 수확할 수 있도록 기도해야 한다. 이 지역의 영혼들의 충만한 추수는 예수님이 재림하실 때 절

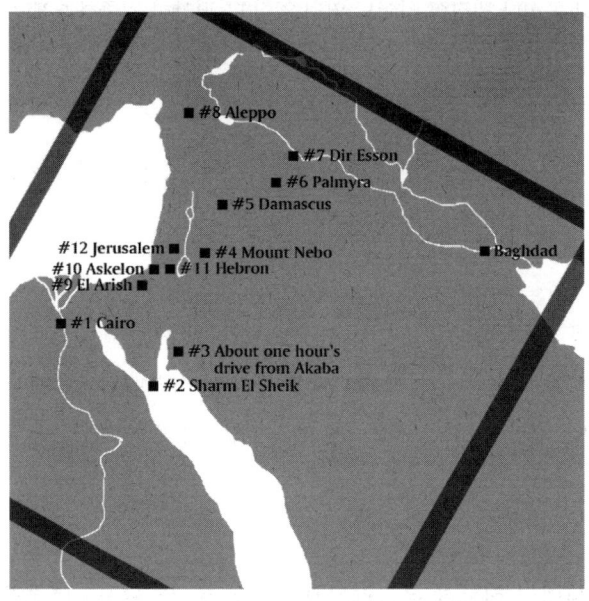

정에 이를 것이다. 우리는 실제로 모든 아랍 국가와 이스라엘에서 온 성도들이 하나님을 경배하는 것을 보았다. 아랍과 유대인으로 구성된 이스라엘과 아랍 국가에 있는 기름부음이 가득한 찬양팀들을 위해 기도하자. 이들은 이 지역의 수백만의 영혼이 하나님을 예배하도록 인도할 것이다. 왜냐하면 지금이 구원의 증가로 세 나라가 열국의 복이 될 것이라는 말씀이 성취되는 놀라운 순간이기 때문이다.

## 6. 메시아가 통치하는 천년왕국(계 5:5)

장로 중의 한 사람이 내게 말하되 울지 말라 유대 지파의 사자 다윗의 뿌리가 이겼으니 그 두루마리와 그 일곱 인을 떼시리라 하더라 (계 5:5)

말일에 여호와의 전의 산이 모든 산 꼭대기에 굳게 설 것이요 모든 작은 산 위에 뛰어나리니 만방이 그리로 모여들 것이라 (사 2:2)

그 후에 그가 나를 데리고 문에 이르니 곧 동쪽을 향한 문이라 이스라엘 하나님의 영광이 동쪽에서부터 오는데 하나님의 음성이 많은 물소리 같고 땅은 그 영광으로 말미암아 빛나니 그 모양이 내가 본 환상 곧 전에 성읍을 멸하러 올 때에 보던 환상 같고 그발 강 가에서 보던 환상과도 같기로 내가 곧 얼굴을 땅에 대고 엎드렸더니 여호와의 영광이 동문을 통하여 성전으로 들어가고 영이 나를 들어 데리고 안뜰에 들어가시기로 내가 보니 여호와의 영광이 성전에 가득하더라 성전에서 내게 하는 말을 내가 듣고 있을 때에 어떤 사람이 내 곁에 서 있더라 그가 내게 이르시되 인자야 이는 내 보좌의 처소, 내 발을 두는 처소, 내가 이스라엘 족속 가운데에 영원히 있을 곳이라 이스라엘 족속 곧 그들과 그들의 왕들이 음행하며 그 죽은 왕들의 시체로 다시는 내 거룩한 이름을 더럽히지 아니하리라 (겔 43:1-7)

이는 한 아기가 우리에게 났고 한 아들을 우리에게 주신 바 되었는데 그의 어깨에는 정사를 메었고 그의 이름은 기묘자라, 모사라, 전능하신 하나님이라, 영존하시는 아버지라, 평강의 왕이라 할 것임이라 그 정사와 평강의 더함이 무궁하며 또 다윗의 왕좌와 그의 나라에 군림하여 그 나라를 굳게 세우고 지금 이후로 영원히 정의와 공의로 그것을 보존하실 것이라 만군의 여호와의 열심이 이를 이루시리라 (사 9:6-7)

어떤 이들은 새 예루살렘이 천국에서 내려오기 전에 이 땅에서 천 년간 메시아가 통치할 것이라고 하고, 또 어떤 이들은 예수님이 재림하실 때 우리가 바로 새 하늘과 새 땅으로 들어간다고 한다.

## 7. 거룩한 성, 새 예루살렘이 천국에서 이 땅으로 내려올 때, 신랑을 위해 아름답게 단장한 신부의 모습과 같더라

우리는 여기서 예루살렘의 최종 모습을 볼 수 있다. 이것은 히브리서에서 아브라함이 실제로 보기 원했던 영원한 새 예루살렘으로(히 11:10) 하나님이 직접 지으시고 경영하시는 기초가 되는 도시이다.

새 예루살렘의 규모는 대략 나일 강에서 유프라테스에 이르는 지역으로, 에덴동산(낙원)이 회복되었을 때, 천국과 땅이 메시아 안에서 하나로 통일되는 새로운 연합이다(엡 1:10). 횃불처럼 타오르는 예슈아가 새 예루살렘에서 메노라(순금 등잔대)를 대체하실 것이다(계 21:1, 22:5 참고).

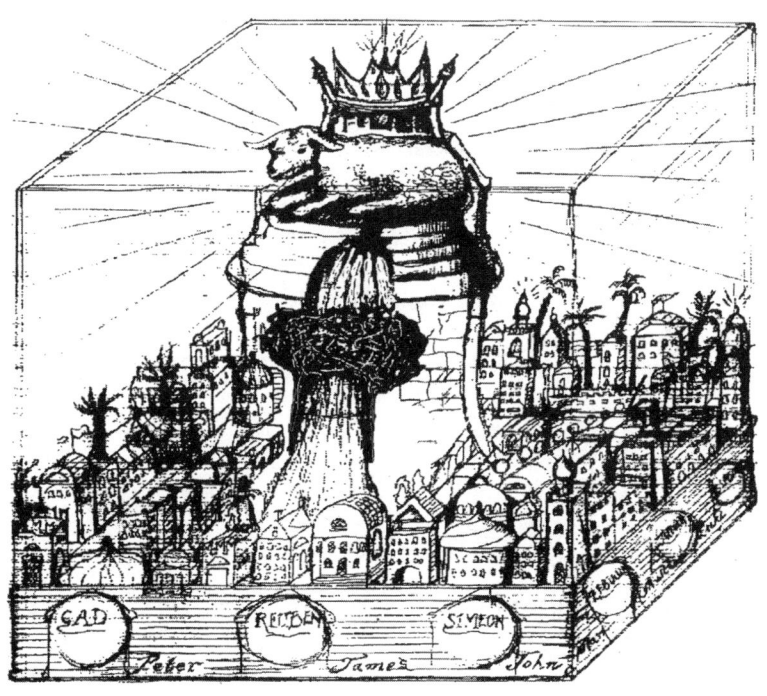

## 예루살렘 왕의 파수기도

우리는 모든 나라에서 온 중보기도자와 예배자들에게 그들이 속한 지역의 예루살렘 문을 입양하도록 권유한다. 당신이 파수기도 학교나 예언적 순례 기도를 위해 예루살렘에 온다면, 우리는 당신을 예루살렘의 문지기들에게 소개해 줄 수 있다. 당신이 속한 성벽의 문에서 예루살렘을 위해 정해진 시간(이스라엘 시간 기준)에 파수기도를 하도록 진지하게 요청한다. 다음의 두 지도는 당신의 파수기도에 도움이 될 것이다.

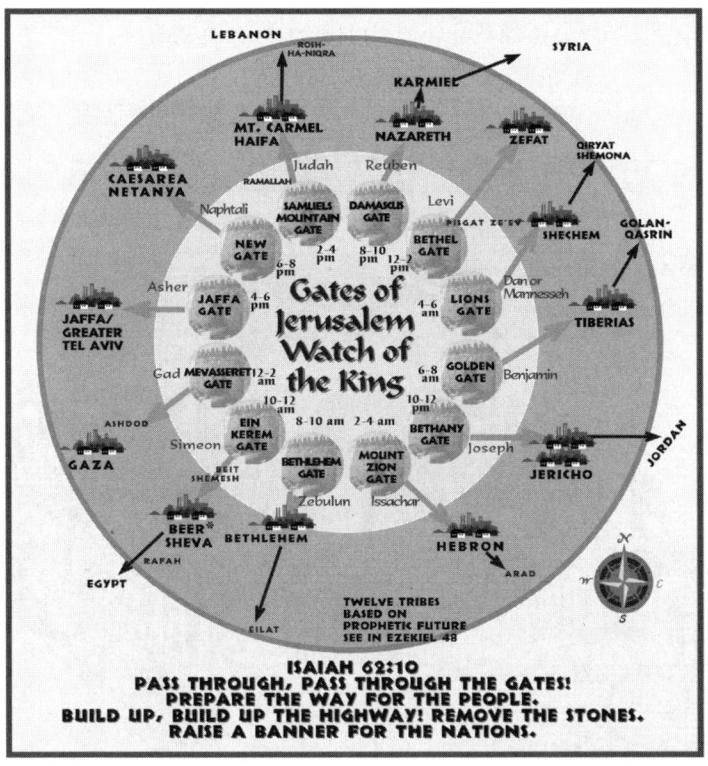

성문으로 나아가라 나아가라 백성이 올 길을 닦으라 큰 길을 수축하고 수축하라 돌을 제하라 만민을 위하여 기치를 들라 (사 62:10)

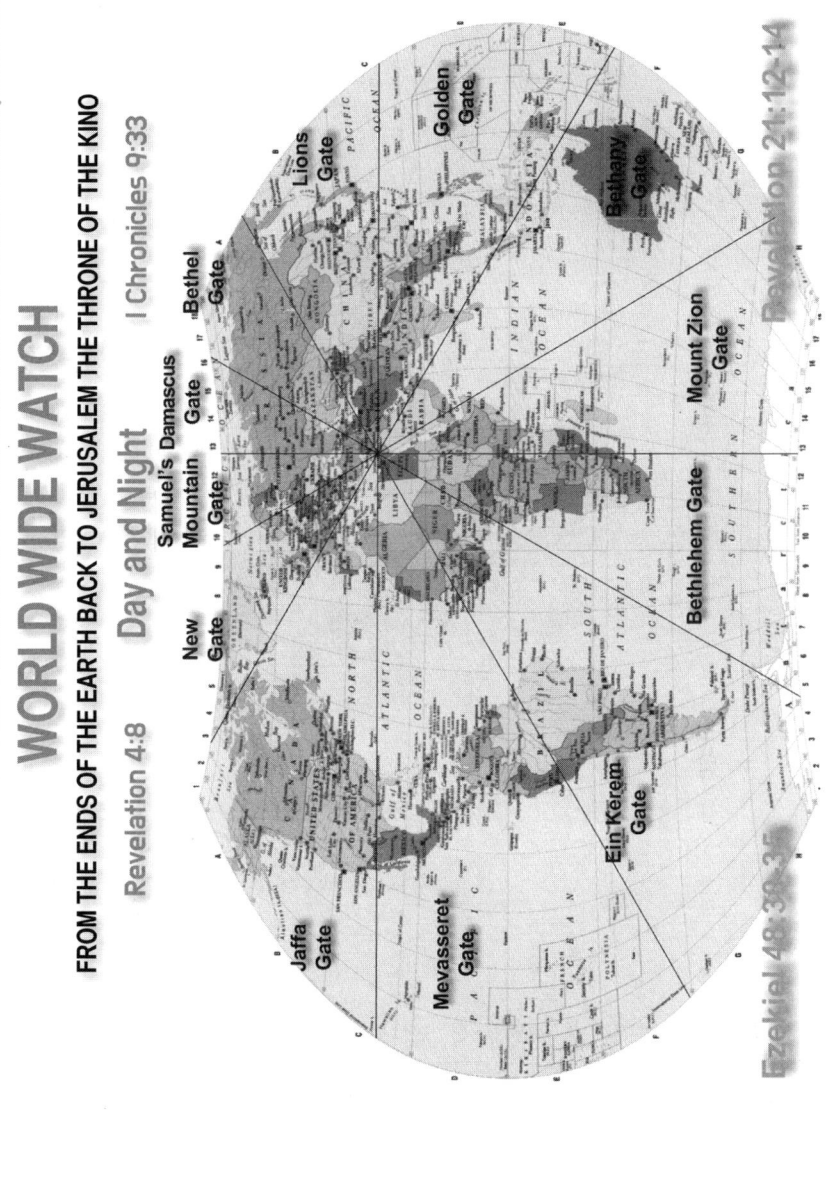

Pray for the Peace of JERUSALEM